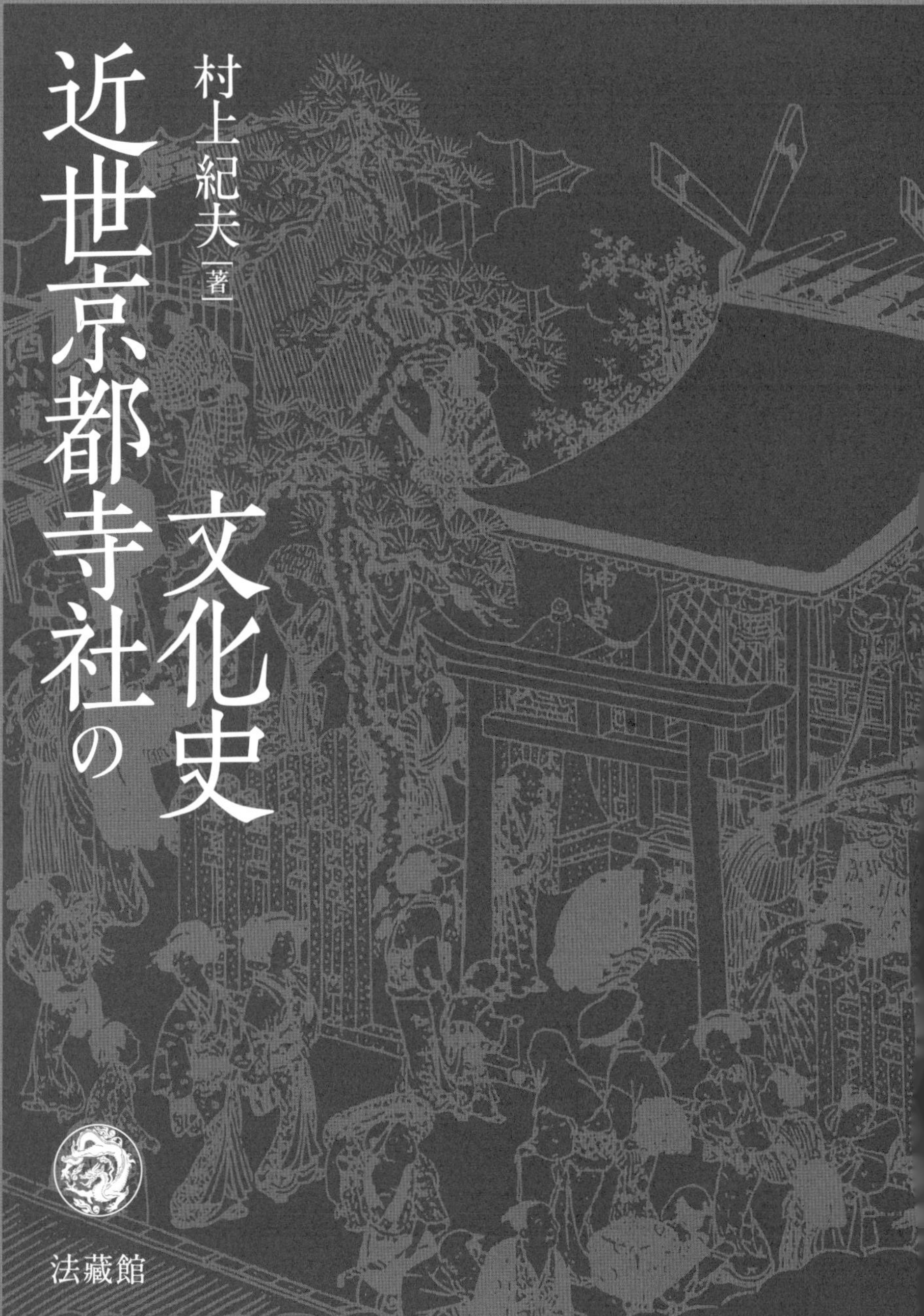

# 近世京都寺社の文化史

村上紀夫［著］

法藏館

近世京都寺社の文化史＊目次

## 第Ⅰ部　都市の信仰と神社

## 【凡例】

一、漢字は本文・引用史料ともに基本的に現行常用字体に統一した。

一、史料引用にあたっては、原文にない読点を適宜補った。

一、年代表記は和暦のあとに（　）で西暦を示した。なお、一八七二年の太陽暦への改暦以前は西暦と和暦は必ずしも厳密には対応していない。

一、史料中に「乞食」「非人」等の差別的な表現があるが、その時代の差別状況を理解するための歴史的用語として、そのまま掲載した。

# 近世京都寺社の文化史

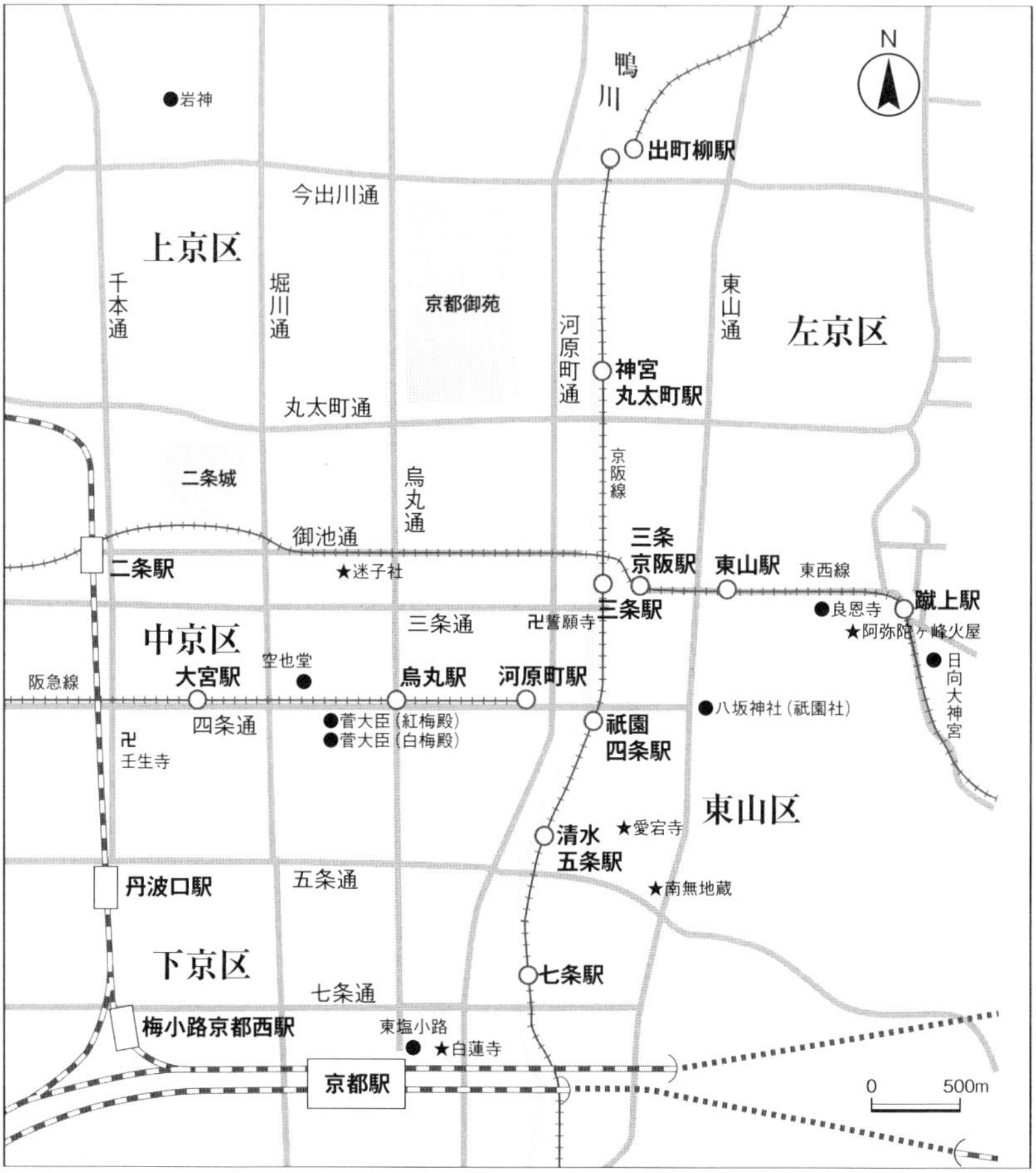


『近世京都寺社の文化史』関連地図
※現存しないものは★とした。

# ある岩の歴史——序にかえて——

## はじめに

岩にも、確かな歴史があった。

西陣にある一つの岩、これは、はじめからこの場所にあったものではない。中世には、この岩を祭神とした「岩神神社[1]」が、二条大宮の地にあった[2]。もとは、二条大宮の辻北東、内裏の南東にあった冷泉院内に祀られていたようで、『百錬抄』永承五年（一〇五〇）六月一六日条に「冷泉院石上明神被移立神殿了」とある。この神社は、鎌倉初期の説話集『古事談』に「中山社巌神は、冷泉院の中嶋に火神を祝はしめ給ふ」と見えており[3]、冷泉院の「中嶋」にあり、「火神」を祭祀していたとあるので、鎌倉期までには岩を祀る神社がこの地に存在していたようだ。『古事談』には「事の外に光を放つ」とあり、こうした表現から、冷泉院庭園の池にあった中島の巨石が、信仰の対象となっていたことがうかがえる。

図1　絵葉書「岩神祠」

岩があったという二条大宮は、祈雨祈禱や御霊会が行われた神泉苑の艮《うしとら》の方角で、百鬼夜行の出発点とされる場所でもある。(4) 平安京衰退後の中世には京の西の境界にあたり、応仁の乱後は上京・下京の構《かまえ》の完全な外側となり、都市域とは離れる。冷泉院は、天喜三年（一〇五五）には建物を一条院に移築しており（『百錬抄』）、『古事談』では石神も喧騒を嫌って他所に移ったと伝えているが、岩を祀った神社は冷泉院の衰退後も同じ場所に存続していたようである。(5)

しかし、二条大宮の岩神神社は二条城の築城にともなって移転をすることになる。神社は岩神通六角に移転したが、祭神の岩は御所などに庭石として運ばれた。しかし、岩に怪異が続いたので西陣の寺院に引き取られたという。「岩神」に関する先行研究では、岩をめぐる前史や、岩神神社付近の散所については述べられるが、なぜ岩が西陣に引き取られたか、その経緯がどのようなものであったかについては全く明らかにされていない。ここでは、岩の歴史に着目しながら、そこから浮かび上がる人びとの思いや時代背景を見ていくことにしたい。

## 一　蓮乗院の成立

二条大宮にあった「岩神神社」の流れを汲む神社が、近世には現中京区の岩神通六角（下の岩神）と西陣（上の岩神）の二ヶ所に誕生する。

西陣の岩神については、かつて「西陣岩神記」と呼ばれる史料が存在していたようだ。大島武好による『山城名勝志』に一部が引用されている。まず、この史料を見よう。

西陣岩神記云、元ト岩神ノ地ニ有霊石、寛永年中社頭ヲ六角ニ被遷時其巌巨大ニシテ曳ク事不輙、故ニ旧地ニ残シ置タリ、然ルヲ中和門院ノ御所ニ召レテ御池ノ辺ニ居サセ玉ヒケルトナン、然レトモ怪異ノ事アルニ依テ北御門ノ辺ニ出シ置セ給ヒシヲ同七年蓮乗院トテ常ニ御祈ナト承リシ僧ノ申受ルニヨツテ給ケル其時今ノ地ニ移セルトソ、女房奉書ニ見ユ件ノ霊石ヲ於テ此地ニ称ス岩神ト
女院の御所様より申との御事ニて候岩神をれんしやう（蓮乗）院へつかハされ候まゝそもし様よく御申つけ候て道の程なんくせ候ハぬやうに御ひかせ候へのよし申ニて候下略　いつミ
はやみながとの守（北面武士・速水光益）殿[6]

ここから、二条大宮にあった岩神神社を「六角」、つまり岩神通六角に移転することになった際、境内にあった岩が大きすぎて移動することができなかったので、旧地に放置していたことがわかる。そして、寛永年中に「中和門院ノ御所」に引き取られて庭石となったが「怪異」が続いたので北御門に放り出していたところ、寛永七年（一六三〇）に蓮乗院という僧が「申受」て現在の西陣の地に移動した。

この「西陣岩神記」自体は、現在『国書総目録』でも立項されておらず、詳細は不明であるが、『山城名勝志』に引用されていることから、同書成立の正徳元年（一七一一）以前に書かれていたことは間違いない。

岩を引き取った蓮乗院とはどのような寺院であったのか。黒川道祐の随筆『遠碧軒記』には次のようにある。

〇下の石神に有し岩を高松殿へひく、夜々光るゆへに、高松殿の乳母の所縁の、今上京の石神寺の坊主に被下、
この坊主は薩摩の粟生蓮乗寺の僧なり、良純といふ。此上の石神屋敷は丹羽五郎左衛門殿の母の屋敷なり。
夫より買との売券今に有、良純は四月廿五日忌日、この大旦那の乳母は惣持院心月寿幻。[7]

ここから、岩を引き取ったのが薩摩粟生蓮乗寺の僧、良純という人物であり、その地は「丹羽五郎左衛門殿の母の屋敷」だったということがわかる。薩摩国粟生の蓮乗寺については不詳だが、良純が丹羽五郎左衛門の母から屋

敷地を買得したというのは如何なる経緯なのか。

手がかりになるのが「丹羽五郎左衛門」である。丹羽といえば、織田信長のもとで活躍した武将、丹羽長秀が想起されよう。『丹羽歴代年譜』という丹羽家の史料中には、次のような興味深い記述がある。

一京都西陳(陣)岩神寺蓮乗院寺地ハ、長秀公妾おたまと云人、長秀公御菩提として致寄附候由、長秀公・長重公御位牌有之旨、慶長七年屋敷寄進状ニ、おたま内杉若新五右衛門証文有之趣也(8)

つまり蓮乗院とは、丹羽長秀の側室であった「おたま」が、夫の丹羽長秀の菩提を弔うために、良純に慶長七年(一六〇二)に寄付したものであったということになる。それ故、蓮乗院には丹羽長秀と子の長重の位牌があったという。

『寛政重修諸家譜』によれば、丹羽長秀には長男の長重以下、六人の息子と五人の娘が掲載されている。蓮乗院を開いた「おたま」が『遠碧軒記』がいうように「丹羽五郎左衛門」の母だとすれば、長男の丹羽五郎左衛門長重の実母ということになるが、長重の母である桂峯院は織田信広の娘であり、長秀の正室なので「長秀公妾」とは合致しない。そこで、考えられるのが仙丸(高吉)・長俊の母である「杉若氏」である。「おたま」とともに寄進状に署名していた身内と思われる人物が「杉若新五右衛門」であったことからも「杉若氏」であったことを補強する。丹羽長秀の側室に杉若無心という武将の娘がいたことは既に知られているから(9)、杉若無心の娘の名が「おたま」だったということになるのであろう。

とはいえ、『遠碧軒記』にしても『丹羽歴代年譜』にしても、蓮乗院成立の同時代史料というわけではなく、慎重な史料批判が必要になってはこよう。

そこで、地図で西陣の岩神周辺を眺めていると「杉若町」という町名が目に飛び込んでくる。「杉若町」という

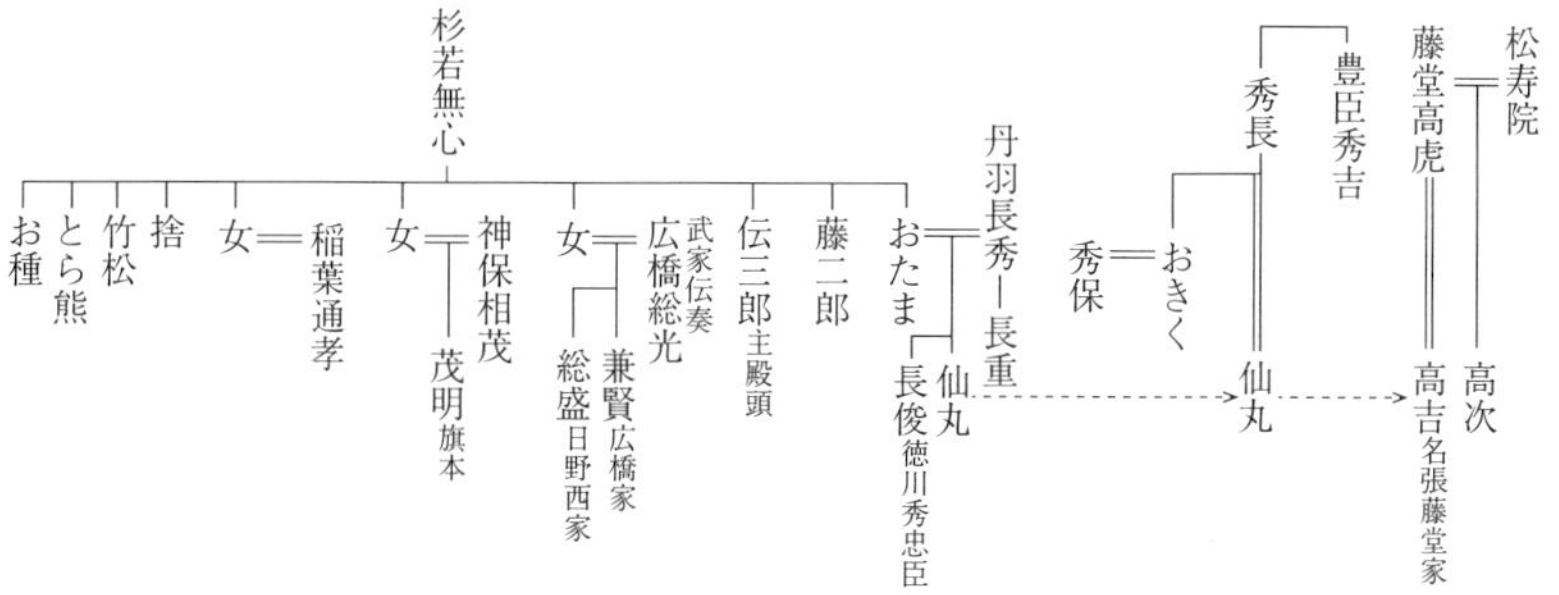


※『寛政重修諸家譜』『公卿諸家系図』『北野社家日記』などにより作成

図2　杉若無心関係系図

名称は既に寛永一四年（一六三七）には見えているとされ、[10]「始め東側に杉若氏の邸あり。故に此町を杉若門前町と呼びしを略せしなり」と伝えられている。[11]また、杉若町の東側にある法華宗寺院の本隆寺について、黒川道祐による貞享三年（一六八六）成立の京都地誌『雍州府志』によれば、「本隆寺地佐々木種族杉若若狭守之宅地」[12]と記しており、「杉若」を名乗る人物の屋敷があったことを伝えている。

無論、こうした伝承の存在をもって近世初頭に杉若無心の屋敷がこの地に存在していたと断定することはできない。だが、この場所は秀吉が天正一五年（一五八七）に完成させた聚楽第のやや北、それほど離れているわけでもなく、こうした場所に豊臣秀長に仕えていた杉若無心が屋敷を構えていたとしても、決しておかしな話ではない。

慶長四年（一五九九）頃には伏見城下に杉若無心がいたようにも見えるが、京に屋敷を確保していたとしても不思議はない。いずれにしても慶長五年（一六〇〇）三月一日には本能寺に入っており、[13]その後は本能寺が彼の居所となっていたようだ。[14]

もし本当にこの地に杉若無心の屋敷があったとすれば、杉若無心が本能寺に入った慶長五年（一六〇〇）三月以降は不要となり、そこに天正一三年（一五八五）に夫の丹羽長秀を亡くしていた「おたま」が、父無心の屋敷地に身を寄せたということであろうか。

慶長七年（一六〇二）になって、その屋敷地の一部に丹羽長秀供養のための寺院、蓮乗院を開いたということは十分ありうることであろう。さらにいえば、杉若無心も慶長七年（一六〇二）一一月四日には「中風」を患っており、「無心元」という状態であった（『時慶卿記』）が、その後は記録に姿を見せなくなるから、この頃に死去していた可能性も否定できない。慶長七年（一六〇二）に「おたま」が建立した蓮乗院は、もともと夫の丹羽長秀とともに父の供養を意図したものかもしれない。

こうして誕生した寺院は、後に巨岩を引き取ったことで岩神寺（『雍州府志』）、あるいは岩神寺蓮乗院（『丹羽歴代年譜』）と呼ばれるようになるのだが、岩が来るまでは単に蓮乗院と呼ばれていただろう。この寺院は、『雍州府志』によれば真言宗だったようだ。設立経緯を考えれば、もとは「以大岩石為本尊」（『雍州府志』）とあるような、岩を本尊とした寺院というわけではない。『都すゞめ案内者』[15]上巻を見ると「愛染明王廿六ヶ所廻り」の二三番に「ちゑくはう院町にしいわがみ寺」とあり、また「弘法大師廿一ヶ所参」にも九番として「上のいわ神」が見えている。このことから、堂内には、愛染明王像や弘法大師像などが祀られていたものと考えられる。

なぜ、寺院が巨岩を引き取ることになったのか。次節では視点を変え「おたま」の父、杉若無心について見ていくことにしたい。

## 二　杉若無心の周辺

「おたま」の父とされた杉若無心とは、豊臣秀吉の異父弟である豊臣秀長に仕えた武将である。松平年一らによれば、紀州征討に功績があり、天正一三年（一五八五）に紀伊国泊山城、天正一八年（一五九〇）には田辺上野山城の城主となり一万九〇〇〇石の知行が与えられていたが、豊臣秀長の没後は国政を子に任せて京都に移住していたという。慶長五年（一六〇〇）九月の関ヶ原合戦の際には父子とも西軍に属して大津城攻めに参加していたため、所領は没収された。無心は関ヶ原後も浪人して京都に暮らし、公家の西洞院時慶らと交流していたとされる[16]。

蓮乗院が開かれた慶長七年（一六〇二）といえば、まさに関ヶ原の合戦後で杉若無心が京都で浪人していた時期ということになる。確かに先行研究で指摘されているように、関ヶ原以降も西洞院時慶の日記に杉若無心の姿は登場している[17]。のみならず、彼の娘は公家の広橋総光に嫁ぎ、広橋家を継ぐ兼賢と庶流の日野西家の祖となる総盛を生んでいる[18]。広橋総光といえば、徳川幕府と朝廷のパイプ役の武家伝奏として活躍した人物である。

さらに、杉若無心は、その頃には左大臣であった近衛信尹とも交流があったようだ。もともと杉若無心は連歌や源氏物語などへの関心が強く、里村紹巴や西洞院時慶らと歌会をしているようだが[19]、こうした文芸を介して公家社会との接点を持っていったのであろう。

例えば、慶長五年（一六〇〇）正月に近衛邸で行われた連歌会では、「聴聞ノ衆」として杉若無心が同席している[20]。また、七月には「杉越後殿へ近衛様御成ニ付、晩ニ参、大酒有之（下略）[21]」とあり、近衛信尹が杉若邸を訪問していたことから、両者の関係が思いのほか深かったことがうかがえる。

近衛信尹は、後陽成天皇の勅勘を蒙って薩摩に配流されていたことがあるが、薩摩では島津家の庇護を受け、帰洛後も薩摩島津家との関係は続き、関ヶ原の際に西軍に加わった島津家と徳川家康の間をとりもったといわれている[22]人物である。

『遠碧軒記』に蓮乗院の良純について、「薩摩の粟生蓮乗寺の僧なり」と記していたが、丹羽長秀の側室や紀州と京都を主たる活躍の場としていた杉若無心に薩摩との接点を見出すことは難しい。あるいは、薩摩の僧である良純が西陣蓮乗院を寄進されたのは、薩摩や島津家と関わりが深かった近衛信尹を介してではなかっただろうか。

また、岩神と呼ばれるようになる岩を引き取った蓮乗院の僧について、「西陣岩神記」には「蓮乗院トテ常ニ御祈ナト承リシ僧」とあり、『遠碧軒記』には「高松殿の乳母の所縁」としていた。高松殿といえば高松宮好仁親王、その母は「西陣岩神記」で岩を召したとされる中和門院前子、父は近衛信尹と同じく近衛前久である。さらにいえば、岩が放置されていたとされる「八条殿」[23]は近衛邸の正面である。

寛文二年（一六六二）には、鹿苑寺住持鳳林承章のもとを「岩上蓮乗院」が訪れている。[24]鳳林承章といえば、後水尾院を中心とした「寛永文化サロン」の一員である。この事実は、蓮乗院の人脈が、一七世紀半ばにおいても宮廷に繋がりうるものであったことを示唆しているだろう。

いかに怪異が頻発し、もてあまされていたとはいえ、「内裏」[25]あるいは「後水尾院の御庭」[26]に置かれていたという石をもらい受けることができ、さらに運搬にあたって女房奉書まで出してもらえるとなれば、朝廷や公家社会と何らかの接点を持っていなければ難しかったであろう。『近畿歴覧記』には、「西陣ノ蓮乗院ヲ主ル僧禁裏院中ニ内縁アリテ是ヲ拝領ス」[27]とあるが、蓮乗院と「禁裏院中」との縁が結ばれるにあたっては、杉若無心と親交のあった近衛信尹が何らかの関与をしていたと考えることはできないだろうか。

## 三　蓮乗院から岩神へ

内裏か仙洞御所にあったと思われる岩が蓮乗院に引き取られた背景には、蓮乗院を建立したおたまの父、杉若無心と公家社会との間に深い繋がりがあったことは前節で見たとおりである。しかし、いくら縁があったからといって、なぜ〝曰く付き〟の岩を蓮乗院が引き取ることになったのだろうか。

黒川道祐による『近畿歴覧記』には、岩を引き取ってから次のような事件があったことを記している。

遂ニ此石ヲ庭ニ建テ垣ヲ結フ、依之此ノ院ヲ又称石上、依之後光明院崩御時、今ノ石上ヨリ贈経ヲ捧ク、然ルニ蓮乗院申サク此石此方ニ安置ス、然ル時ハ則本寺ナリトテ留之、遂及公事、然レ共蓮乗院ハ石ヲ牽取分ノ事ナリトテ蓮乗院ハ贈経ノ事止ミ石上明神ノ社僧ノミ奉之トナリ(28)

ここでは、蓮乗院が岩を引き取ってから「石上」と名乗ったこと、さらに後光明院が承応三年（一六五四）に崩御した際、岩神神社の社僧が「贈経」しようとすると、西陣の岩神が「此石此方ニ安置」しているから、贈経をするのは蓮乗院のほうだと横槍を入れたことがわかる。これ以前、天皇の葬儀に岩神神社から贈経をしていたか否かは明らかではないが、蓮乗院は「石」を確保したことによって、かつての岩神神社が持っていた権益を引き継いだという主張をしている。「公事」においては「石ヲ牽取分ノ事ナリ」と単に岩を引き取っただけのことにすぎず、岩神神社の権益とは無関係であるという判断が下されている。しかし、蓮乗院としては、かつて二条大宮にあった岩神神社のご神体であった岩を引き取ることが、岩神神社を引き継いだ正当性を示すものと認識していたことがうかがえよう。

こうした経緯から、蓮乗院が岩を引き取ったのは、岩の保有を梃子に、かつての岩神神社の得分を手に入れようという意図があった可能性はある。とはいえ、岩の保有を根拠に岩神神社を牽制したのが承応三年（一六五四）のことだ。最初から意図していたとすれば、寛永七年（一六三〇）に岩を引き取ってから、権利主張の行動に移すまでの時間がありすぎる。これは副産物にすぎないであろう。

とすれば、別の理由は考えられるのか。ここで、再び杉若無心と「おたま」に戻りたい。杉若無心の娘が丹羽長秀の側室であったことは前述のとおりだが、長秀と無心の娘の間に生まれた子は、仙丸といった。仙丸は豊臣秀長の養子となり、さらに天正一五年（一五八七）に実子のなかった藤堂高虎の養子（後の藤堂高吉）となった[29]。

もともと、無心と藤堂高虎は、ともに秀長に仕えて紀州征討をした間柄であった。しかし、関ヶ原の合戦では藤堂高虎は東軍の武将として家康と行動をともにし、杉若無心は西軍の将として、東軍の京極高次が籠もった大津城攻めに参加している。

杉若無心は体刑はまぬがれ、関ヶ原戦後も存命しており、京都で公家たちと交流を続けていた。とはいえ、その後は家康に重んじられていく藤堂高虎にしてみれば、西軍に属した杉若無心の孫である養子、高吉の存在が次第に重荷になってきたことは想像に難くない。そうしたなか、慶長六年（一六〇一）閏一一月、ついに藤堂高虎に実子の高次が生まれる。

蓮乗院の建立がその翌年の慶長七年（一六〇二）であったことは偶然かもしれない。前述のように、この年に杉若無心も亡くなっていた可能性があり、「おたま」が丹羽長秀と杉若無心の供養のために寺院を建立したタイミングとしては妥当なものといえるだろう。

そこで、岩を引き取ったとされる寛永七年（一六三〇）であるが、実はこの年に藤堂高虎が死亡し、ついに高虎の実子である高次が藤堂家を継承する。高吉は伊予今治から名張へ移封。高吉は正式な大名としてではなく、高次の家臣として冷遇されることになる。このような状況を考えれば、蓮乗院の建立に関わった「おたま」が、藤堂高虎に対して複雑な感情をもっていたことはありえないことではあるまい。

祟るといわれる岩を祀っていた岩神神社は、二条城の造営の際に移動を余儀なくされたといわれている[30]。そして、元和五年（一六一九）に秀忠の娘である和子の入内を前に二条城の改築にあたったのが、築城の名手といわれていた藤堂高虎その人であった。こうしたことから、曰く付きの岩を蓮乗院に引き取ったのは藤堂家への「呪詛」を意図したものではないか、と想像してみたくなるところである。

## おわりに――近世の岩神――

西陣の岩神が果たして本当に藤堂家への呪詛を意図したか否か史料からは明らかにしえないが、確かなのは一七世紀半ば以降は、その性質が変化してきたことである。「祟る」存在から、「ご利益」をもたらす存在に変わってきたのである。

この「岩」が祀られ、岩神神社が成立することになる西陣は、応仁の乱後は上京の構《かまえ》の外になり、空閑地も少なくなかった。杉森哲也が明らかにしているように、西陣は、統一政権入京以前は二四町にすぎなかったが、天正一九年（一五九一）までに町が二、三倍に、元和元年（一六一五）には五、六倍に拡大している(31)。つまり、二条城築城後に「岩神」が移される西陣は、まさに町が急速に成長していく渦中にあったことになる。西陣をはじめとした、近世初頭における爆発的な都市域の拡大と京都の町における人口増は、疫病の流行や治安の悪化、貧窮民の増加など新たな都市問題を生んでいったといわれている(32)。

このような場に新たに出現することになった「岩神」は、当初の意図はどうあれ、西陣の人びとの宗教的な需要に応えることが求められていったであろう。

貞享元年（一六八四）の地誌『菟藝泥赴』によれば、「世人の神とあがめて尊敬せしより妖怪やみてかへりて婦人の乳のほそきをいのれば験を顕せり」とあり、[33]かつて怪異で知られた岩も、一七世紀後半には産後に乳が出ない女性の信仰を集めるようになっていった。

この岩神は「聖天の西隣也[34]」とあるように「聖天」を祀る真言宗の雨宝院が隣接している。この聖天は、中世には大聖歓喜寺として知られた千本通にあった禅宗寺院の流れを汲んでいる。[35]聖天、すなわち歓喜天といえば夫婦和合の信仰で知られている。出産や産育信仰に関わる寺社が西陣の一ヶ所に固まっていることで、周囲の人びとにとっては特別な印象を与えることになったであろう。

面白いのは、そうしたなかで次のような言説が生まれてきたことだ。寛文五年（一六六五）の京都地誌『扶桑京華志』に、岩について「石神伝言時平公之乳母所蔭之石也」とある。時平とは、いうまでもなく菅原道真の怨霊によって殺されたとされる藤原時平である。もともと、「高松殿の乳母の所縁[36]」の僧が岩を引き取ったとされていたが、ここで藤原時平という歴史上の人物に置き換えられていく。[37]

当然ながら、こうした言説は北野天神縁起から派生したものだろう。そして、岩神の前を東西に走る上立売通の一筋南の五辻通は北野社へ繋がっており、西陣や上京から北野天満宮に参詣する際のルートに接している。杉若無心やその娘の「おたま」によって建立された蓮乗院も、いつまでも創建時の檀越に依存しているわけにもいかなかっただろう。そうしたなか、新たな経営基盤として「ご利益」を発信し、民間の信仰を集めていく以外に手はなかった。そこで、岩神という資源をもとに積極的に発信していったのである。

上京外縁部の都市的発展に支えられて、檀越の政治力、経済力に依存せずとも、寺院は民衆の宗教的需要に応えることで存立可能になってきた。いかなる経緯で蓮乗院に移されたにせよ、視覚的にもインパクトがあり、由緒からも強力な霊力を期待しうる「岩神」という存在を獲得したことは、その後の蓮乗院にとって大きな意味を持った。

貞享三年（一六八六）の京都地誌『雍州府志』に見えている、

岩神寺　在聖天辻子而真言宗也、以大岩石為本尊、此岩元在聚楽城山里仮山、爾後遷　禁庭、時々有妖怪、依是被送岩於此寺、自是称岩神、世人尊崇之、伝言有通乳汁之誓、故婦人特詣之、思誤石上神而附託之者乎[38]

という「大岩」を本尊とする寺院らしからぬ姿は、こうして誕生したのである。

近代になって、西陣の「岩神寺」は廃寺となったが、現在も岩は「岩神」として現地で大切に祀られている。

※　※　※

本書では、このような近世京都における寺社の歴史と経営の具体例を通して、都市の信仰と庶民文化について論じてみたい。

そもそも、古代・中世以来、京都が日本有数の都市であったことはいうまでもない。豊臣秀吉による御土居の建設や寺町の設定、小路の開通など、大規模な都市改造を経て、泰平の時代を迎えることになる。その間、京都には多くの人びとが移住し、都市域が拡大していくことになる。こうした近世の都市生活者が流動性を持っていたことは想像に難くあるまい。「長者二代なし」（『町人嚢』巻二）というが、頻繁に起こる大火や飢饉などによって家を安定的に維持することは容易ではなく、同じ場所で代々同じ家業を続けることが必ずしも期待できないのが都市、京都であった。

応仁の乱後の京都においては、日蓮宗・浄土宗系の寺院が相次いで洛中に建立されている。伊藤毅が指摘するように、中世末には誓願寺・善長寺・矢田寺などの寺院名を町名にもいただくような町も生まれていた[39]。中世後期の寺院と町の繋がりの強さがうかがえるが、豊臣秀吉によって町から寺院が移転させられ、寺町が形成されたことにより、「寺院と町との有機的な結びつきを分断」することになった[40]。その結果、近世の京都においては、祖先祭祀を介して町共同体と寺院が直接結びつくことはなかったのである。

近世の京都では、盆の精霊迎えはイエの宗派には関係なく六道珍皇寺など特定の寺院で行われる。精霊送りは個々人でも行われるが、近郊農村が行う五山の送り火に「託されて」いた[41]。そして、町では寺院を介することなく、かつて町に居住していた人の霊を供養するための行事として、「地蔵会」が盛んに行われるようになる[42]。

こうした寺院を媒介としない、町による共同祭祀の背景には、前述のような秀吉によって町と寺院の関係が切断されたという歴史的な背景があったであろう。それと同時に、このような都市固有の民俗の発生には、都市固有の条件もあったと思われる。

そのひとつが、都市に不可避であった無縁の死者への都市としての対応である。高取正男が指摘しているが、無縁仏の発生が著しかった都市において、「祖先の霊はつねに無数の無縁仏のなかに存在して」いると考えられ、「盆の行事が一面ではつねに公共性をもっていた」[43]のである。

また、川嶋将生が既に指摘しているが[44]、ルイス・フロイスが「都には多数の観覧すべき所あり、之を観ん為め絶えず諸国の人来集す」と証言しているように[45]、一六世紀半ばの時点から、京都の寺社や古跡は人びとが観覧に訪れる対象であった。京都の寺社では、こうした参詣客への働きかけも欠かせなくなるであろう。

こうした環境では、おそらく従来の農村を基礎に民俗学で論じられてきたような、氏神信仰や祖先祭祀とは異なる都市固有の民俗があろう。

都市の信仰を規定する環境条件として、さしあたり次のような特徴が挙げられよう。第一に住民の流動性、定着性の弱さから、村落でのような氏神、檀那寺との永続的で強固な関係を結びにくい。第二に都市における家の存続の難しさから、子孫による供養祭祀が永続して行われることへの不安があったと思われる。第三に、都市生活の不安定性から現世利益を求める傾向も高かったであろう。そして第四に抱屋敷の留守居、日用層のような裏借家の住人など住民構成が複雑であったために、利害が必ずしも一致しないことが挙げられるであろうか。

寺社側にとっても、信徒集団の流動性、不安定さは大きな懸念材料となりうる。氏子・檀家といった基盤が脆弱であれば、経営そのものが不安定にならざるをえない。また、家屋が密集する都市であるが故に、大火などで被害をうけた場合には、寺社を支えた氏子や信徒たちもまた被災している可能性もある。都市に存在する寺社もまた、積極的に発信をして経営基盤を確保するとともに、広く信仰を集めておく必要に迫られることになる。

京都においては、既に中世の段階で荘園からの収入以外に民間信仰から生まれた「信仰財」による信仰経済が、寺院経済に重要な役割を果たしていたことが阿諏訪青美によって明らかにされている[46]。多くの寺社が荘園や寺領の過半を失い、朱印地だけでの経営が困難になっていく近世には、より阿諏訪のいう「信仰経済」の意義は大きくなったであろう。個々の都市民衆側の寺社に対する信仰と寺社からの働きかけが結びついたところには、近世都市京都に固有のありようを反映した信仰や宗教文化が創出されるのではないだろうか。

ところが、大桑斉が指摘しているように、近世都市の文化研究が遅れていることも事実である[47]。従来の近世都市の文化研究についていうならば、盛り場や遊廓・芝居小屋といったハレの部分を重視した研究はあるが、こうして浮かび上がる都市の文化は刹那的で享楽的なものにすぎず、都市に生きる人びとの心性を理解することに関しては一面的といわざるをえない。

都市固有の文化を抽出したうえで、大桑がいうように、「都市の何が都市固有の文化事象を生み出すのか」を問わなければならない。大桑は都市の「聖」と「性」に着目して「恋」の成就を煩悩即菩提ととらえていく民衆思想の成長を見出した[48]。これに対して、本書では都市が抱えるもうひとつの課題、タナトス――死――に着目して、都市の文化を考えてみたい。つまり、都市の「聖」と「死」である。

ここでは、寺社領や広大な氏子圏を持つ寺社ではなく、寺社領はほとんど持たず、神社であれば多くとも数町程度の氏子を持つものを主として対象としている。

広大な氏子圏や十分な数の檀家、寺社領を持つことのない中小規模の寺社を特に対象として選んだのは、こうした寺社は都市としての京都やその郊外にあって、町や住民たちとさまざまな関係を取り結んでおり、経済基盤が脆弱であるが故に、町のありようや多様な都市の信仰をより鮮明に反映し、その動向は近世都市京都、あるいはそこで生活をする人びとの姿を映し出しているのではないかと考えるからである。

京都をフィールドとしているのは、なにより「中世から近世への寺社参詣、名所巡りの変遷を連続的に分析できる希有な場[49]」とされていることによる。中世には経済・政治の中心でありながら、近世には次第に経済・政治の中心地ではなくなっていく。一七世紀には豪商が没落し、経済都市から観光に依存する「観光都市」となっていき、次第に多くの寺院が開帳や縁日などを積極的に行っていたといわれている[50]。こうした京都において、経済基盤の脆弱な中小規模の寺社は、より積極的な生き残りをかけた舵取りが必要になってくるだろう。

以下、具体的な寺社の実態を通して、寺社の多様な生存戦略を明らかにしていき、その背景にある宗教的な需要から、近世都市京都が抱えていた諸問題を浮き彫りにしてみたい。第Ⅰ部では、神社を対象とし、「名所」としての境内整備や現世利益の宣伝など、此岸に重点を置いた活動を、第Ⅱ部では主に葬送や死者供養に関わっていた寺院の姿に光をあててみたい。前者では、主に興行や配札・勧進といった資金調達を論じ、後者では葬送から流動的な都市における霊魂・供養観について検討することになる。

## 註

（1）岩上、岩神、石上など史料によって表記はまちまちであるが、本章では史料上の文言を除き、「岩神神社」で統一する。

（2）以下、中世までの岩神神社については、拙稿「岩神散所」（世界人権問題研究センター編『散所・声聞師・舞々の研究』思文閣出版、二〇〇四年）、田中貴子「長い長いエピローグ——石の語る物語——」（同『あやかし考——不思議の中世へ——』平凡社、二〇〇四年）を参照。

（3）川端善明・荒木浩校注『新日本古典文学大系　四一　古事談・続古事談』（岩波書店、二〇〇五年）。

（4）田中貴子『百鬼夜行の見える都市』（新曜社、一九九四年、ちくま学芸文庫、二〇〇二年）。

（5）中世の岩神神社については、『御湯殿の上の日記』文明一六年三月二一日条に「いはかみ《（岩神）》の御ほうか《（奉加）》」について見えている。その他、年未詳ながら「金蓮寺文書」には金蓮寺の所領に対する違乱を停止するよう「石上社神主」に命じた松田貞康施行状（高野修編『白金叢書　時宗中世文書史料集』白金叢書刊行会、一九九一年）がある。『看聞日記』応永二五年三月三日条には「岩神辺」が焼亡の記事が見え、応永三二年「酒屋交名」（北野天満宮史料刊行会編『北野天満宮史料　古文書』北野天満宮、一九七八年、六二号）には「二条大宮北岩上北頬」に酒屋が居たことが記される。応仁の乱までは、この近隣に家屋が建ち開発されていたことがうかがえる。室町時代における当地周辺の景観については、久水俊和「室町期の内野における存続官衙——神祇官・太政官庁・真言院・神泉苑考——」（『駿台史学』第一六〇号、二〇一七年三月）がある。

（6）新修京都叢書刊行会編『新修京都叢書』第一三巻（臨川書店、一九六八年、二六六頁）。

（7）『遠碧軒記』（日本随筆大成編輯部編『日本随筆大成』第一期第一〇巻、吉川弘文館、一九七五年、三八〜九頁）。

（8）『大日本史料』第一一編一四、天正一三年四月一六日。

（9）松平年一「戦国武将杉若無心の生涯」（『日本歴史』第三四九号、一九七七年六月）。

（10）『京都市の地名』（平凡社、一九七九年）。

（11）『京都坊目誌』「上京第三学区之部」（新修京都叢書刊行会編『新修京都叢書』第一八巻、臨川書店、一九六八年）。

（12）『雍州府志』巻八（新修京都叢書刊行会編『新修京都叢書』第一〇巻、臨川書店、一九六八年、六〇四頁）。杉若無心は越後守を名乗っており、「杉若若狭守」という受領名は不審だが、「若狭守領紀伊国新宮城、豊臣秀吉公時有故被没収」とある。無心は新宮城ではなく紀州田辺上野山城などを拠点としており、いささか伝承上での混乱があると思われる。
（13）『北野社家日記』慶長五年三月一日条。
（14）かつて本能寺があった場所からやや西の六角通油小路西には越後町という町がある。この町について、『京都坊目誌』「下京第二学区之部」によれば、「中昔杉若越後と云、武人住めり」という由縁をもって町名としているというが未詳。
（15）新修京都叢書刊行会編『新修京都叢書』第三巻（臨川書店、一九九四年）。解題によると刊行時期は不明ながら、宝永五年（一七〇八）からそれほど下らないであろうとされている。
（16）前掲松平論文、阿部猛・西村圭子編『戦国人名事典』（新人物往来社、一九八七年）。『改正三河後風土記』第四一巻には「杉若越後守」らについて、「関原表へは出陣せずといへども、石田等の逆徒と一味まがひなかりしかば、改易仰付らるる」とある（桑田忠親監修・宇田川武久校注『改正三河後風土記（下）』秋田書店、一九七七年）。
（17）『北野社家日記』慶長六年三月二日条に「身上大形済」とあり、この頃には処分が確定していたと考えられる。
（18）『時慶卿記』慶長五年九月二三日条、慶長七年一〇月一四日条、同一〇月一八日条、同一一月四日条。
（19）『公卿諸家系図――諸家知譜拙記――』（続群書類従完成会、一九六六年）。
（20）前掲松平論文。
（21）『時慶卿記』慶長五年正月二〇日条。
（22）『北野社家日記』慶長五年七月一一日条。なお、『時慶卿記』同日条にも「杉若越後入道所へ近衛殿申入」とある。また、杉若無心も近衛邸を訪問していたことが近衛信尹の日記『三藐院記』慶長七年六月三日条に見える。
（23）谷口研語『流浪の戦国貴族近衛前久――天下一統に翻弄された生涯――』（中公新書、一九九四年）。
（24）『出来斎京土産』（新修京都叢書刊行会編『新修京都叢書』第一一巻、臨川書店、一九七四年）。

（24）『隔蓂記』寛文二年九月一七日条（赤松俊秀校註『隔蓂記』第五、鹿苑寺、一九六四年）。ただし、この時に鳳林承章は「初相対也」としているので蓮乗院とは初対面だったようで、親密な関係であったとはいえない。とはいえ、宮廷と接点を持つ鳳林承章と面会しうるような人的ネットワークのなかにあったことは注意しておく必要があろう。

（25）『出来斎京土産』（新修京都叢書刊行会編『新修京都叢書』第一一巻、臨川書店、一九七四年）。

（26）『菟藝泥赴』（新修京都叢書刊行会編『新修京都叢書』第一二巻、臨川書店、一九七六年）。

（27）『近畿歴覧記』（新修京都叢書刊行会編『新修京都叢書』第一二巻、臨川書店、一九七六年）。

（28）『近畿歴覧記』「神泉苑略記」（新修京都叢書刊行会編『新修京都叢書』第一二巻、臨川書店、一九七六年）。

（29）『寛政重修諸家譜』、『高山公実録』三（上野市古文献刊行会編『高山公実録〈藤堂高虎伝〉』上巻、清文堂出版、一九九八年）など。

（30）『京師巡覧集』（新修京都叢書刊行会編『新修京都叢書』第一一巻、臨川書店、一九七四年）。

（31）杉森哲也「町組の発展過程――上京・西陣組を事例として――」（同『近世京都の都市と社会』東京大学出版会、二〇〇八年）。

（32）横田冬彦「城郭と権威」（『岩波講座日本通史　第一一巻　近世1』岩波書店、一九九三年）。

（33）新修京都叢書刊行会編『新修京都叢書』第一二巻（臨川書店、一九七一年）。

（34）『洛陽名所集』（新修京都叢書刊行会編『新修京都叢書』第一一巻、臨川書店、一九七四年）。

（35）細川武稔「北野社と歓喜天信仰――千本歓喜寺をめぐって――」（同『京都の寺社と室町幕府』吉川弘文館、二〇一〇年）。

（36）『遠碧軒記』（日本随筆大成編輯部編『日本随筆大成』第一期第一〇巻、吉川弘文館、一九九三年）。

（37）北野天満宮の縁起をもとにした由緒を岩上蓮乗院が意図的に語った可能性もある。元禄一五年五月二〇日、北野縁起が北野社に無断で板行された件について調査をした結果、「石上蓮乗院順海ゟ五六年前ニかり」出されたものが流出したことが判明している（『北野天満宮史料　宮仕記録　続三』）。

（38）新修京都叢書刊行会編『新修京都叢書』第一〇巻（臨川書店、一九六八年）。

(39) 伊藤毅「中世都市と寺院」(同『都市の空間史』吉川弘文館、二〇〇三年、二七頁)。
(40) 前掲伊藤論文、三八頁。
(41) 村上忠喜「託される民俗――京都五山送り火行事にみる都市―近郊の関係――」(『佛教大学総合研究所紀要別冊 洛中周辺地域の歴史的変容に関する総合的研究』二〇一三年)。
(42) 拙著『京都地蔵盆の歴史』(法藏館、二〇一七年)。
(43) 高取正男「歳時覚書」(『高取正男著作集』第五巻「女の歳時記」法藏館、一九八二年、一九六頁)。
(44) 川嶋將生「京都案内記の成立」(同『「洛中洛外」の社会史』思文閣出版、一九九九年)。
(45)「一五六五年四月二十七日附都発パードレ・ルイス・フロイスより印度のイルマン等に贈りし書翰」(村上直次郎訳『異国叢書　耶蘇会士日本通信　上』雄松堂書店、一九二八年)。
(46) 阿諏訪青美『中世庶民信仰経済の研究』(校倉書房、二〇〇四年)。
(47) 大桑斉「都市文化のなかの聖と性」(同『民衆仏教思想史論』ぺりかん社、二〇一三年)。
(48) 前掲大桑書。
(49) 野地秀俊「中世後期京都における参詣の場と人」(『新しい歴史学のために』第二八二号、二〇一三年五月)。
(50) 鎌田道隆『近世京都の都市と民衆』(思文閣出版、二〇〇〇年)。

# 第Ⅰ部　都市の信仰と神社

# 第一章　京都の町と神社

## ——一六・一七世紀における菅大臣社の動向から——

### はじめに

京都の町と神社といえば、すぐさま想起するのは祇園社・稲荷社など規模が大きく広い氏子圏を持つ神社であろう。このような神社については町や権力との関係、経済基盤や祭礼など多様な視点から研究がなされてきている。だが、京都の町には比較的規模が小さく、一町あるいは数町の範囲を氏子とする神社がいくつも存在している。

京都で神社の「氏子」について語られるときは、『京都の歴史』所載の図（図1）をつかって説明されることが多い。下京の祇園社（八坂神社）、そして洛南を稲荷、そして北に上下御霊と今宮神社、北野社、洛西に松尾社が、整然と棲み分けをしているように描かれている。印象論としては、的確に京都の町の信仰圏を視覚的に表しているように感じられる。

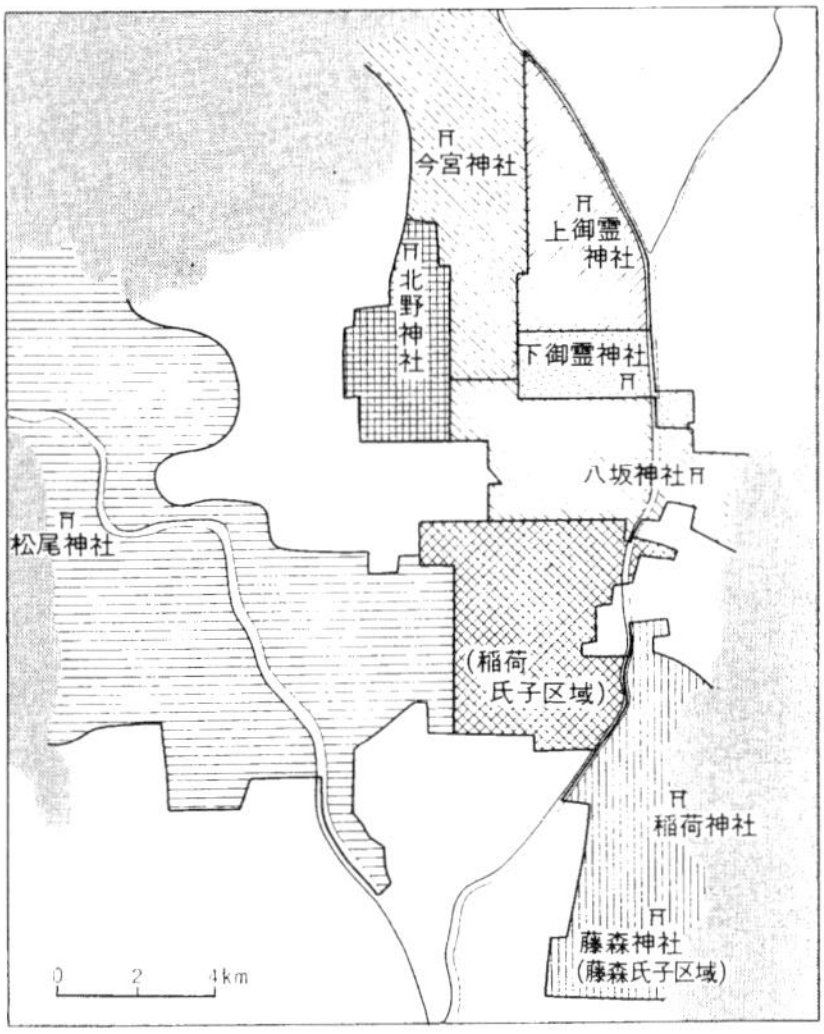


図1　京都の氏子区域

ある空間が、全面的にひとつの神社によって氏子圏として囲い込まれているように見えるが、原図には「氏子区域は行政区画などとの関係で複雑な様相を示しており、重層・錯綜している部分も多くみられる」とある。[1] つまり概念図であり、実態を正確に表しているものではない。実際には、例えば「八坂神社」として表現されている空間の中にも、祇園社とは関係を持たず数町程度の町を氏子とする比較的規模の小さい神社がモザイク状に存在している。にもかかわらず、図では都市内部にある小規模の神社と町との関係は、完全に抜け落ちているのである。

そもそも、古代史の研究者は都城の中に神社は存在しなかったという。[2] これは、自然に近い神を祀る場として、人工空間としての都市が相応しいと考えられなかったからである。ところが、一七世紀末頃の「洛中」には、三七の神社があったという。[3]

そうすると、現在の京都の町なかで見かける神社は、どれも歴史のなかで創建され維持されたものであり、平安京成立以降に多様な背景を持ちながら誕生し、人びととの関係に支えられて維持されてきたといえる。[4] そうした意味で、都市の歴史を色濃く映し出しているといえるだろう。

また、都市史の分野では、中世の街区内部に成立した浄土系寺院が「町々と密接な関係を保ちつつ存在」し、「中世後期から近世初頭にかけて寺院と町が一体となって都市形成が行われた」といわれている。[5] とすれば、都市内部に存在する神社が都市形成に果たした役割についても検討を要するであろう。

さらに都市という点を重視するならば、かつて民俗学者の宮田登が注目した、都市で突然熱狂的支持を集める民衆エネルギーの受け皿としての流行神[6]や、石井研士が東京の銀座をフィールドに、近代的な都市空間に溶け込む神仏の姿を浮かび上がらせて「装置としての〈祠〉の存続の強さ、あるいは復元力はきわめて強い」とした指摘[7]も忘れてはなるまい。宗教学者の石井は、「祭祀集団は、町会から〈家〉へ、〈家〉から会社へ、町会から個人へなど、さまざまなバリエーションを見せながら交代」し「神の性格も変わっている」とする。こうした流動性から、石井は「祭祀集団に着目していては都市の宗教を把握することはできない」というが、歴史的には祭祀集団の変遷が都市・町のありようを反映している可能性もあるだろう。

こうしてみたとき、京都の町を少数の大規模な神社の氏子圏として、わずかな色で塗りつぶしてしまうことが如何に乱暴なことか。むしろ、しばしば朝廷や武家権力と結びついていた神社よりも、京都の小規模な寺社の成立、維持（あるいは廃絶・再興）の歴史から、見えてくる京都の歴史像があるだろう。中小規模の神社の事例を積み上げることは不可欠なのだが、わずかな例を除けば京都の町にある小規模な神社についての歴史研究はさほどなされてはいない。[8]

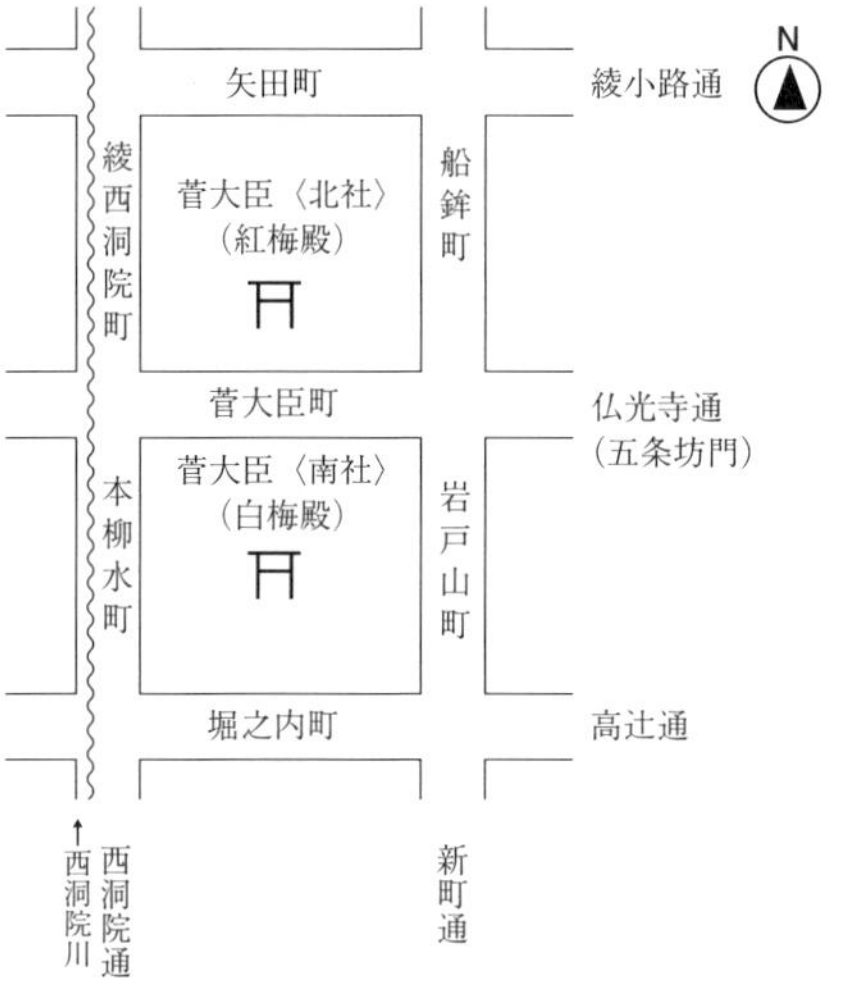


図２　菅大臣社付近略地図

そこで、本章では下京にある菅大臣社を取り上げ、中世から近世にかけての京都の町と神社の関係について見ていきたい。この神社は、京都の西洞院通の東側に五条坊門通（仏光寺通）を挟んで南北に向かいあう二つの社であり、紅梅殿・白梅殿と称する菅家・菅原道真の邸宅跡であるとされている（図2）。

この菅大臣社を取り上げるのは、鎌倉末の争論史料があり、中世前期の状況がわかっていることに加え、近世に同社の氏子となっていた菅大臣町が元亀二年（一五七一）、「上下京御膳方御月賄米寄帳」（『禁裏御倉職立入家文書』）にも見える下京の古町でありながら、祇園会の鉾町ではなく、地域社会と神社の関係をより鮮明に見ることができると考えるからである。

五条坊門通の北側の地は、道真の邸宅であった紅梅殿跡地として、鎌倉期までには北野社領とされていたようで、この地の住人と北野社の間で争論が行われた。[9] そのため、鎌倉末期の紅梅殿については、一定の研究蓄積[10]があるのだが、それ以降となると教育史の視点から、「菅家廊下」と呼ばれた家塾に比定される菅原氏紅梅殿の変遷を論じた桃裕行の「紅梅殿と菅家廊下」が、ほぼ唯一のものということができる。[11] これはひとえに鎌倉末期の争論過程で関連史料がまとまって残されているのに対し、中世後期以降の史料がまとまったかたちで残っていないという理由に尽きる。しかし断片的ながら、北野社の古記録類や菅大臣社の所蔵文書には、中世後期以降の菅大臣社についての史料が存在している。こうした史料によって、京都の町共同体が成立展開する中世後期から一七世紀にかけての都市京都と菅大臣社の動向を明らかにしたい。

その際の視点として、まず中世後期のありようについて見たうえで、①地誌や板行地図などを通じて近世における京都の町や社会が神社をどのように見ていたのかを明らかにし、②そのまなざしの変化と神社組織との関係について論じ、③こうした神社と他の神社とを繋ぐ動きを浮き彫りにしたい。社会の意識や視線といった外部、そして神社内部の組織、さらに神社と神社の相互関係の三つの位相から見ていくのは、神社の動向が、その組織や町との関係だけで完結するものではなく、社会や他の寺社との関係のなかで存在していると考えるからである。

なお、後述するように五条坊門通を挟んで南北に存在する二つの社は多様な呼び方をされている。本章では混乱を避けるために史料上の文言を除いて、五条坊門の北側の社を菅大臣〈北社〉、南側の社を菅大臣〈南社〉と呼ぶことにする。

## 一　社の中世

鎌倉後期のこと、「紅梅殿社記録」[12]によれば、北野社は菅原道真の邸宅であった紅梅殿跡の方一町の地を北野社領であると主張し、当「紅梅殿敷地」の住人に対し、神役の負担を命じようとした。これに対し、住人は「地主」「領主」と名乗り、その土地は売得・相伝したものであり、「菅大臣社」は間口七丈・奥行二〇丈にすぎないと主張した。住民は文殿庭中に臨んだが、そこでは住人たちの一六通にわたる手継証文は採用されず、北野社が証拠として提出した延喜式左京図に基づいて北野社の主張が支持された。

この地にあった神社について、北野社は「聖廟在世之霊跡当宮最前之末社」とするが、住人たちは北野社側のいう「紅梅殿」（菅大臣〈北社〉）を「菅大臣社」と言い換えたうえで、「破壊」の時は「曾不及北野之沙汰」、在地の「敬神之族」が維持していたと主張している。住民側の認識としては「菅大臣社」（北野社のいう「紅梅殿社」）は北野社から一定程度独立しており、神社周辺の住民たちによって運営してきたものという認識を持っていたことがうかがえるだろう。争論史料のために鵜呑みにはできないが、この争論では下地支配と北野社への負担が問題となっているのであり、住民は「菅大臣社」を維持することまで否定しているわけではない。

この裁許により、当地は北野社領となり、北野社別当職とともに曼殊院門跡領として継承されることになった。なお、争論には五条坊門通を挟んで紅梅殿の南にある白梅殿は見えていないが、桃裕行によれば、南北朝期には紅梅殿敷地とともに、紅梅殿の南側の地が「白梅殿敷地」として登場するという。[13]白梅殿敷地は北野社の三年一請会[14]の費用を負担していたようだ。[15]

室町期以降の紅梅殿と白梅殿については、桃裕行もほとんど述べていないが、近世の菅大臣社について検討する前提となるので、なるべく詳しく見ていくことにしよう。

「紅梅殿社記録」を分析した馬田綾子は、文明五年（一四七三）までに北野社領としての紅梅殿・白梅殿は退転していたと推測している。応永二九年（一四二二）の「白梅殿御公用注文案」には、応永二〇年から二九年まで一一件、合計二二一貫余の「公用」が記されているが、ほとんどの項目に利息が元本と同額に至ったことを示す「本利一倍」の記載や「利」が記されており、確かに長期間にわたる未進が続いていたことを伝えている。[16]

ただし、北野社は白梅殿の地を手放したわけではなかった。延徳二年（一四九〇）四月二九日、「五条ノコウハイ殿」からの「御供」調進について門跡への注進があった際、「白梅殿オハ御地子事不成候間不参」とある。[17]背景にあったのは、「はくはい殿のハ一ゑん御地子ならす」ということであった。[18]このことから一五世紀末においても紅梅殿と白梅殿はともに北野社と関係を持ち続け、御供の調進などはしていたことがわかる。「二社御座ニ一社計参候事更無其例候」とあるので、南北朝期以降に現れた白梅殿は、北野社としては鎌倉末に「最前之末社」とされていた紅梅殿とともに二社で一体であるという認識があったようだ。しかし、献供が認められた紅梅殿に対し、白梅殿が地子未進により献供が認められなかったことからも明らかなように、実態としては両社の間で温度差が生まれていたことがうかがえる。地子に加えて、三年一請会の費用負担を課せられていた白梅殿の地住民と、かつて「北野之沙汰」によらず「敬神之族」によって維持されていたという紅梅殿とでは、住民の意識も大きく異なっていたであろう。

その後、紅梅殿・白梅殿のある下京は、天文法華の乱によって焼亡してしまう。乱後間もない天文七年（一五三八）ともなると、紅・白梅殿の地は押領をうけるようになっていた。

御門跡領下京紅白梅殿八町之内神供御料所、高畠与三郎雖令違乱、従御門跡被退彼妨如、先々拙者被返付之事
忝存候、然者専社用以下無油断致馳走、万一於無其儀者彼職可被放者也、仍状如件

菅大神主

天文七年七月日　　宗久判

竹内宮御門跡様

御預所[19]

ここでは、宗久が曼殊院から「菅大神主」の「職」を補任されており、[20]「紅白梅殿八町之内神供御料所」がその得分であったこと、そして「神供御料所」が押領をうけたが、北野社の別当であった曼殊院門跡の力によって無事に「返付」されたことがうかがえる。

「八町」とあるのは、街区に囲まれている方形の区画のうち、道路に面して成立した四つの片側町からなる四丁町二区画分が「紅白梅殿」と見なされていたことを示しており、かつてのように方一町からなる二区画分の八町が「門跡」、すなわち曼殊院門跡領とされていたようだ。こうしたありかたは、鎌倉末の争論の頃から一貫した認識であり、理念としては方一町支配が続いていたことがわかる。

ただし、南の白梅殿側にある四町のうち町小路に東面する部分は祇園会の際に「岩戸山」という山を出す両側町の東頬であり、同町成立は天文期にはさかのぼるであろうといわれている。[21] してみれば、紅梅殿と白梅殿の地の間にある五条坊門通を挟む両側町、「菅大臣町」もこの頃には成立していた可能性がある。[22] 岩戸山町は鉾町であるが、菅大臣町は菅大臣社の氏子として祇園会には関与しない。そもそも岩戸山と菅大臣町は属する町組も前者が仲十町組、後者が川西十六組と異にしている。

曼殊院は「八町」の支配を主張してはいるが、実態としては通りを挟んだ両側町による自立した共同体が形成されていくなかで、曼殊院から離れようとする町もあったのであろう。そんななか、五条坊門通を挟む町は、「菅大臣」を町名としていることからもわかるように、菅大臣社を拠り所として結集していったと思われる。こうした曼殊院による「八町」の主張とは異なる「菅大臣」町の動向の食い違いは、どこからきているのだろうか。

菅大臣町に近い岩戸山町について分析した五島邦治は、四丁町と両側町というのは「住人の生活の場である町側」と「土地領主側」の「土地理解」の差であり、異なった論理のもとで併存していたとしている[23]。本事例も、領主としての曼殊院と町住民の「土地理解」の差が表出したものであろう。

また、瀬田勝哉は都市の発展段階について、中世的な「領主」「地主」による「私的土地所有」が否定され、「町」共同体による規制の下で「家屋敷所有」と借家人による関係が体制化された段階を「近世都市」としている[24]。そうした視点で見るならば、単なる認識の相違にとどまらず、あくまでも方一町の四丁町として把握しようとする曼殊院に対し、「菅大臣社」を中心に成立した、町共同体の自立的な動向という緊張感をはらんだ状態と見なすこともできるだろう。

この八町のなかにあった「神供御料所」は細川晴元家臣の高畠与三郎[25]によって押領されていたが、曼殊院によって菅大臣社の神主に「返付」された。しかし、その後も「門跡領下京紅白梅殿敷地」が三好長慶によって「競望」されたり[26]、三好長慶が家臣の「多羅尾左近大夫」に「紅梅殿八町地子銭」の「違乱」をとがめているなど[27]、白梅殿・紅梅殿の曼殊院による下地支配は安定したものではなくなっていたようだ。

豊臣秀吉の時代になると、天正一二年（一五八四）九月、曼殊院門跡が「菅大臣紅白梅殿竹木番等」の「馳走」を命じ、井上隆三[28]や市岡久右衛門[29]らが請文を出している。市岡久右衛門はおそらく曼殊院門跡の代官であろう[30]。年未詳ながら、「かん大しんはくはいとのミやのやふの事、井の上にいなはあつけをき」とあることから、この井上隆三に「竹木番」を命じた際のものと思われる女房奉書には、「こうはいとの」の「いらん」を「くせ事」と断じ、「とかくりやう宮の事、御しきむ」に仰せつける旨が記されている。[31] こうして紅梅殿（菅大臣〈北社〉）・白梅殿（菅大臣〈南社〉）の曼殊院門跡支配が認められたのである。

しかし間もなく、秀吉は洛中検地や町の中央に小路を通す天正地割りなどの京都改造を実施、さらに天正一九年（一五九一）に洛中の地子を免除した。それは、当然ながら曼殊院門跡の支配にも変容をもたらすことになる。慶長六年（一六〇一）に、

今度菅大臣紅白梅宮藪以下事幷四至塚、一町老若無油断守可申由被仰出候、畏存候、然者竹之子不得御意為払伐取申儀有間敷候、若御番之事何時ニ而も召返候刻一言不可有違乱者也、仍如件

慶長六年

八月十一日

菅大臣町

善加（花押）

浄慶（花押）

浄久（花押）

浄通（花押）

久衛門尉（花押）

甚兵衛（花押）

道珍（花押）

竹内御門跡様御内

春覚法印様

加田備後守殿

御両人御中[32]

とあるように、菅大臣社町住民は、紅梅殿・白梅殿の藪と四至の保全を曼殊院門跡から命じられている。「四至塚」ということは、町と神社の境界に「塚」があったようだが、このことから、天正の洛中検地と洛中地子免除を経た慶長六年（一六〇一）までには、中世以来の「八町」全域の支配は否定され、町屋に囲まれた「四至塚」の内側のみが社領として認められ、それ以外は町の「老若」に委ねられていたことがうかがえる。

伊藤毅は、秀吉の洛中検地と地子免除の意義について、「寺院に即して」いうならば「領主としての寺院を核とした重層的空間の中から、狭義の「境内」と「門前」、そして諸々の付属的な空間を慎重に選り分け、各々を分離することでもあった」と指摘し、都市京都の中世後期から近世初頭の展開過程を論じている。[33] 神社においても、曼殊院の方一町支配が否定されて社地境内が「四至塚」によって限定されるという、伊藤が述べたとおりのことが起きていたということができるだろう。

曼殊院が町に対する検断権も失ったことで、周囲を囲む町屋は「四至塚」をこえて「藪」まで拡張をすることも少なくなかったようである。元和二年（一六一六）、京都所司代の板倉勝重は「菅大臣尼神宮屋敷之事」として「東西参拾間南北参拾壱間坪数合九百参拾坪」を曼殊院門跡に「相究渡」す。[34] 文化二年（一八〇五）時点での菅大臣〈南社〉の境内除地の面積と一致していることから、この「菅大臣尼神宮屋敷」の一件は菅大臣〈南社〉をめぐる事案であると思われる。[35] 以降も境界をめぐる摩擦は絶えなかったようで、板倉勝重は問題が頻発するのは「傍示」がないからだとして、自ら「堺究」をすることを伝えている。[36] この段階で社地が明確にされ、周囲の町屋による開発に一定の歯止めがかけられる形になったと思われる。

こうした事態は、鎌倉末期の時点で既にそうであったように、方一町といわれる「敷地」のうちの道路に面した四面に町屋が建ち、町屋の拡大が次第に菅大臣社境内地を蚕食していったことを表している。現在の神社の四周を家屋が囲む景観は、こうしたなかで形成されていったものであろう。

これら一連の近世初頭の史料には、北の紅梅殿は名称としては登場するが、土地のことなどは全く言及されていない。鎌倉末の「紅梅殿社記録」段階で間口は七丈・奥行二〇丈であり、寛永期の「洛中絵図」には周囲を町屋に取り囲まれて路地の奥に小社がある状態だったことから見て、中世末から近世初頭の段階で既に屋敷は神社の施設に接しており、境界を改めて定める必要性がなかったのだろう。「破壊」した時も在地の「敬神之族」が維持していたという北側の「紅梅殿」は、狭いながらも町の住民によって守られてきた。

一方、南側の白梅殿は住民の関心も薄く、中世末には施設もほとんど残っていなかったようだ。慶長一九年（一六一四）に南側の白梅殿に「尼神」が「再興」された際[37]の祝詞の言を信じるならば、「不知其礎石」というありさまだった。[38]女房奉書で「りやう《（両）》宮」と記され、南側に関する限り敷地が「四至塚」で区画されて存在し続けてはいたものの、実際には「藪」「竹木」の保全が問題になっていることからも明らかなように、慶長一九年（一六一四）までには天文法華の乱やその後の戦乱によって、竹藪が広がり恒常的な宗教施設は「敷地」にほとんど存在していなかったのが実態だったのであろう。下京の南端に近く発展が遅れ、比較的町屋の広がりも少なかったこともあり、当該地は周囲を町屋に囲繞されていたとしても、中央部分は空閑地を多く残していたのではないだろうか。

## 二　社のそと——メディアから見る寺社への視線——

近世を迎えた南北二つの菅大臣社が、京の人びとの目にどのように映っていたのかを見ていこう。それを知る手がかりとして、まずは一七世紀に作成された地図や地誌といった出版物にどのように描かれているかに注目したい。

表1　一七世紀～一八世紀前半　主要京都図における記載一覧

| 資料名 | 成立年代 | 北 | 南 | 典拠 |
|---|---|---|---|---|
| 都記 | 寛永元～三（一六二四～二六）頃 | 感大神宮 | 雨神 | ① |
| **寛永十四年洛中絵図** | 寛永一四（一六三七） | 菅大臣 | 雨神屋敷 | ① |
| 新板平安城東西南北町幷洛外之図 | 承応三（一六五四） | かんた神宮 | 雨神 | ① |
| 新改洛陽幷洛外之図 | 明暦三（一六五七） | かん太神宮 | 雨神 | ② |
| 新板平安城幷洛外之図 | 貞享二（一六八五） | かん太神宮 | 雨神 | ② |
| 新撰増補京大絵図 | 貞享三（一六八六） | かんだ神宮 | 雨神 | ① |
| **元禄十四年實測大絵図（後補書題）** | 元禄一四（一七〇一） | 天神 | 菅大臣社 | ① |
| 新板増補京絵図　新地入 | 宝永六（一七〇九） | 無記載 | 菅大臣 | ① |
| **京都明細大絵図** | 正徳四～享保六（一七一四～二一） | 天神 | 菅大臣 | ③ |
| **洛中絵図** | 正徳六（一七一六） | 天神 | 菅大臣 | ④ |
| 増補再板京大絵図 | 寛保元（一七四一） | 天神 | 菅太神・元三大し | ① |

太字は公儀大工頭中井家作成の京都図
（典拠）①『慶長・昭和京都地図集成』（柏書房、一九九四年）、②神戸市立博物館蔵
③『別冊太陽　京都古地図散歩』（平凡社、一九九四年）、④『大工頭中井家建築指図集』（思文閣出版、二〇〇三年）

菅大臣社の動向について論じた桃裕行は、近世の地図と地誌における菅大臣社についての記載が元禄期を境に変わっていることを指摘し、「菅大臣社の移転があつた」と推定している。まず、桃裕行の「移転」説の根拠とした地図と地誌の記載を確認していこう。

地図についていえば、桃は寛永から貞享の地図では菅大臣〈北社〉（紅梅殿）の位置には「感大神《ママ》」「かんだ神宮」と「カンダイジン宮」が訛ったものと思われる呼称が記されるが、菅大臣〈南社〉（白梅殿）はすべて「雨神」

と記されるとする。これが元禄以降、〈北社〉を「天御子社」「天子」「天神」などと記す一方で、〈南社〉側がそれまでの北にかわって「菅大臣社」と書かれるようになるという。

一七世紀から一八世紀にかけて、京都で刊行された主な地図における当該地域部分の記載を一覧にしたのが、前頁の**表1**である。こうして時系列で見ていくと、確かに桃が指摘したように、最初は北が「菅大臣」で南が「雨神」という奇妙な名称[39]であったものが、一七世紀末から一八世紀初め頃から北が「天神」、南が「菅大臣社」となっており、「菅大臣社」と称する神社が北から南に位置が逆転しているようだ（**図3**）。

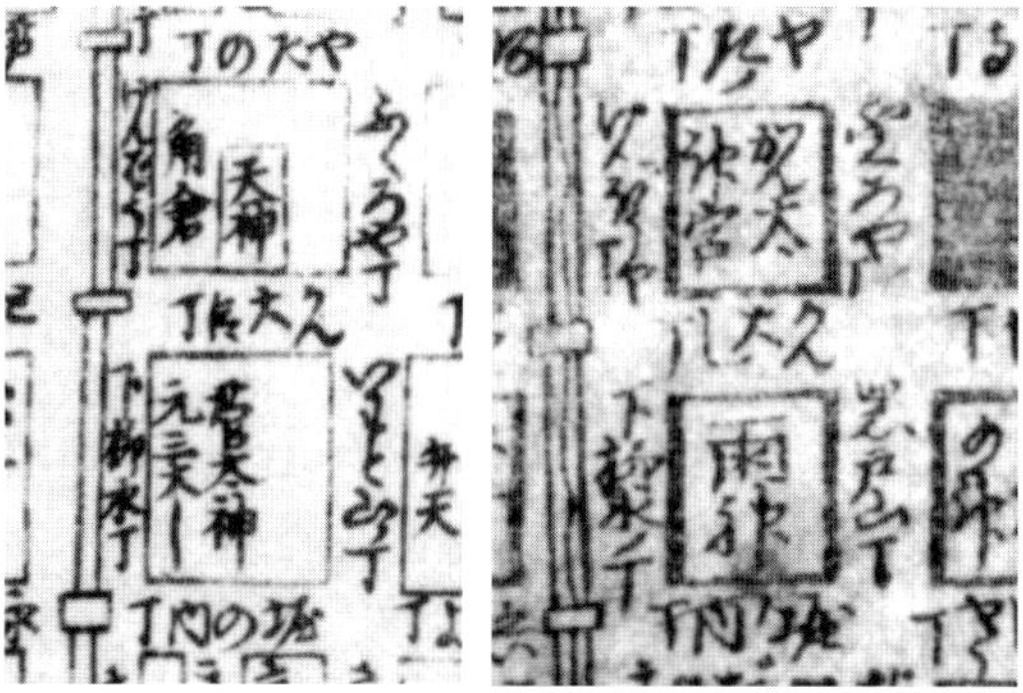

図3　右：明暦3年（1657）「新改洛陽幷洛外之図」
左：寛保元年（1741）「増補再板京大絵図」

板行図では先行する絵図や地誌を参考にして新しい絵図が作成されることもあり、間違いが訂正されないまま継承された可能性も全くないとはいえないが、民間の板行図だけではなく、別の系統にあたる公儀大工頭中井家が作成した絵図でもその傾向は同じで、寛永では南が「雨神」であるが、正徳頃の絵図では「菅大臣社」となっているのである。

次に地誌類における菅大臣社についての記述を見ていこう。桃は地誌でも絵図と同じ動向となることを示唆している。確かに、『菟藝泥赴』には南を「あまかみ」と記し[40]、『山城名跡巡行志』でも北を「菅大臣」、南側を「尼神」とするなど[41]、絵図と同様の表現をしてはいる。だが、『京童』『洛陽名所集』『京雀』などの比較的早い時期に書かれた地誌類には菅大臣社はほとんど立項されていない。最初に登場するのは寛文五年（一六六五）の『扶桑京華志』である。ここには、

菅大臣社　在五條坊門北町西八月十六日有祭祀、旧名紅梅殿、菅贈相国家[42]

とある。だが、五条坊門を挟んで紅梅殿の南に存在しているはずの白梅殿について、全く触れていないことに注意したい。菅大臣〈南社〉は慶長一九年（一六一四）に遷座が行われており、寛永一四（一六三七）の中井家作成「洛中絵図」にもはっきりと描かれているから消滅していたわけではない。しかし、浅井了意による延宝五年（一六七七）の『出来斎京土産』には、

○菅丞相古跡　付紅梅殿　千種殿

綾小路の南。西洞院の東一町は。菅丞相の御子たちのすみ給ひし。紅梅殿の古跡なり。それより南高辻西洞院の東一町に菅丞相すみ給ひしとにや今は民家となれり[43]（下略）

とし、北の「紅梅殿の古跡」と南側の菅原道真旧宅について触れているが、「今は民家」と記し、既に存在しないかのような書きぶりになっている。

その後、貞享元年（一六八四）の『雍州府志』では、「南北隔路」て二つの社が南北に存在していることが示唆されているが、実際に触れられているのは金剛院と常喜院が管理する「北有菅神社」のみであった[44]。このように、一七世紀における地誌の記載を見る限り、北にあった「紅梅殿」（菅大臣〈北社〉）ばかりが言及されており、「雨神」などと呼ばれていた南側は人びとの意識にさほどのぼっていなかったように見える。敷地や規模に関していえば、北は「小社」（『山城名勝志』巻之四・『山州名跡志』巻之一八）と表現されるのに対し、南側は元和二年（一六一六）段階で九三〇坪に及ぶ広さをもっていたにもかかわらずである。なぜか。

その疑問は貞享元年（一六八四）刊の北村季吟による『菟藝泥赴』を見ると氷解する。北側にあった紅梅殿について触れたあと、南の「天神御所」について立項し、「あまかみと申社」であるとしている。問題は文末で、「あま

がみの社は梶井御門主の御領にて預り斗すみ侍るやらん常は門をおほへり」とある。梶井門跡というのは、曼殊院門跡の誤りだが、曼殊院の「留守居」、すなわち「預り」が管理していた「天神御所」は、普段は門を閉じていたというのである。前節で見たように菅大臣〈南社〉境内の周囲は既に町屋が建ち並んでおり、通りからは隔てられている。そして、門を閉ざして人を寄せ付けなかったのだとすれば、道から一瞥しただけでは『出来斎京土産』がいうような「今は民家となれり」という印象を与えてしまうことも当然だといえよう。

一方で北にあった菅大臣〈北社〉は、小社とはいえ路地の突き当たりにあって誰もが立ち寄ることができた。こうした違いが、社と民衆との距離感の違いとなったのであろう。神社のあり方からくる意識のうえでの距離感の違いが最も端的に表れていたのは、当然ながら神社が所在する町である。中世の段階で、既に両社への接し方に温度差があったことは述べたが、『山城名跡巡行志』によれば、近世において南北の菅大臣社を町域に含む仏光寺通を挟む両側町の菅大臣町は、「天御子社」、すなわち北の菅大臣社の「氏子」としている(45)。

さて、問題は桃が指摘した絵図・地誌における呼称の変化である。念のため、在地の史料も確認しておこう。次の史料は寛文一〇年（一六七〇）に町年寄の孫兵衛が町代へ提出した届けの留め書きである。

一南かわ　天神之宮
　世俗ニ者あま神と申候
　竹内御門跡様御支配
一同町北かわ　天神之宮
　竹門様御支配
　宮寺　金剛院

同　常喜院
菅大臣町
寛文十年　年寄孫兵衛
右之通町代勘右衛門へ遣候留書(46)

これは町役人が町代へ提出したものであるから、南側の社の「あま神」という呼称は絵図や地誌に見えているだけではなく、実際に一七世紀に在地においても使われていたことは間違いない。ここでは、両社とも「天神之宮」としており、「あま神」の呼称はあくまでも「俗ニ」使われていたもののようだ。北野社や曼殊院が命名したものではなく、在地の民俗信仰に基づいた通称名ということになるだろう(47)。

この「あま神」という呼称が、地誌類では一八世紀にはほとんど見えなくなり、一八世紀には北が「天神」と呼ばれる一方で、南が「菅大臣」となっている。この変化は名称や地誌の記載にとどまらない。南北両社の祭神や前身についての言説も次第に変化していく。個々に指摘をしていくと煩瑣になるので、整理したものが次頁の表2である。

この記載の変化から、桃は貞享から元禄の間に「貞享以前に北側の地にあつた菅大臣社が、南側の地に遷つたことは明瞭である」と結論する。しかし、桃自身も「恐らく火災等が動機であつたのであらうが、それに相当しさうなものを未だ見出し得ない」と移転そのものを証明する史料は提示できていない。結論を先取りするならば、管見の限り筆者も神社の「移転」を裏づけるに足る史料は見出し得ておらず(48)、呼称の変化には他の理由を想定する必要があると思われる。

表2　地誌類記載内容一覧

| 史料名 | 刊年 | 菅大臣〈北社〉名称 | 菅大臣〈北社〉祭神 | 菅大臣〈北社〉前身 | 菅大臣〈北社〉その他 | 菅大臣〈南社〉名称 | 菅大臣〈南社〉祭神 | 菅大臣〈南社〉前身 | 菅大臣〈南社〉その他 | 典拠 |
|---|---|---|---|---|---|---|---|---|---|---|
| 『扶桑京華志』 | 寛文五年（一六六五） | 菅大臣社 | ― | 旧名紅梅殿 | 八月一六日祭祀 | ― | ― | ― | ― | ① |
| 『出来斎京土産』 | 延宝五年（一六七七） | ― | ― | 紅梅殿の古跡 | 菅丞相の御子住所 | ― | ― | 菅丞相住所 | 今は民家となれり | ① |
| 『菟藝泥赴』 | 貞享元年（一六八四） | 紅梅殿・菅大臣 | ― | ― | 八幡山豊蔵坊の領 | 天神御所あまかみ | ― | ― | 菅大臣の南 | ① |
| 『京羽二重』 | 貞享二年（一六八五） | ― | ― | 御子紅梅殿住所 | ― | 菅大臣 | ― | 菅家住所 | ― | ① |
| 『雍州府志』 | 貞享三年（一六八六） | 菅神社 | ― | 菅神降誕之地 | ― | ― | ― | ― | 俗称「阿米神」 | ① |
| 『山州名跡志』 | 正徳元年（一七一一） | 紅梅殿・天子小社 | 天神 | 北野神子家・天神御所 | ― | ― | ― | ― | ― | ① |
| 『山城名勝志』 | 正徳元年（一七一一） | 紅梅殿 | ― | 北野神子・天神御所 | ― | 菅大臣社 | ― | ― | 天神御所 | ① |
| 『五畿内志』 | 享保一九年（一七三四） | ― | ― | ― | ― | 菅大臣神祠 | ― | 菅丞相第址 | ― | ② |
| 『山城名跡巡行志』 | 宝暦四年（一七五四） | 天御子社 | 菅公御子 | 紅梅殿址 | 或是善卿 | 菅大臣社 | 菅丞相 | 菅家第址 | 或尼神、鳥居北向 | ① |
| 『京町鑑』 | 宝暦一二年（一七六二） | 天神社 | ― | 紅梅殿・菅丞相御殿旧跡 | ― | ― | ― | ― | ― | ① |
| 『都名所図会』 | 安永九年（一七八〇） | 北菅大臣 | 菅神の神子 | ― | ― | 菅大臣社 | 天満宮 | 菅原是善卿の館 | 図は南側のみ | ① |
| 『神社明細帳』 | 明治一九年（一八八六） | 北菅大臣社 | 菅原是善卿 | 是善住居 | ― | 菅大臣社 | 菅原道真・尼神・大巳貴命 | 菅公邸 | 白梅殿・天神御所とも | ③ |
| 『京都坊目誌』 | 大正四年（一九一五） | 北菅大臣神社 | 菅原是善か道真の子 | ― | 紅梅殿・菅原御所と称す | 菅大臣社 | 菅原道真他 | 菅公在世居館の所 | ― | ① |

（典拠）①『新修京都叢書』（臨川書店）、②『大日本地誌大系　三四　五畿内志・泉州志』（雄山閣）、③京都府立京都学・歴彩館蔵「京都府庁文書」

## 三　社のなか――組織と本末関係――

ここまで、南北の菅大臣社の呼称や祭神が地誌や絵図などでは元禄頃を境に変わっていたことを確認したが、こうした変化は外から見える現象にすぎない。その背景を知るために、本節では、南北ふたつの菅大臣社を経営していた主体について見ていくことにしたい。

中世期における菅大臣社の組織については、鎌倉末の「紅梅殿社記録」に「尼」が見え、天文の史料に「神主」などが見えていることを除けば手がかりはない。しかし、近世にはいると先に引用した寛文一〇年（一六七〇）の史料から、「南かわ」は「竹内御門跡様御支配」であり、「北かわ」も「竹門様御支配」だが、金剛院と常喜院という「宮寺」があったことがわかる。「宮寺」とは、ここでは神社を管理していた寺院の意であろう。以下、南北の神社にわけて、それぞれを誰が経営していたのかを見ていくことにしよう。

### ①菅大臣〈北社〉

まず一七世紀に南側よりも広く認知されていた北の菅大臣社について見ておこう。こちらは門前の「宮寺」が中心となって神社を経営していたようで、寛永一五年（一六三八）以降、寛永一九年（一六四二）・慶安四年（一六五一）と「宮寺」の金剛院が代替わりする毎に、曼殊院門跡から紅梅殿の「鑰」（鍵）を預かっていた[49]。菅大臣町の氏神と認識されていた菅大臣〈北社〉は、日常的な管理や祭礼の奉仕を行うために、社の門前にあった「宮寺」が本殿の「鑰」を持つようになったのだろう。『雍州府志』が記しているように、天台宗の門跡寺院である曼殊院のもとで紅梅殿を管理していた金剛院は、もうひとつの「宮寺」である常喜院とともに真言宗であった。この宗派の違いは、「宮寺」の金剛院・常喜院が曼殊院門跡によって派遣されたのではなく、もとから宮の管理をしていた宗教者の存在を追認し、引き続いての管理を委託したことによるのではないかと思われる。[50]このことが、貞享五年（一六八八）に次のような問題を引き起こすことになった。

京都五条坊門通菅大臣町金剛院者従往古無本寺之所、真言宗無其紛候、因茲当院末寺之儀累年懇望之由令承知歟、則召加末寺之間、自今以後弥堅守自宗之法式如法如律法流相続之儀可為専要候、仍為後鑑如件

貞享五戊辰年　　　　観智院

八月廿日　　　　果快　判

金剛院御房

此時代ハ大方正順代ニと存候[51]

それまで「無本寺」であった金剛院は、真言宗寺院として、東寺の観智院末寺となることを望み、それを東寺側が受け入れたのである。しかも、金剛院は東寺観智院末となってから二〇年後の宝永五年（一七〇八）九月に「借財」が重なり出奔した。[52]この時、菅大臣町中は「北菅天満宮者則町中之氏神」だが、金剛院が無住となったことで「淋敷」なるとともに大破したため、「累年町中之大望」だとして観智院に対し「金剛院之儀ヲ天神宮江御寄附与思召、町中江下シ給」ることを願い出た。[53]この願いは観智院の聞き入れるところとはならなかったようで、借財は観智院が肩代わりして金剛院は「全く観智院持」となった。[54]一八世紀半ば以降、菅大臣〈北社〉をめぐって表立った活動をするようになるのは、もうひとつの「宮寺」である常喜院である。[55]

いずれにしても、貞享五年（一六八八）以降は、曼殊院門跡が支配する神社を真言宗の東寺観智院末寺が管理す

るという事態となっていたわけである。

これに対して、曼殊院門跡はなぜ金剛院から神社の管理権を取り上げ、菅大臣社留守居の兼帯とするなど観智院の介入を排除して直接支配に乗り出さなかったのであろうか。前節で見たように南にあった菅大臣社は普段は門を閉ざし、在地の住民とは多くの接点を持たなかったため、菅大臣〈北社〉が「町中之氏神」と認識されていた。[56]それ故、当社を「氏神」として信仰する町住民の影響力が大きく、それまで神社を管理していた同地の寺院を排除するような介入を躊躇させたのではないだろうか。

## ②菅大臣〈南社〉

さて、一方の南側の社である。こちらは、曼殊院門跡支配であることは間違いないのだが、北のように在地の寺が「宮寺」として管理を委託されるのではなく、『菟藝泥赴』にあったように「預り」、すなわち「留守居」が曼殊院門跡に代わって管理していたようだ。

この「留守居」が預かっていた菅大臣〈南社〉は、普段は扉が閉じられているのが常態であったというから、開かれた神社というよりも曼殊院門跡の留守居が管理する屋敷地で、その閉ざされた敷地内に神社が祀られているといった状態だったのであろう。

留守居による管理という状況はその後も続いていたが、一八世紀になると門を閉じて外部との接触を絶っていた菅大臣〈南社〉の様子は一変する。菅大臣〈南社〉は、元禄六年（一六九三）に北側の仏光寺通、同八年（一六九五）には西側の西洞院通に面した土地を買い上げて通路とし、参詣をしやすくしている。[57]それだけではない。宝永二年（一七〇五）には、「御本社再建」と「拝殿建立」、翌三年には仏光寺通側の入り口に「石鳥居」を建てている。[58]

一七世紀末から一八世紀の初めになって、菅大臣〈南社〉が急速に境内の施設を整え始めたことがわかるであろう。

北の菅大臣社を預かっていた金剛院が、借財によって出奔する直前の元禄六年（一六九三）には、境内に建立された仮堂に元三大師（良源）像が曼殊院から遷座し、元禄一三年（一七〇〇）に本堂が建立され[59]、宝永元年（一七〇四）には元三大師像が仮堂から本堂に移された[60]。この時、元三大師像は開帳されて多くの人びとを境内に迎えている[61]。元三大師像はよほど評判を呼んだのか、正徳五年（一七一五）刊の『都すゞめ案内者』には京都近郊の主要な「元三大師」として挙げられ、「元三大師巡拝十八ヶ所」の八番札所となっている[62]。寛保元年（一七四一）刊の板行地図「増補再板京大絵図」では、「菅太神」と「元三大し」が併記されている（図3左）。その後も、良源自作の元三大師像として広く知られるようになる[63]。かかる事実は、菅大臣〈南社〉が境内を開放し、参詣者を受け入れるようになってきていることを示している。安永九年（一七八〇）に刊行された『都名所図会』所掲の絵を見ると、広い境内には多くの参詣客が訪れている様子が描かれる（図4）。境内には飛梅や菅原道真の誕生井といった菅原道真ゆかりの「史蹟」や人丸社なども登場した[64]。それどころか、享保一八年（一七三三）二月には、「菅大臣社内」にて「歌舞伎芝居初る、顔見せ有」というから、境内で芝居の興行さえ行われるようになっていた[65]。

一七世紀には「常は門をおほへり」というありさまだった菅大臣〈南社〉は、一八世紀には全く違った様子となっていたのである。扉を閉じて人びとを排除していた状態から、一転して広く開放し多くの参詣者を受け入れ始めたわけだが、そこでは町住民の存在はさほど重視されていないといえるであろう。菅大臣〈南社〉と曼殊院が、在地の住民ではなく、一足飛びに不特定多数の参詣者を対象とする戦略をとったのは、ひとつは町住民は「氏子」として〈北社〉とより強固に結びついていたこと。「氏子」は菅大臣町一町に限定されていたため、一七世紀を通して進む町住人の流出や旧来の富裕層の衰退などによって経済基盤としてはあまり期待できない状態になっていたこ

図4　菅大臣社

ともあろう。[66] また、近隣のわずかな町住民に対象を絞り込むよりも、多少の投資をしてでも不特定多数の人を呼び寄せることのほうが利益が大きいと見込んだからであろう。

菅大臣〈南社〉がそれまでの閉鎖性を放棄し、一気に開かれた神社と変わった一七世紀末から一八世紀初頭は、地図での記載が変化した時期でもある。なぜ、こうした動きのなかで名称が変化したのだろうか。南側の菅大臣社は、一七世紀には「雨神」「尼神」という名で呼ばれ、一方で北の菅大臣社こそが「天神」と称していた。真言宗東寺観智院末の「宮寺」が管理する神社が「天神」で、曼殊院門跡が留守居を派遣している神社が「雨神」では、菅原道真由緒の地を東寺におさえられたかたちになり、より多くの参詣者を集めることを企図していた曼殊院門跡としては不都合だったのだろう。そうした折、元禄期に寺社改めが行われた。明和にまとめられた史料ではあるが、「北社ハ是善《公》卿南社ハ菅丞相古来御鎮座之御事ニ候、元禄年中寺社御改之節も則右之儀被書出候[67]」とあり、金剛院出奔直前でおそらく経済的な危機に直面していたと思われる元禄年中、両社を支配する曼殊院門跡は、それまで「雨神」といわれていた南側が「菅丞相古来御鎮座」であると公儀に届け出た。公記録に記載されることは、後に決定的な影響力を持つことになる。こうして曼殊院門跡が直接支配している南側の菅大臣社こそが、菅原道真を祀る菅公由緒の地であるとされていったのではないだろうか。

では、なぜ一七世紀末から一八世紀初頭という時期でなければならなかったのか。換言すれば、それまで無関心に見えた菅大臣〈南社〉経営に、曼殊院がこの頃になって急に積極的に乗り出し、名称や祭神の変更を試みたのか。

この時期は、民衆の観光が始まる頃である。京都の地誌・板行地図が盛んに作成され、各寺社も観光地としての体裁を整えていく。また、各地で寺社の開帳が行われ、衆庶が競うように霊場への参詣を行うようになった。そんななか、曼殊院でも、菅公ゆかりの地という「観光資源」の活用が意識されるようになったのだろう。

こうした一般的な歴史的背景に加え、菅大臣社に特有の事情もあった。というのは、ちょうどこの時期にあたる元禄一五年（一七〇二）が、菅原道真の八〇〇年祭にあたっているのである。北野社では、八〇〇年祭を前に元禄一二年（一六九九）末には万灯会や連歌の開催が企画され、奉加帳がまわされている（『北野天満宮史料　宮仕日記続二』　元禄一二年九月一日条）。幕府も北野社の社殿修造を園部藩に命じ、元禄一四年（一七〇一）には遷宮が行われているし、加賀前田藩は八〇〇年祭にあわせて太刀を北野社に奉納している[68]。こうしたことからも、当時の京都をとりまく社会全体において、北野社を中心に天神信仰が高揚していたことがわかる。

そのようななかで、菅大臣〈北社〉から菅原道真誕生の地という「由緒」を奪取することは、庶民の信仰を集めるうえで大きな武器となったはずである。それを社会的に認知させるために、地誌や絵図などの出版メディアも活用されたことは想像に難くない。

曼殊院の攻勢をうけ、それまで庶民の間では菅大臣〈南社〉以上に認知されていた菅大臣〈北社〉は、管理者であった金剛院出奔という隙を突かれたこともあり、寺社改めが行われたなかで菅大臣社の名称を奪われてしまい、冠を持たない単なる「天神」となった。

曼殊院は境内を開放するとともに、新たな宗教施設として元三大師像を勧請した。さらに人びとを誘引するために広い境内を活かして「史跡」としての「誕生井」「飛梅」などを創り出していったのだろう。

## 四　社と社のあいだ

続いて、こうした神社を取り巻く諸状況のなか、南北の菅大臣社と他の神社との関係がどのようであったのか、それを見ていくことにしよう。

ここで興味深いのが、元禄一二年（一六九九）一二月に北野社で起こった小さな事件である。[69] 北野社に「洛陽七天神詣之次第」と題した、北野社から菅大臣社までの七社を順に記している絵馬がかけられた。「北野奥院弐社」と称する北野社にほど近い平野の者が、奉納したものであった。北野社ではこれを「不審」として即座に撤去したようだが、京都に所在した複数の天神社を結びつける動きが現れ、そのなかで菅大臣社が明瞭に位置づけられたことは容易に看過できることではない。

地方巡礼は、既存の巡礼地札所から遺漏した寺社の宗教者が、自己の止住する宗教施設を含めて設立することが多いことが、田中智彦によって指摘されている。[70]「天神詣」という巡礼形態が既に存在していたか否かは明らかではないが、菅原道真や天神社に縁のある宗教施設が成長発展していく過程で、そうしたところを拠り所とした宗教者たちが、自らの寺社を含めた複数の天神社の組織化を目論んでいたことは注意しておきたい。菅公八〇〇年祭を目前にして、人びとの間で天神信仰が高まりを見せているなかで地方巡礼として成立させれば、多くの参詣客を誘引することを期待できる。

平野の者が、北野社に無断で「奥院」を名乗って七天神を制定していたことは、北野社の認めるところとはならず不首尾に終わった。その後も北野社に「天神廿五番」と記した「板札」を神前に打ちたいという者が現れ、「ヶ様ノ札打候事難成候」と却下されている。[71]にもかかわらず、後日になって「天神廿五ヶ所」の札を「仏餉《ぶっしょう》」という宗教者が無断で配っていたことが明るみに出て問題にもなった。[72]仏餉とは、さまざまな寺社のもとで御影札などを配っていた宗教者のことである。[73]この仏餉は、御子町の宗雲という人物で、無断で六年前から「天神仏餉とありき申」していたことが明らかになり、「追出」され板木《はんぎ》も没収のうえで「打潰」となった。この問題となった「天神廿五ヶ所」の札とは、「廿五ヶ所廻之処書」とあるので、[74]天神ゆかりの二五ヶ所を巡拝するように順番と名称・場所を記したものであろう。

このように菅公八〇〇年祭の頃には、寺社に所属していた神職や社僧たちだけでなく、民間で活動していた宗教者も高まる天神信仰に着目し、天神を祀る神社に接近し、札所編成や宣伝を行っていたようである。

北野社は、自分たちの外部で北野社を巻き込んで展開するこうした行為を厳しく制限していたようだが、正徳五年（一七一五）刊の『都すゞめ案内者』には「天神順参二十五ヶ所」が掲載されており、一八世紀初頭には天神社の巡拝が広く行われるようになっていたと思われる。[75]この「天神順参二十五ヶ所」では、一番が「ぶつくわうじ新丁西入南がは」の「菅大臣天神」で、「同町北へ入ずし」の「北菅大臣」は二番である。

こうした菅家ゆかりの天神社を繋ぐ巡礼のなかに南北の菅大臣社が取り込まれていったことは、両社を菅家の聖跡として広く認知させるうえで決定的な影響を与えただろう。

# おわりに

ここまで中世後期から一七世紀にかけての菅大臣社の動向を見てきた。中世に紅梅殿・白梅殿を中心とした方一町に対して中世的な領主として臨んでいた北野社や曼殊院が、近世に支配権を否定され経済的な利点を失うと、南北の菅大臣社への関わり方は消極的なものとなる。しかし、元禄期の菅公八〇〇年祭を目前にして天神信仰が高揚すると、曼殊院は元禄の寺院改めを利用して南北両社の名称を変更し、さらに留守居を派遣して直接支配していた〈南社〉境内に元三大師堂を建立するなど新たな観光資源を整備し、積極的に参詣者を集める方向へ舵を切った。民間の宗教者も敏感に反応し、複数の天神社を横断する「巡拝」コースが創出され、北野社を巻き込んだ大きな天神信仰圏を作り出し、そこに含まれることで道真ゆかりの神社として権威を高めた。

中世には曼殊院の町支配の拠点であり、近世に入って曼殊院に利益を生まなくなってから一度は忘れられたかに見えたが、観光資源として再び脚光をあびていった一七世紀の菅大臣社。「領主」として、紅梅殿・白梅殿を中心に方一町を支配する曼殊院のありようが否定されたことは、町の側に視点を据えれば確かに「都市における中世の終焉」ではあった(76)。そして、「領主」であることが否定された神社は、存続のための道を模索しなければならなかったのである。

ふたつの菅大臣社は、一七世紀を通じて曼殊院や北野社といった寺社、参詣者や民間宗教者、地誌・地図といった出版メディアを巻き込みながら、広い信仰を集めて京都という都市のなかで徐々にその性格を変容させていった。菅大臣社の場合、こうした移行を急速に進めるきっかけとなったのが、菅公への社会的な関心を高めることになった北野社の菅公八〇〇年祭という行事であった。

中小規模の神社であっても、決して氏子や所在する町との関係という狭い世界で完結していたわけではない。むしろ寺領や多くの氏子を持たなかったが故に、近世社会に適応すべく試行錯誤が行われた。また、かかる中小規模の寺社の動向をうけつつ、都市における人びとの宗教的受容を汲み上げて、大小複数の寺社を組織化して巡礼路を設定しようとする宗教者も現れていた。

現在、京都の町には大小さまざまな規模の寺社が無数にあるが、それは自明のものではなく、存続させ、発展させようとした多くの人びとが存在していたが故の結果である。むしろ「領主」でなくなった中小の寺社が近隣の町や宗教者と関わりを持ちながら、近世的な姿に脱皮していく過程にこそ、近世京都のありようが鮮明に映し出されているのではないだろうか。

## 註

（1）京都市編『京都の歴史　二　中世の明暗』（學藝書林、一九七一年、第四章第四節、三九二頁）。執筆は柴田実。

（2）榎村寛之『律令天皇制祭祀の研究』（塙書房、一九九六年）。

（3）「京都役所方覚書」中（京都町触研究会編『京都町触集成』別巻一、岩波書店、一九八八年、一一五頁）。うち「御朱印地」は一ヶ所のみ。なお、同史料によれば寺院は洛中に三六八ヶ寺あり、朱印地は五三ヶ寺である。

（4）福原敏男は、御旅所に関する研究で、瀬田勝哉による御旅所は神を迎える在地側のセンターであったとする指摘（瀬田勝哉「中世の祇園御霊会――大政所旅所と馬上役制――」〈同『洛中洛外の群像――失われた中世京都へ――』平凡社、一九九四年〉）をふまえ、祇園・松尾・稲荷・北野の祭礼について「一〇世紀後半に、平安京外の本社の神霊を京中の御旅所に迎える祭礼形態が御霊信仰を背景として成立した」と結論した。そして「平安京都市住民が地域の守護神を求めた結果であろう」と論じた（福原敏男「御旅所「政所・大政所」考」〈同『祭礼文化史の研究』法政大学出版局、一九九五年〉）。こうした指摘をふまえると、都市域の小規模神社の成立も都市民の信仰と関わっていることは間違いないであろう。平安時代後期になって、京外の神を御旅所に迎えるかたちから、新たに都市域内に自前の神社を町が祀る形態が生まれてきたと考えている。また、板井正斉「氏子」（大谷栄一ほか編『日本宗教史のキーワード――近代主義を超えて――』慶應義塾大学出版会、二〇一八年）によれば、全国民が「郷社」に届けて氏子籍を取得することを義務づけた明治四年（一八七一）の氏子調規則は短期間しか運用されなかったが、現在の氏子区域や氏子意識に大きな影響を与えたとされている。こうした近代の変容への視点を欠いて、「氏子」から前近代の都市祭礼を論ずることはできないだろう。

（5）伊藤毅「中世都市と寺院」（同『都市の空間史』吉川弘文館、二〇〇三年）。

（6）宮田登『江戸のはやり神』（ちくま学芸文庫、一九九三年）。

（7）石井研士『銀座の神々――都市に溶け込む宗教――』（新曜社、一九九四年）。

（8）京都の小社について意識的にとりあげたものとして、井上智勝「都市の小祠・小社をめぐる諸問題――宗教政策との関わりを中心に――」（『年報都市史研究　六　宗教と都市』山川出版社、一九九八年）、拙稿「「繁昌神社」考――洛中小社研究序説――」（東アジア恠異学会編『怪異学の技法』臨川書店、二〇〇三年）など。

（9）北野天満宮史料刊行会編『北野天満宮史料　古記録』（北野天満宮、一九八〇年）。

（10）争論の経緯は、竹内秀雄『天満宮』（吉川弘文館、一九六八年）において紹介されていたが、一九八〇年に『北野天満宮史料　古記録』で「紅梅殿社記録」が活字化されて以降、本争論についての研究が相次いだ（以下、「紅梅殿社記録」については同書による）。馬田綾子は「中世都市の民衆世界」（高橋康夫・吉田伸之編『日本都市史入門』第三巻「人」東京大学出版会、一九九〇年）で都市民の動向を論じ、森茂暁は「北野天満宮所蔵「紅梅殿社記録」にみる訴訟と公武交渉」（『史学雑誌』九九巻一〇号、一九九〇年一〇月）で訴訟経過から司法のありようについて明らかにしている。海津一朗は「中世の国家権力と悪党」（『歴史学研究』六四六号、一九九三年六月）で「悪党」について論じるなかで本争論に触れ、地百姓が領主から悪党と呼ばれる過程について言及した。

(11) 桃裕行「紅梅殿と菅家廊下」(『桃裕行著作集』第二巻「上代学制論攷」思文閣出版、一九九三年)。
(12)『北野天満宮史料　古記録』(北野天満宮、一九八〇年)。争論の経緯については前掲註(10)の諸論文参照。
(13) 前掲桃論文。
(14) 三年一請会については、三枝暁子「北野祭と室町幕府」(同『比叡山と室町幕府——寺社と武家の京都支配——』東京大学出版会、二〇一一年)。
(15)「三年一請会引付」(『北野天満宮史料　古記録』北野天満宮、一九八〇年)一三五頁には、敷地役として「三千疋」を沙汰するとある。
(16)「菅大臣社文書」E1(京都市歴史資料館架蔵写真帳による。以下、同文書については所蔵を略し、館による整理番号のみを記す)。本史料のなかで合点と「御文書返申」との記載があるが、納入がなされたとみられるのは、わずかに一件のみである。
(17)「延徳二年目代盛増日記」(『北野天満宮史料　目代日記』北野天満宮、一九八五年)延徳二年四月二九日条。
(18)「延徳二年目代盛増日記」紙背文書(『北野天満宮史料　目代日記』北野天満宮、一九八五年)延徳二年四月二九日条。
(19)「菅大臣社文書」B1。
(20)「紅梅殿社記録」には、紅梅殿に「神主之尼」がいたことが記されているが、この段階では尼ではなく男性のようで、祭祀の担い手も時代とともに変化があったと思われる。
(21) 五島邦治「京都・下京岩戸山町の歴史と構造——十六世紀後半の町共同体が背負っていた事情を中心に——」(同『京都町共同体成立史の研究』岩田書院、二〇〇四年)。
(22)「上下京御膳方御月賄米寄帳」(京都市歴史資料館編『叢書京都の史料　一二　禁裏御倉職立入家文書』京都市歴史資料館、二〇一二年)。
(23) 前掲五島論文。
(24) 瀬田勝哉「近世都市成立史序説——京都における土地所有をめぐって——」(寶月圭吾先生還暦記念会編『日本

社会経済史研究　中世編』吉川弘文館、一九六七年）。
(25) 高畠与三郎については、黒田紘一郎「高畠甚九郎伝――「上杉本洛中洛外屛風」文字注記の理解のために――」（同『中世都市京都の研究』校倉書房、一九九六年）。
(26) 「山科家古文書」（今谷明ほか編『室町幕府文書集成』「奉行人奉書編（下）」思文閣出版、一九八六年、三五九二号）。
(27) 「赤木家文書」（『史料京都の歴史』第一二巻「下京区」平凡社、一九八一年）。
(28) 「菅大臣社文書」B3。
(29) 「菅大臣社文書」B2。
(30) 前掲五島論文、三〇一頁。
(31) 『北野天満宮史料　古文書』一二五号。
(32) 「菅大臣社文書」B5。
(33) 前掲伊藤論文。なお伊藤は同論文の末尾で「中世寺院と近世寺院のこうした相違は、境内や寺内などの領域の囲繞のされかた」などのかたちで反映されているはずという見通しを述べている。本事例でも、菅大臣〈南社〉の領域が確定して間もない元和六年（一六二〇）に、常喜院が寺を売却しているが、その際に「宮門・壁」を寄進している（「菅大臣社文書」B6）。これは、まさに近世になって菅大臣〈南社〉が領域の区画を視覚的に表現する施設を必要とするようになったからではないだろうか。
(34) 「菅大臣社文書」A2。
(35) 「菅大臣社文書」C9。
(36) 「菅大臣社文書」L1。
(37) 「菅大臣南北両社要々記」（「菅大臣社文書」C32）。
(38) 「菅大臣天神遷宮法則」（「菅大臣社文書」D2）。
(39) 鎌倉末の「紅梅殿社記録」によれば、紅梅殿（菅大臣〈北社〉）について言及するなかで、「天神長女尼神為寛平女御皇子降誕之地」として道真の長女を「尼神」と呼んでいる。「尼神」はもともと紅梅殿社、すなわち〈北側〉の社に対して使われていたものであった。
(40) 新修京都叢書刊行会編『新修京都叢書』第一二巻（臨川書店、一九七一年）。
(41) 新修京都叢書刊行会編『新修京都叢書』第二二巻（臨川書店、一九七二年）。
(42)『同右』。
(43) 新修京都叢書刊行会編『新修京都叢書』第一一巻（臨川書店、一九七四年）。
(44) 新修京都叢書刊行会編『新修京都叢書』第一〇巻（臨川書店、一九六八年）。
(45) 菅大臣社（南社）と天御子社（北社）が立項されるが、「氏子」については後者のみで触れる。また、年寄利兵衛の口上書（「菅大臣社文書」C46）でも「北菅天満宮者則町中之氏神」と記されている。ただし、宝暦一二年（一七六二）刊『京町鑑』では八月一六日に行われる「神事」を「南側菅大臣社」のものとしており、後述する如く〈南社〉が開放されるようになると、町との関係や神事のありようも変わってきたのかもしれない。
(46)「菅大臣社文書」B10。
(47) 北野社では「尼神」とも記す場合もあるが、板行地図では「雨神」と書かれ、『雍州府志』では「阿米神」としていることから、地域社会では「あめがみ」と呼んでいたと思われる。「雨神」という呼称や境内に菅原道真誕生井が存在していることからすれば、もとは北野天神とは別の水神信仰があったのかもしれない。菅大臣社の西には西洞院川が流れ、少し南下すれば五条天神である。五条天神が天使社ともいわれ少彦名を祀っているように、西洞院川の五条辺には「水辺の小さ子」（柳田國男『桃太郎の誕生』〈『定本柳田國男集』第八巻、筑摩書房、一九六九年所収〉）に関する信仰が存在していた可能性もある。
(48) 中世から近世にかけての紅梅殿・白梅殿に関する主要な事項を年代順に記している「菅大臣南北両社要々記」（「菅大臣社文書」C32）にも、移転を示唆することは一切記載されていない。
(49) 寛永一五年「菅大臣社文書」B7、寛永一九年「菅大臣社文書」B8、慶安二年「菅大臣社文書」B9。
(50)「紅梅殿社記録」に引かれる応長元年（一三一一）の違勅狼藉交名のうちに「五条坊門西」の「倉堂僧」が見え

ている。関連の史料がないため未詳といわざるを得ないが「倉堂僧」が後の「宮寺」と何らかの関係を持っている可能性もあろう。

(51)「菅大臣社文書」B11。
(52)「菅大臣社文書」K4。
(53)「菅大臣社文書」C46。
(54)「菅大臣社文書」K4。
(55)近世中期以降、常喜院は新たに境内に天神を祀り、自ら「北菅大臣社」を名乗るなどの動きを見せて曼殊院と衝突する。一連の常喜院の動向については次章で論じる。
(56)「菅大臣社文書」C46。
(57)「菅大臣南北両社要々記」（「菅大臣社文書」C32）。
(58)西洞院側に手水鉢を置き、社殿が西面する現在の社殿配置もこの時に整備されたのだろう。
(59)「菅大臣南北両社要々記」（「菅大臣社文書」C32）。
(60)「同右」。
(61)『北野天満宮史料　宮仕記録　続三』（北野天満宮、一九九九年）宝永元年九月一七日条。
(62)『都すゞめ案内者』上（新修京都叢書刊行会編『新修京都叢書』第三巻、臨川書店、一九六九年）。
(63)『都名所図会』。なお、寺島典人「慈恵大師（良源）像基礎資料集成　2」（『大津市歴史博物館研究紀要』第一七号、二〇一〇年一〇月）によれば、曼殊院に現存する元三大師像が「菅大臣社」旧蔵といわれているという。神仏分離の際に菅大臣社から曼殊院に返還されたものと考えられる。
(64)前掲「紅梅殿社記録」（『北野天満宮史料　古記録』）所引の徳治二年（一三〇七）七月一六日法印泰禅請文には、紅梅殿についての主張のなかで「紅梅此所飛梅西候畢」としており、「飛梅」は南側ではなく、中世には北の紅梅殿にあったと考えられていた。また、柿本人麿像は明和六年（一七六九）に冷泉家から勧請したものである（「菅大臣社文書」B14）。こうしたことから、境内の聖蹟や名所というべきものの多くは近世になって整備されたと思われる。誕生井はいつ頃からいい始めたか判然としないが、中世の京都の町では四方に町屋が建ち、中央の空閑地には共用の井戸が設けられることも多かったから、境内にあった既存の古井戸を活用したのではないだろうか。

(65)『月堂見聞集』巻二六（『近世風俗見聞集』第二、国書刊行会、一九一三年）。

(66)吉田伸之「町人と町」（同『近世都市社会の身分構造』東京大学出版会、一九九八年）。

(67)「菅大臣社文書」C18。

(68)前掲竹内書。

(69)『北野天満宮史料　宮仕日記　続二』（北野天満宮、一九九七年）元禄一二年一二月。

(70)田中智彦『聖地を巡る人と道』（岩田書院、二〇〇四年）。

(71)『北野天満宮史料　宮仕日記　続三』（北野天満宮、一九九九年）宝永三年正月一八日条。

(72)『同右』宝永三年九月二四日条。

(73)「仏餉」については、拙稿「近世寺社と「勧進」に関する覚書――仏餉取を中心に――」（拙著『近世勧進の研究――京都の民間宗教者――』法藏館、二〇一一年）。

(74)『北野天満宮史料　宮仕日記　続三』（北野天満宮、一九九九年）宝永三年九月二六日条。

(75)『都すゞめ案内者』上（新修京都叢書刊行会編『新修京都叢書』第三巻、臨川書店、一九六九年）。なお、この記事が書かれてからさほど隔らない正徳四年（一七一四）、近松門左衛門による浄瑠璃『天神記』が初演されている。芸能興行が天神信仰のさらなる高揚をもたらした面もあるだろう。

(76)前掲瀬田論文「近世都市成立史序説」。

# 第二章　一八・一九世紀の菅大臣社と門跡・「宮寺」・町

## はじめに

前章では、市中に存在し町住民と密接な関係を取り結んでいた中小規模の神社もまた、近世都市の形成とも不可分な要素であると考え、菅大臣社の中世から近世初頭の実態について論じた(1)。

しかしながら、その視線はより後の時代、すなわち神仏分離政策を経た近代以降にまで及んでいたわけではなかった。そうしたなか、村山弘太郎は、神仏分離にともなって廃社となった京都西陣の首途《かどで》八幡宮について、明治一七年（一八八四）に仏堂として復活し、さらに境内の改修を経て再び神社に変貌していく極めて興味深い事実を明らかにし、「小社が直面した過酷な明治維新期の状況」を論じることの重要性を指摘した(2)。

安丸良夫が、「社会の周縁的次元に豊に存在」した民俗的なものに対し「近代的な秩序」が対抗的・抑圧的に形成されるとする民俗を「文化の戦場」とさえ表現していたことを想起すれば(3)、神社はまさにその最前線である。都市と神社信仰について考えていくにあたり、安丸が「日本人の精神史に根本的といってよいほどの大転換が生まれた」と主張する廃仏毀釈・神仏分離とその「前史と後史」を見ずして(4)、神社と地域社会の歴史を十分に明らかにしていないことは言うまでもない(5)。

村山が明らかにした首途八幡宮の事例における維新期の様子を見れば、町による管理から廃社を経て、復興後は寺院、公同組合と祭祀主体はめまぐるしく変わってきている。その一方で、明治維新後約半世紀の後まで「神社で仏（菩薩）を祀るという、明治維新の際に切り捨てられた神仏習合への憧憬」が一貫して存在していた。こうして見たとき、神社が「近代」と「民俗」の葛藤をめぐる最前線のひとつであったことは疑いない。

そこで本章では前章に引き続いて、南北二つの菅大臣社に視点を据え、その祭祀者や神社を通して、神仏分離の前史を浮き彫りにし、〈近代〉を迎えていく地域社会が如何なるものであったのか明らかにしたいと考えている。

菅原道真ゆかりの紅梅殿・白梅殿の流れを汲むとされる二つの社[6]が仏光寺通を挟んで南北にあった（図1）[7]。北にあった「菅大臣社」は一七世紀には「宮寺」の金剛院が曼殊院から鍵を預かり管理をしていたが、東寺観智院末となった金剛院が借財により出奔をしてしまう。これを機に、菅大臣町は「氏神」なので町持ちにしてもらえるように観智院へ願い出たが、金剛院は東寺観智院持ちとなった。

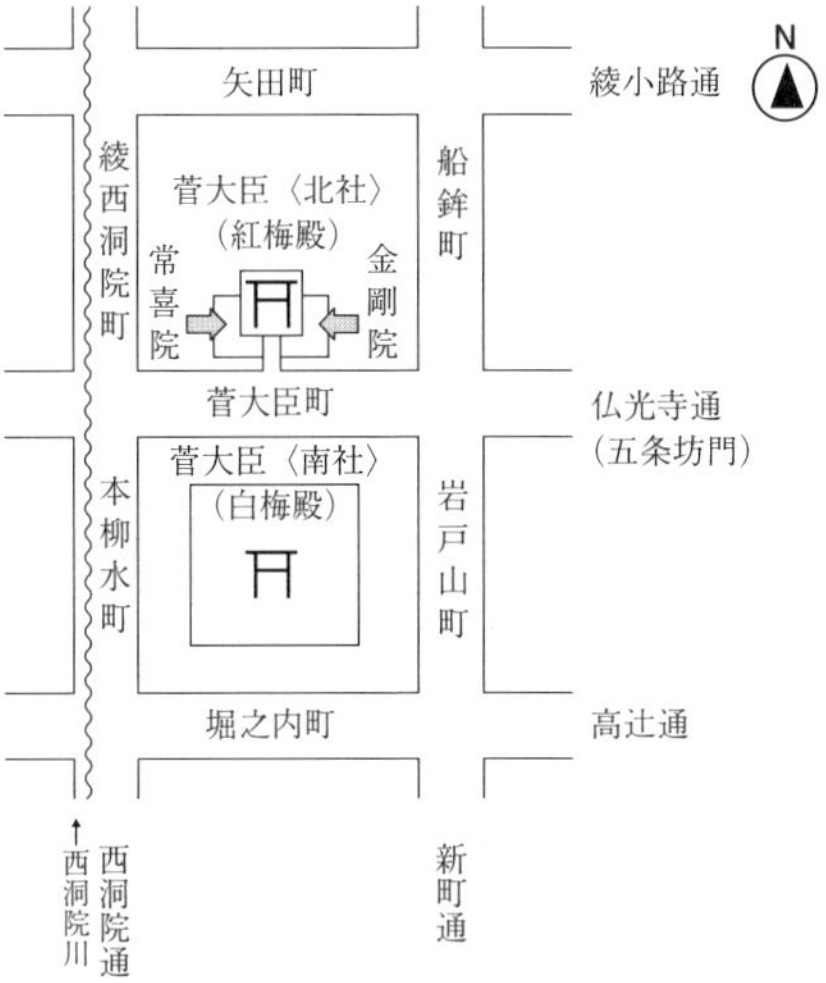


図1　菅大臣社周辺概念図

一方で南側の菅大臣社は、曼殊院の留守居が管理し「雨神」などと呼ばれていたが、菅公八〇〇年祭を目前に天神信仰が高揚するなかで、金剛院出奔の隙をついてそれまで菅大臣〈北社〉が名乗っていた「菅大臣」の名称を使用するようになり、〈北社〉は単に「天神」などと呼ばれるようになる。歴史的には菅原道真の邸宅であった紅梅殿は菅大臣〈北社〉の位置にあったにもかかわらず、菅大臣〈南社〉は誕生井や梅など菅公ゆかりの〈聖跡〉を整備し、さらに境内に元三大師堂などの新たな観光資源となる施設を創り出して参詣客を集めようとした。その結果、広い境内地を持つ菅大臣〈南社〉は、小規模な施設を持つのみだった菅大臣〈北社〉を圧倒していったのである。

以上が前章で明らかにした一七世紀までの二つの菅大臣社をめぐる状況である。ここでも菅大臣社を対象としたのは、二つの性格の異なる社を中心に曼殊院門跡・「宮寺」・地域社会が三つ巴で関わる当社が、如何なる「葛藤」を抱えて近代を迎えるかを見るにあたり、格好のフィールドであると考えたからである。

## 一　菅大臣〈北社〉と常喜院

菅大臣〈南社〉の攻勢をうけたにもかかわらず、菅大臣〈北社〉は衰退したわけでもなく、現代まで続いている。菅大臣〈南社〉の積極的な働きかけに対し、〈北社〉が存続のために如何なる対応をしていったのか。以下、北社を軸に近世後期の動きを見ていくことにしよう。

菅大臣〈北社〉は門前に金剛院・常喜院という二つの「宮寺」が存在し、近世初頭は金剛院が曼殊院から〈北社〉の鍵を預って管理していたが[8]、借財により元禄期に出奔してしまう。この隙に曼殊院の梃子入れで勢力を増した〈南社〉の陰に隠れがちになっていた菅大臣〈北社〉だが、借財を抱えて出奔した金剛院に代わって、もうひとつの「宮寺」であった常喜院が影響力を増すようになっていった。

石清水八幡宮豊蔵坊の里坊であった常喜院は[9]、菅大臣〈南社〉の活況を目にしながら、菅大臣〈北社〉に接して活動するなかで、天神信仰の流布にともなって菅大臣社を訪れる参詣者を常喜院へと取り込もうとした。

ここで、宝永元年（一七〇四）の序文がある仮名草子『続著聞集』に掲載された次の話を見ておきたい。

京五条坊門菅大臣の脇寺に、秀存と云僧あり、（中略）或時仏を求たりと三日続て夢に見しかは、是御告也と思ひ、足に任て出られしに、一村の里に至、或百性に行合しに、彼云く、若仏求給ふやとありけれは、是霊夢の印と思、頓て其人と打連、彼か元へ立入けるに、二階より莚包を取出し見せけれは、三面大黒天にて有けり、是伝教大師の御作にて、山の守護神とこそ伝聞たれ、尊き縁に奉逢る事よと悦、金なと与へしかは、価には不及、此間よな〳〵夢に、我久しく読誦の声を不聞、はやく尊き僧へ遣と告給ふ、早く守奉り帰たまひと云を、漸になため、金子をとらせ、自負奉りて帰て祈られしとなり、其寺、今は八幡の豊蔵坊の里坊に成しとなん。[10]

長文にわたる引用となったが、ここで「菅大臣の脇寺」とあるのは、最後に「八幡の豊蔵坊の里坊に成し」とあることから、石清水八幡宮豊蔵坊の里坊であり、菅大臣〈北社〉の前、西側にあった常喜院のことにほかならない。常喜院では、不思議な夢の告によって伝教大師の作とされる三面大黒天を手に入れたという話が語られていたらしい。[11]こうした霊験譚は、参詣者を誘うために常喜院の僧によって積極的に宣伝されていたのではないだろうか。

さらに、宝暦八年（一七五八）には、摂関家の九条家と結び、「九条殿御祈願所」を称して権威化をはかりつつ、参詣客を常喜院に誘導するために隣接する売屋敷を購入し、表通りへ新たな開口を設けようとした。[12]それまでの常喜院は、仏光寺通から菅大臣〈北社〉へと繋がる路地奥の西側にあり、その正面は東側、つまり路地に面していた。表通りから少し奥まった路地に面している状態では、常喜院に来るのは菅大臣〈北社〉を訪れる参詣者に限られてしまう。「非常万端」のために仏光寺通に開口部（「通道ニ表口」）を設けることで、より多くの参詣者を誘引しようとしたのであろう。この時、町は難色を示したようだが、九条家役所から菅大臣町の「年寄役人中」に宛てて「呉々頼入候事」と文書が出されており、[13]九条家の権威の前に、町としてはなすすべがなかったと思われる。

さらに常喜院留守居の教乗がとった行為は、菅大臣〈南社〉に置かれた曼殊院の留守居が黙視できるようなものではなかった。例えば、菅大臣社の神事や壬生《みぶ》寺での開帳にあたって「奉納　天満宮　北菅大臣／常喜院／講中」[14]とした幟を掲げたり、常喜院に祀る聖天からの「御夢想」で授けられた「世間の所願を成就いたさせ諸人の病難をすくふべき」という加持を行おうとした際には、摺物に「菅大臣　常喜院」と記して「板行書付世上へ出し」て周知しようとした[15]。このような表記は、常喜院が「菅大臣」社そのものであるかのように錯覚させるものであった。

それどころか、曼殊院の記録によれば、常喜院は「菅大臣ノ南北ノ天満宮御繁昌ニ付、近比イツトナク常喜院ニも中央ニ天満宮ノ御厨子ヲ調、第一ニ天満宮ヲ拝マセ」ていたという[16]。堂内に祀られていた「天満宮」とは、菅原道真の自作と称する荒木天満宮というものであった。〈北社〉に隣接する常喜院が「菅大臣社」類似の呼称を使用するだけでなく、天神まで境内に祀るようになれば、参詣者にはどちらが菅大臣〈北社〉であるかは、一見するだけではわからないような状態になってしまう。勿論、常喜院はそうした誤認を意図したのである。

常喜院がこうした行動に出た背景には、曼殊院側の言葉を借りるならば南北両社の「御繁昌」があったということになる。直接的な要因としては、宝暦二年（一七五二）の菅公八五〇年祭前後の天神信仰の高まりが挙げられるであろう[17]。だが、その天神信仰の高揚を促す前提として、延享三年（一七四六）に大坂竹本座で浄瑠璃として初演され、同じ年に歌舞伎に改作もされた『菅原伝授手習鑑』の評判を看過することはできまい。そもそも、常喜院が祀っていた菅原道真自作といわれる[18]「荒木天満宮」という呼称自体が、『菅原伝授手習鑑』二段目「道明寺の段」に登場する「魂残す筐とて下されし主の姿」として道真が作った「荒木作り」の道真像を想起させるものである[19]。

広く庶民に流布した天神信仰を当て込んだ常喜院の行動は、曼殊院にとって容認できるものではなかった。曼殊院は、常喜院が菅大臣社と称する行為は、菅大臣〈南社〉だけではなく、「菅大臣本宮両社之社威も薄相成万事差問も多」いとして、南北両社に関わる問題であるとした。そして、「書付」の訂正を求め、さらに、こうした問題は「新規ニ買得之屋敷ニ口明候より事起候間」と新規の開口を設けたことに端を発すると見なし、新しく明けた開口部を元通りに「差塞」ぐようにと訴えた。[20]

明和元年（一七六四）の常喜院による夢想加持の実施にあたって、曼殊院は、常喜院を里坊としている石清水八幡宮豊蔵坊や九条家に対しても申し入れを行い、常喜院の紛らわしい行為をやめさせるよう訴えた。石清水八幡宮の豊蔵坊は、同年閏一二月に「先年従九条殿、菅大臣常喜院与申称号を以御預ケ」になったものであるとし、九条家の権威を前面に出して抵抗の姿勢を見せていた。[21]だが当の九条家のほうは、「霊像御預被成」たのは事実だが、「御構被成候義ニ者無之」[22]と素っ気ない対応をしたため、豊蔵坊もあてがはずれたのか、翌年四月六日には「九条様御構茂無御座候ハヽ、於此方茂兼帯所之義故差支候筋合茂無之候故、以後其御両社ニ不紛様常喜院江申聞可置候間左様御心得可被下候」との書状を曼殊院に送り[23]、曼殊院側に全面的に譲歩するかたちでの決着となった。

一八世紀においては、九条家はもとより菅大臣町の人びとも、常喜院の行為を積極的に支持することはなかった。これは、常喜院が「天満宮ヲ拝ませ」ていたのは「近比イツトナク」[24]といわれているように、さほど古いことではなく、菅大臣社を「当町氏神天満宮」[25]と見なしていた菅大臣町の人びとにとっては、戸惑いとともに受けとめられていたのであろう。

いずれにしても、菅大臣と見紛うばかりの呼称を名乗り、境内に天神を祀って盛んに宣伝をする常喜院の行為はいったん収束に向かうかに見えた。しかし、曼殊院にとっては思いがけない事態が起きる。安永九年（一七八〇）に地誌『都名所図会』が刊行され、ベストセラーとなる。ここには「北菅大臣社」が登場しているのだが、折しも常喜院による積極的な経営努力が進められていたときのこと。常喜院が掲載されていたばかりではなく、境内に荒木天満宮が祀られていることが明記され、広く人の知るところとなったのである。[26] 無論、民間の一書物に掲載されているということが、公的な意味合いを持つわけではない。とはいうものの、ベストセラーとなった地誌に掲載され、広く知れ渡ることは、その存在を既成事実化していくうえで大きな影響を与えたと思われる。以降は荒木天満宮の存在そのものが否定されることはなく、呼称や発信の仕方が問題になっていくのである。

常喜院の攻勢は、天明八年（一七八八）一月に発生し京都の町の過半が灰燼に帰した天明の大火で焼失したことで下火になっていったようで、しばらく動向不明になる。しかし、この宝暦・明和の常喜院の「実績」が導火線となり、幕末に再び常喜院が活発な動きを見せ始めると、曼殊院といっそう激しい衝突を引き起こすことになる。

## 二　嘉永の荒木天満宮開帳

天明の大火で焼失した〈北社〉は天保一五年（一八四四）に再建。時期は不明だが、おそらく菅大臣〈北社〉よりも先に再建されていたと思われる常喜院は、境内の荒木天満宮社殿が老朽化してきたことを理由に、嘉永二年（一八四九）閏四月に四条道場塔頭の南涼院において、荒木天満宮をはじめとした宝物などを公開する開帳を行った。その際に菅大臣〈北社〉門前に高々と掲げられた高札には、次のように記されていた。

荒木天満宮、十一面観音菩薩、三面大黒天尊像外ニ霊宝等、来ル従十日五月十日迄、於四条道場金蓮寺境内南涼院可令為拝者也

嘉永二年　　北菅大臣社

閏四月　　常喜院

役者[27]

以前同様に常喜院が「北菅大臣社」と一体であるかのような書き方だ。のみならず、この時には開帳される荒木天満宮の由緒とご利益をうたった「洛陽菅大臣荒木天満宮略縁起」が板行されたが、その末尾には、

仏光寺通新町西へ入北菅大臣
九条殿御祈願所　常喜院

と記してあった。[28]これもまた、常喜院が北菅大臣社そのものであるかのような書き方である。さらに、「日掛講」や「北菅大臣常喜院」名義での福引きなども興行された。[29]こうした動きを見ると、さすがに曼殊院側も座視してはいなかった。曼殊院は「北菅大臣」の呼称は「当門御兼帯北菅大臣ニ限」るとして、常喜院による「北菅大臣」の呼称使用を批判し、「常喜院ゟ北菅大臣抔ト横領」は捨て置きがたいと激しく批判した。[30]曼殊院側は、常喜院が石清水八幡宮豊蔵坊の里坊であったことから、豊蔵坊などと交渉を試みたのだが埒があかない。そこで曼殊院役者はついに東町奉行所に訴えることにした。

しかし、この訴状を受理した奉行所与力の見解は、案に相違して曼殊院側に不利なものであった。論点は多岐にわたるが、主要な点を挙げれば、元禄の寺社改めに「菅大臣常喜院」と既に書かれており、幕府の宗教政策の基本台帳である元禄の改めに書かれている以上、公儀はこれを認めざるを得ないこと、そして「文化度ニ石灯籠ニ菅大臣天満宮ト鐫付」ているから「新規」とはいえず、その段階で咎め立てしていなかったのだから、今になって訴えるのはどうか、というものであった。[31]与力は「公裁ハ易キ義ニ候得共、其時ニ至りテハ却テ常喜院之菅大臣称号慥ニ相成候而ハ御迷惑ニ可相成歟」と言外に訴訟取り下げを勧め、[32]曼殊院側は持ち帰り検討すると返答する。しかし、与力の対応を見た彼らも状況の厳しさは認識しており、曼殊院から江戸へ送った書状では、「元禄度常喜院ゟ書上

ル菅大臣号之義ト石灯籠之彫付ト右両条之義ハ何トモ難儀之至」と本音を吐露している[33]。最終的には曼殊院が「当時有来之通為相済申度」と現状維持を認めて訴訟を取り下げ、次のように奉行所に提出した文書類の返還を願い出ることになった。

案

口上覚

此御方御兼帯所北菅大臣社西隣常喜院義、北菅大臣称号其外紛敷儀共相唱候ニ付、昨酉年五月廿三日口上書を以御紕被成下候様願上置候処、其後度々御理解被成下候ニ付、家司共始メ勘考仕候処、右御理解之趣ニ而当時有来之通為相済申度候ニ付願下ケ仕度候、依之先達而ゟ差上置候口上幷證書書付類御返却被成下候様奉願上候、以上

曼殊院御門室御内
戸田図書　印
小畠掃部　印

嘉永三年
戌二月五日

御奉行所[34]

曼殊院の完全な敗北といわざるをえない結果である。奉行所としては、曼殊院門跡と摂関家の九条家が関わることが予想される面倒な訴訟はなるべく受理せずにすませたい、というのが本音だったのかもしれない。それでも常喜院の聊か過剰ともいえる行動が、奉行所としては許容範囲内だったとすれば驚くほかない。

これから間もなく、常喜院の本寺にあたる石清水八幡宮の豊蔵坊は勝ち名乗りを上げるかのように、「菅大臣天満宮」と記した灯籠（図2）を常喜院に奉納し、常喜院門内に設置したようである。その側面には「豊蔵坊孝学殿

図２　豊蔵坊寄進の石灯籠

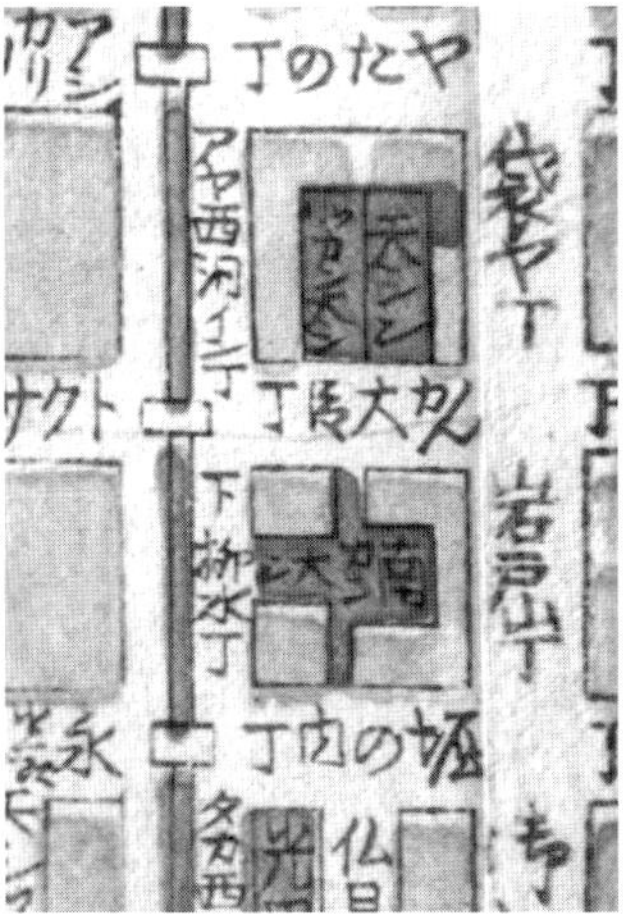


図３　「洛中洛外町々小名大成京細見絵図」

依御心願／御寄附」とあり、裏面には「嘉永三庚戌年九月　留守居小幡右京」とある。曼殊院が訴訟を撤回した、その年の秋に奉納されたものであることがわかるだろう。

実は、この石灯籠は菅大臣社（南）の北、鳥居の前に現在おかれているものである。戦前の古写真[35]には見えていないので、当初からこの場所にあったわけではないだろうが、現在の菅大臣〈南社〉鳥居脇のもっとも目立つ場所に設置されても、何ら違和感を覚えないようなものであるということからも、常喜院が如何に紛らわしいものを設置していたかをうかがうことができるのではないだろうか。

常喜院を「北菅大臣社」と呼び、菅大臣〈北社〉と意図的に混同させようとする計画は着実に成果をあげたようだ。元治元年（一八六四）に作成された板行地図「洛中洛外町々小名大成京細見絵図」（図3）には、菅大臣〈北社〉を示す「天シン」の横、西側の常喜院と思われる場所に「北カン大シ」と記されているのである。常喜院は、もはや「北菅大臣社」そのものとして、社会的に認知されたということができよう。

宝暦・明和期には、曼殊院側の主張を九条家・豊蔵坊も全面的に受け入れていたにもかかわらず、今回は訴訟にまで発展し、さらに曼殊院が譲歩することになったのは如何なる事情があったのであろうか。

## 三　背景としての幕末社会

嘉永期といえば、対外的緊張感が高まりを見せた時期である。時の孝明天皇は、石清水八幡宮を含む七寺七社に対して異国降伏の祈禱を命じた。石清水八幡宮豊蔵坊里坊という常喜院の位置づけは、宝暦・明和期のそれとは大きく異なったであろう。さらに、政治状況を考慮すれば、摂関家の九条殿祈願所という存在の影響力拡大は容易に想像できる。一方で曼殊院のほうは、天保一三年（一八四二）の譲仁入道親王の没後は、門跡不在の状態が長らく続いていた(36)。こうして見れば、嘉永二年（一八四九）段階における常喜院と曼殊院の政治力の差は歴然だろう。

また、もう一点の違いは当該町の姿勢である。宝暦の常喜院が町の屋敷を購入して新たに開口を設けたことに端を発する一件では、菅大臣町の年寄らは「町内無人ニテ迷惑仕候」と町の空洞化を懸念し、さらに常喜院が「宮芝居之類等興行」するのではないか、「品ニ〆町役勤兼」るのではないかと難色を示していた(37)。一八世紀における常喜院の行為は、菅大臣町の人びとからも積極的に支持されることはなかったのである。これに対し、嘉永の際には、町年寄が「町内ニ有之候天神之義故、信心之事ハ何レノ天満宮も同じ事」と答えている(38)。この町の姿勢は一見すれば中立を保っているように見える。しかし、「北御社ヲ町内ニテ持候様ナル義ニ申者」もいるなかにあって、「常喜院之氏子之様心得候而ハ不都合」と曼殊院側が懸念しなければならない状況にあったことを想起すれば、曼殊院に味方をしないという消極的なかたちで常喜院を支援しているということができよう。この北菅大臣社を「町内ニテ持」という意識は極めて古くからのものだったのではあるが、特に町との関係でいえば、享保一九年（一七三四）に菅大臣〈南社〉で元三大師像の開帳をした際に発行された略縁起で「北社是善公ト記」していたこと[40]に対して、「従来菅丞相ト心得来候処、是善公ト被成候事難其意」と町が内々に申し入れたにもかかわらず、曼殊院が受け入れられなかったことに端を発する「遺恨」があったものと思われる[41]。

前章で明らかにしたように、そもそも一七世紀には菅大臣町の人びとから氏神と見られていた菅大臣〈北社〉が「菅大臣」を称しており、曼殊院直轄支配の〈南社〉は「雨神」などと呼ばれていた。ところが、それまで〈北社〉を管理していた金剛院出奔の隙をついて、それまで菅大臣〈北社〉が名乗っていた「菅大臣」の名称を〈南社〉が使用するようになり、〈北社〉は単に「天神」などと呼ばれるようになった。そうしたなかで、菅大臣町の人びとは〈北社〉の祭神が「菅丞相」ではなく「是善」であると曼殊院から一方的に告げられたわけだ。

周囲は祇園社の氏子であるにもかかわらず、菅大臣町は祇園社ではなく、菅大臣社を「当町氏神天満宮[42]」としていた。早くから経済的に発展を遂げて町共同体が形成されていた地域にあって、町名に「菅大臣」を戴く町である。「菅大臣」ゆかりの地として、菅大臣社は町住民のアイデンティティの拠り所であったであろう。それまで菅大臣〈北社〉を「天神」と認識して、自らの手で祀ってきたという自負を持つ町の人びとは、〈北社〉の祭神が曼殊院から菅原道真ではなく「是善公」だといわれても納得がいかなかったのは当然であろう。その時は強硬派の「宿老」が死亡したために曼殊院との関係は修復され、南北両社一体での祭礼が始められた。

しかし、常喜院が境内に道真自作と称する荒木天満宮を祀るようになれば、それに対して意識が傾斜していくのも当然であろう。さらに、常喜院が発行した略縁起には道真が生前に「我遠流の身となり遠国にくち果るとも一魂は此木像にもとめて帝都を守護し万民無実乃難を守らん」との「神言」を遺したと記されているのだ[43]。当初は菅大臣町の人びとから戸惑いの目で見られていた荒木天満宮も、一八世紀後半に『都名所図会』に掲載されたことで周知の存在ともなり、著名な『菅原伝授手習鑑』に登場する「荒木作り」の道真像を想起する名称でもあることから、次第に「近比イツトナク」[44]祀られるようになったものであるという違和感も少なくなっていったであろう。

ここで改めて町年寄の「町内ニ有之候天神之義故、信心之事ハ何レノ天満宮も同じ事」[45]という曼殊院への返答を見たとき、町内の「天神」とは是善を祀る菅大臣〈北社〉ではなく、常喜院境内の荒木天満宮を示唆している可能性すらあるといえるだろう。とすれば、曼殊院側が、菅大臣町の人びとが「常喜院之氏子」という認識を持つことを懸念していたことも、決して杞憂ではなかったということができよう。今回は常喜院が奉行所への出訴を恐れることなく、曼殊院からの申し入れに対して妥協をせずにいたのはかかる状況があったからであろう。

それでは、常喜院が「北菅大臣」を名乗って開帳をはじめとした積極的な行動に出るに至ったのが、なぜ嘉永二年（一八四九）だったのか。理由のひとつは、先に述べたように背後にある石清水八幡宮が、朝廷から祈禱を命じられたことに象徴されるような地位向上があるであろう。もうひとつは、これまでもそうであったように嘉永五年（一八五二）の菅公九五〇年祭を目前にして、天神信仰が高揚していた時期であったことが理由であろう。これに加えて、先に触れたような対外的緊張感の高まりも背景にあったと考えられる。当時、平田派国学者の間では「和魂漢才」といって遣唐使を廃止した菅原道真を評価する動きも出てきた。嘉永元年（一八四八）には北野社、そして四年には高尾、五年には大坂天満宮に相次いで「和魂漢才碑」が建立されている。さらに、藤原時平の謀反を阻止しようとして天皇に忠義を尽くす、文武両道の才を持つ菅原道真像が『菅原伝授手習鑑』で広がっていたことも、時代状況のなかでは天神信仰を広めるうえでは追い風となったであろう。こうした時代状況にあって、境内に祀ってある荒木天満宮を、一種の観光資源として積極的に売り出そうと常喜院が考えたのも無理はないといえる。

## おわりに――維新期の菅大臣社――

宝暦・明和期に常喜院の勢いを止めたのが天明の大火であったように、幕末の常喜院の攻勢を衰えさせたのは禁門の変にともなう大火であった。この戦火では常喜院はもとより、南北両菅大臣社とも社殿を焼失する。その痛手が癒える間もなく、維新を迎えるのである。

明治二年（一八六九）には曼殊院門跡家来の山本近江守が神主職、神主代家として西池越後守、雑掌勤番の田口衛守が社務にあたっていたが、明治三年（一八七〇）には神仏分離により曼殊院門跡が撤退して、境内に祀られていた元三大師像も曼殊院に返還されたようだ。神社は「三方町中江為御任」と隣接する菅大臣町・本柳水町・堀之内町の三町の預かりになる。(46)この時、「田口清守」が社人として「附置」かれたが、その進退は町の判断となった。その後、明治四年（一八七一）に田口は社人となり、明治になって菅大臣社の神主となっていた西池・山本はその時に神社を離れたようである。この段階で南北両社がともに町預かりとなる。明治三年（一八七〇）には賀茂社の社殿を移築し、六月の正遷宮にあわせて境内回廊などで七日間にわたって実施された「御宝物」の開帳も三町が分担して行っている。

さて、ここで「廃寺院名簿」という史料にある次の記事を見ていただきたい。

下京第十一区仏光寺通新町西へ入丁
紅梅殿　北ノ菅大臣社
右廃社之旨□六月十三日貫属課ゟ通達有之候(47)

図４　菅大臣社例大祭で、剣鉾に氏子三町から奉納された御供

この史料は、明治六年（一八七三）に「紅梅殿　北ノ菅大臣社」が廃社になったことを示している。さらに、翌年には「紅梅殿北ノ菅大臣社」は「鎮座換」となり、「同町白梅殿菅大臣社境内」に引移しが行われ、跡地は「地面上地」となっている。しかし、現在も北には神社はあるわけだから、北菅大臣社がなくなったわけではない。

実は、ここで「廃寺」となった「紅梅殿　北ノ菅大臣社」とは、北側に祀られていた荒木天満宮のことだ[48]。つまり、幕末の段階では常喜院内に建立された荒木天満宮が、「北ノ菅大臣社」と公にも認識され、公文書にも記載されたということになる。この前年、菅大臣〈北社〉すわなち「紅梅殿菅大臣社元社人」の太田正守は、「神職」を免じられて「民籍」への編入が命じられている[49]。この太田正守が明治五年（一八七二）に提出した「由緒書」によれば、彼の父は禁門の変による火災の後、「八幡山ヨリ永相任セ」となった人物というが、「悉焼失仕最初ヨリ由緒不詳」という状態だから、混乱状態のなかで預けられたということであろう。

こうした急激な動きがさしたる抵抗もなく、菅大臣町をはじめとした地域の人びとによって受け入れられたのは、何故であろうか。あれほど強い影響力を発揮した常喜院が、意外なほどあっさり手を引いたように見えるのは、背後にあった石清水八幡宮自身が廃仏毀釈により大きな被害を蒙ったこともあろう。常喜院も禁門の変によって焼失して以降、再興を迎える間もなく近代を迎え、抵抗するだけの余力を失っていたのだろう。また、享保一九年（一七三四）に「北社是善公ト記」と主張していた曼殊院が菅大臣〈南社〉から撤退したことで、菅大臣町がついに「天神社」を自らの手にすることができたということも大きいのではないかと考える。こうなれば、町としては常喜院境内の荒木天満宮を殊更に持ち上げる必然性はなくなってしまう。村山弘太郎が論じた首途《かどで》八幡宮では、地域社会に「神仏習合への憧憬」が廃社復興のエネルギーとなっていた[50]。一方、菅大臣町においては、菅原道真ゆかりの地に相応しい「天神社」を氏神として獲得したことで、自らの手で神社を維持していくことに関心が向いたのであろう。

曼殊院が撤退した菅大臣〈南社〉の経営は比較的安定していた。その基盤のひとつとなっていたのは境内で経営されていた借家からの家賃収入であり、もうひとつは菅公ゆかりの聖地となった同社を訪れる参詣客による賽銭や寄進である。近代初頭の史料ではあるが、「一ヶ年凡銭千八拾貫文」の莫大な「地料・賽銭」があったと報告されている[51]。これは南北あわせての数字ではあるが、南北の境内と社殿の規模を考えれば一〇〇〇貫文を超える収入の大半は〈南社〉のものであったとみて大過ないであろう。こうした比較的安定した経済基盤を持った神社を預かることになった三町は、常喜院のような強引な経営戦略をとる必要もなかったわけである。

ただし、曼殊院が撤退したことで、ようやく菅大臣町が手にすることができた「天神」だが、『菅原伝授手習鑑』などの芸能を通して、「霊魂帝都に立帰り帝を守護し奉らん」（四段目）という忠臣イメージを道真がまとうようになり、容易に国家神道に回収されかねない姿に変容していたことにも目を背けてはならないだろう[52]。

常喜院のようなありかたは、近世の民衆のみならず権力も容認し、常喜院境内に祀られた「荒木天満宮」が、いわば〝商品〟（コンテンツ）として発信されていた。にもかかわらず、近代には不要となったためにあっさりと放棄される。こうした常喜院の消長は、神仏分離・廃仏毀釈をひとつの画期として「巨大な転換」が生じ、「そのことが現代の私たちの精神のありようをも規定している」という安丸良夫の指摘を証明する事実であるともいえる。

しかし、その一方で近世から近代の「巨大な転換」が菅大臣社周辺では大きな混乱もなく起きていたことは容易に看過できない。安丸良夫は、「民俗的なるもの」を文化の戦場と呼び、民衆のエネルギーが集中的に表出され、時に権力が危機感を抱きさえすると指摘した(53)。これをうけて、市川秀之は「民俗的なるもの」について、長州藩において一八世紀に急増した御霊系の小祠が淫祠《いんし》として藩権力から弾圧されていたことなどを挙げ、安丸がいう「民俗的なるもの」とは「近世的な民俗宗教の世界」であるとした(54)。かかる指摘は一面では事実であろう。だが、京都のような都市においては、常喜院の「荒木天満宮」のように観光資源、あるいは開帳のための〝商品〟として創出され、次第に地域社会からも一定の支持をうけたにもかかわらず、その役割を終えると姿を消した宗教施設も存在していた。こうした近世後期に創り出された宗教施設の活動は、国家神道とは相容れない部分がありつつも、経済合理主義のような「近代的」思考と対立する存在ではなく、むしろ地続きであったといえる。とすれば、安丸のように「近代」に対峙する民衆的存在としてのみ「民俗」をとらえることはできまい。

こうした両側面を併せ持つ前近代から近代にかけての心性に歴史学として接近するうえで、大規模な氏子圏と経済基盤を持っていた祇園社や北野社などのような神社だけでなく、近隣の町住民の信仰を集めていた小規模な神社と地域住民の動向を見ていくことは、非常に有効な対象であるといえるだろう。

## 註

（1）拙稿「京都の町と神社――一六・一七世紀における菅大臣社の動向から――」（『新しい歴史学のために』第二八二号、二〇一三年五月、本書第Ⅰ部第一章）。ほかに、都市の小社に着目した研究として、井上智勝「都市の小祠・小社をめぐる諸問題――宗教政策との関わりを中心に――」（『年報都市史研究　六　宗教と都市』山川出版社、一九九八年）、拙稿「「繁昌神社」考――洛中小社研究序説――」（東アジア恠異学会編『怪異学の技法』臨川書店、二〇〇三年）、竹ノ内雅人『江戸の神社と都市社会』（校倉書房、二〇一六年）。

（2）村山弘太郎「首途八幡宮にみる神仏分離と再興」（『京都民俗』第二八号、二〇一一年三月）。

（3）安丸良夫のこうした視点は一貫しているが、ここでは「民俗の変容と葛藤」（『安丸良夫集　第四巻　近代化日本の深層』岩波書店、二〇一三年）を二〇〇七年に単行本収録するにあたって安丸自らが付したコメント（同六二頁）を引用した。

（4）安丸良夫「文化の戦場としての民俗」（『安丸良夫集　第六巻　方法としての思想史』岩波書店、二〇一三年）。

（5）安丸良夫『神々の明治維新――神仏分離と廃仏毀釈――』（岩波新書、一九七九年）。

（6）中世期における両社については、桃裕行「紅梅殿と菅家廊下」（『桃裕行著作集』第二巻「上代学制論攷」思文閣出版、一九九三年）、竹内秀雄『天満宮』（吉川弘文館、一九六八年）、馬田綾子「中世都市の民衆世界」（高橋康夫・吉田伸之編『日本都市史入門』第三巻「人」東京大学出版会、一九九〇年）、森茂暁「北野天満宮所蔵「紅梅殿社記録」にみる訴訟と公武交渉」（『史学雑誌』九九巻一〇号、一九九〇年一〇月）、海津一朗「中世の国家権力と悪党」（『歴史学研究』六四六号、一九九三年六月）を参照。

（7）史料上の呼称は多様であるため、前章同様に史料上の文言を除き、混乱を避けるために菅大臣〈北社〉・菅大臣〈南社〉という表現を便宜的に使用する。

（8）「菅大臣社文書」B7・B8・B9（京都市歴史資料館架蔵写真帳による。以下、同史料群については所蔵を略し、館による整理番号のみを記す）。

（9）例えば『京町鑑』（新修京都叢書刊行会編『新修京都叢書』第三巻、臨川書店、一九六九年）「横町」の「菅大臣町」の項で、「常喜院は八幡豊蔵坊の里坊也」としている。

（10）『続著聞集』感応篇第一（花田富二夫ほか編『仮名草子集成』第四五巻、東京堂出版、二〇〇九年）。

（11）次節に見る嘉永二年（一八四九）に常喜院が四条道場で行った開帳の際に「三面大黒天尊像」も出されており、

常喜院に「霊宝」として三面大黒天が祀られていたのは間違いない。そこで、このような霊験譚が宣伝されていた可能性はあると考えられる。なお、三面大黒天については、さしあたり、三浦あかね『三面大黒天信仰』（雄山閣、二〇〇六年）を参照。

(12)「常喜院表口明ケ候節之事」（「菅大臣社文書」C15）。

(13)「同右」。

(14)「宝暦度・明和度日記之写」宝暦九年八月一五日条（「菅大臣社文書」C33）。

(15)「同右」明和元年九月二三日条。

(16)「同右」宝暦九年八月一五日条。

(17)『続史愚抄』巻七五によれば、宝暦二年（一七五二）二月一日から北野天満宮で万灯会が行われ、二月一一日から二五日間にわたって曼殊院で「天満宮八百五十回神忌法会」、二月二五日には天満宮で神忌が実施されている（黒板勝美編『新訂増補国史大系　一五　続史愚抄　後編』吉川弘文館、一九六六年）。

(18)「洛陽菅大臣荒木天満宮略縁起」（「菅大臣社文書」C39）。

(19) 竹田出雲著・守随憲治校訂『菅原伝授手習鑑』（岩波文庫、一九三八年）。

(20)「菅大臣社文書」C18。

(21)「豊蔵坊孝暁書状」（「菅大臣社文書」C31）。

(22)「宝暦度・明和度日記之写」明和二年四月六日条（「菅大臣社文書」C33）。当時の九条家といえば九条尚実《なおざね》。朝廷の尊皇論者が弾圧された宝暦事件の際には、関白と謀って尊皇論に傾く多くの公家を失脚させた側である。この事件以降、摂関家は権威を回復するが、天皇とは対立していく。そうした渦中にあった九条家が、曼殊院門跡と事を構えることを回避したという事情もあったのかもしれない。

(23)「宝暦度・明和度日記之写」明和二年四月六日条（「菅大臣社文書」C33）。

(24)「同右」宝暦九年八月一五日条。

(25)「常喜院表口明ケ候節之事」（「菅大臣社文書」C15）。

(26)　これに先立つ冷泉町の記録「金銀入幷諸払帳」によると、安永元年（一七七二）に「菅大臣常喜院勧化」として一二文が支払われている（京都冷泉町文書研究会編『京都冷泉町文書』第三巻、思文閣出版、一九九三年、四九頁）。京都の町での常喜院による勧化活動は、この頃に広く行われていたものと思われる。
(27)　「菅大臣北御社一条ニ付仮附　上」（「菅大臣社文書」C20）。
(28)　「洛陽菅大臣荒木天満宮略縁起」（「菅大臣社文書」C39）。
(29)　「北菅大臣社常喜院出入につき証拠書物写」（「菅大臣社文書」C27）。
(30)　「菅大臣北御社一条ニ付仮附　上」（「菅大臣社文書」C20）。
(31)　「同右」。
(32)　「同右」。
(33)　「同右」。
(34)　「曼殊院門跡常喜院出入につき口上書等返却願案」（「菅大臣社文書」C30）。
(35)　田中緑紅撰『京のおもかげ』に掲載される昭和六年（一九三一）七月一六日撮影の写真（図5）では、鳥居の左右に現在のものとは異なる石灯籠が置かれている。
(36)　下橋敬長著・羽倉敬尚注『幕末の宮廷』（平凡社東洋文庫、一九七九年）。
(37)　「常喜院口明け一件につき書類留書」（「菅大臣社文書」C15）。
(38)　「菅大臣北御社一条ニ付仮附　上」（「菅大臣社文書」C20）。
(39)　『紅梅殿社記録』所載の延慶三年（一三一〇）の文書に、紅梅殿社（＝〈北社〉）が「破壊之時、曾不及北野之沙汰、敬神之族随便宜励微力者也」とあり、〈北社〉が在地の信徒によって維持されてきたという認識があったことがうかがえる。

図5　菅大臣社（1931年撮影）

（40）菅大臣〈北社〉の祭神を「是善」とするのは、地誌では宝暦四年（一七五四）刊の『山城名跡巡行志』で「或是善卿」と記すのが初例である。享保一九年（一七三四）に菅大臣〈南社〉で元三大師像の開帳をした曼殊院が、〈北社〉の祭神を是善とした理由は明らかではない。しかし、二年前の享保一七年（一七三二）に社殿修復を終えて仮殿からの遷座が執行されて話題になった「寺町錦小路天神」が、「此の社は下立売烏丸歓喜光寺にて、古是善卿の旧宅也」といわれており（『月堂見聞集』巻二五〈『近世風俗見聞集』第二、国書刊行会、一九一三年〉享保一七年六月四日条）、かかる錦天満宮の評判に対抗、あるいは便乗しようとしてのことではないだろうか。

（41）「竹要録抜書」（「菅大臣社文書」C29）。以下、本件の経緯は同史料による。

（42）「常喜院表口明ケ候節之事」（「菅大臣社文書」C15）。

（43）「洛陽菅大臣荒木天満宮略縁起」（「菅大臣社文書」C39）。

（44）「宝暦度・明和度日記之写」宝暦九年八月一五日条（「菅大臣社文書」C33）。

（45）「菅大臣北御社一条ニ付仮附　上」（「菅大臣社文書」C20）。

（46）「菅大臣社文書」B15。

（47）「廃寺院名簿」（京都府立京都学・歴彩館蔵「京都府庁文書」明六―三四）。

（48）明治一七年『神社明細帳』（京都府立京都学・歴彩館蔵）によれば、菅大臣社の境内に「荒木天満宮」があり、「当菅大臣町元常喜院之鎮守之由ニ候処、明治七年六月十二日鎮坐換奉願、同十四日御許容ニ相成、同年七月本社並末社稲荷神社大国主神社・白太夫神社合四社、菅大臣神社境内へ奉移斎候也」と常喜院からの遷座を伝えている。

（49）京都府立京都学・歴彩館蔵「京都府庁文書」明六―三一。

（50）前掲村山論文。

（51）「明治五年　旧神官由緒書」（京都府立京都学・歴彩館蔵「京都府庁文書」明五―六六）。

（52）兵藤裕己『〈声〉の国民国家・日本』（日本放送出版協会、二〇〇〇年）が浪曲を通して論じたように、忠君愛国などのイデオロギーが浸透し、天皇を中心とする民族意識の形成に歌舞伎などの芸能が果たした役割は軽視できないであろう。

（53）前掲安丸論文「文化の戦場としての民俗」。
（54）市川秀之『「民俗」の創出』（岩田書院、二〇一三年）。

# 第三章　近世中期における祇園社本願と「同宿」

## はじめに

前章までは二つの菅大臣社を舞台に、神社が開帳や出版メディア、芸能など多様な回路で広い信仰を集め、それが神社と寺院、近隣住民との関係にまで変化を及ぼしてきた様子を見てきた。

ここでは、近世中期の本願について見ていくことにしたい。本願とは、中世後期から近世にかけて寺社に定着し、寺社再建のための募財に携わる勧進聖の組織である。本願についての研究動向を整理した豊島修は、本願は寺社の祭神や本地仏の唱導や配札を通して、寺社の信仰を伝播・浸透させたが、その信仰の受容形態や都市文化の形成についての研究は立ち後れているとしている[1]。神社の信仰が都市社会に浸透していく過程については、第一、二章でも見てきたが、そこでは神社と「宮寺」らの経営戦略としての情報発信について検討したのみで、本願のように信仰の伝播と浸透を直接的に担った存在については触れていなかった。

かつては、中世後期に神社へ勧進聖が本願として入り込んでいくが、近世になると幕府の方針や神仏分離思想の浸透により、排斥されていくといわれていた[2]。しかし、願阿弥が清水寺の本願に定着していく過程を詳細に明らかにした下坂守の研究[3]が起爆剤となり、熊野三山、多賀社・祇園社・松尾社などの事例研究[4]が相次ぎ、本願研究の到達点を示す論集も刊行された。[5] これらの研究により、近世にすべての本願が排除されるわけではなく、寺社それぞれの歴史的・経済的要因によって多様な展開を見せていたことが浮き彫りになってきている。清水寺などでは経済力を背景に本願が寺務を掌握していくが、松尾社などは近世後期になって経済的破綻を機に本願は解体する。本章で取り上げる祇園社では、本願は一七世紀末まで、一代限りで弟子譲りを許されない僧が、繰り返し入寺していたことを、加藤基樹が明らかにしており、[6] 近世に排除されているわけではないようだ。

また、勧進の具体的な担い手として修験者が関与していた可能性については、はやくから五来重らによって指摘され、[7] その具体的なありようや組織についても、熊野三山については豊富な事例が紹介されてきた。[8] こうしたなかで、多賀社などでは、[9] 本願のもとに「同宿」[10] と呼ばれる山伏がいたことも明らかになった。

図１　祇園社
右下に本願

近世中期の祇園社本願「同宿」について、一部に修験山伏が含まれていたことを指摘した加藤の研究[11]は、祇園社本願の姿を浮かび上がらせただけでなく、本願と山伏の関係を検討するうえで大きな示唆を与えている。しかしながら、史料上の制約からその分析は一七世紀までにとどまっている。中世後期以降の祇園社本願について詳細に論じているのだが、元禄期以降の本願については「史料が乏しく不明な点が多くなってくる[12]」とし、本願養存の名前が元禄一四年（一七〇一）の史料に見えることを指摘するにとどまっていた。

だが、加藤も指摘するように、一八世紀以降も祇園社に本願の存在は確認できる。その一方で下坂が、一七世紀を最後に本殿前で本願によって行われていた杓振りが姿を消していることを指摘しているように[13]、一八世紀には本願の位置が変わってきているようにも見える。元禄期に進められた東大寺大仏殿再建勧進をひとつの契機として、勧進の担い手たちへの社会的な視線が変わってきた可能性があることもふまえるなら[14]、元禄期以降の本願や勧進の担い手についても検討をすることは不可欠であろう。また、加藤が修験道と本願の関係について「印象論」の精査が必要であると指摘しながら、祇園社の修験道と本願について「ようやくその直接的関係を確認することができる」とする「近世中期頃」のみの分析にとどまっているのは、やや説得力に欠くといわざるをえない[15]。

先行研究で一八世紀以降の祇園社本願について触れられるところが少なかった理由は、ひとえに近世中期以降にかかる祇園社の文書がほとんど公刊されていないという史料的な制約による。しかし、祇園社の社代として社務に携わっていた上河原家には元禄期・明和期の社務に関わる日記や、一七世紀後半から一八世紀初頭にかけての記録の抜書と見られる『諸事覚書』が不完全ながらも残されており、一八世紀の本願の様子を垣間見ることができる[16]。

そこで、本章では加藤・下坂による祇園社本願・勧進研究をふまえ、両者がほとんど触れることのなかった一八世紀以降の本願と、本願のもとで勧進を担っていた「同宿」について、上河原家文書によって明らかにしたい。

## 一　本願養存の入寺

『諸事覚書』によれば、養存が本願住持として祇園社の本願に入ったのは、元禄二年（一六八九）一二月三日のことであった[17]。「御社家内証御取持」によって入寺が決定したという養存は、早朝のうちにまず社家のもとを訪れた。その後、しばらくすると「本願同宿二三人御社家迄迎ニ参り本願へ入」り、上河原右京ら社代が「本願ニ待うけて扱衣鉢とりつくろひ進物調」えたうえで、改めて「御社家へ参上」する。その際には「同宿二三人付ケ」て補任料や刺樽などを手にしていた。

「同宿」とは、本願成立段階から存在していた勧進聖の「配下組織」で、一部に修験山伏を兼ねる者がいたことなどが既に加藤論文によって指摘されている。しかし、その中身や人数、実態などは「不明な点が多い」と積み残されていた(18)。

ここで、注意しておきたいのは、「本願同宿」は養存と一緒に入寺したわけではなく、既に施設として祇園社内にあった「本願」の周辺におり、新しく本願職に就任した養存を迎えに来ていることである。そのことがより鮮明になるのは、社家・社代への挨拶を終えて本願に帰った養存が行った次の行為である。

図２　『祇園会細記』の本願

【史料１(19)】

是済テ先ツ本願坊へ立帰り
一雑煮　酒　七人ノ同宿へ盃あり
此後右ノ扇箱中啓なと持参ニて社中へ届ケノ一礼あり、供僧ノ外之衆中へハ持参物なし、此申めくり済テ坊へ帰り夕飯、祝義ある也、此時七人同宿ノ弟子なと盃あり、此外京廻りノ同宿見参ハ翌日ニありと云

「七人ノ同宿」に酒などを勧めたのち、再び本願を出

て社中へ礼に回り、夕飯時になってようやく坊に帰ってくることができたという、入寺早々挨拶回りに忙殺される本願養存の姿が浮かび上がる。本章との関わりで指摘しておきたいのは、最初に養存を迎えに来た「同宿」は二、三人にすぎなかったが、ここでは、①「七人ノ同宿」がいたこと、②「同宿」には「同宿ノ弟子なと」がいたこと、さらに他に、③「京廻りノ同宿」もいたことである。多忙な挨拶回りのなか、わざわざ時間を取って雑煮や酒をもって「盃」を交わした①「七人ノ同宿」と、すべてが終了して夕飯をとった際に盃が養存と交わされた②「弟子」、挨拶は翌日とされた③「京廻りノ同宿」は、本願との距離感に相違があり、「同宿」といっても多層的な存在であることを看取することは容易であろう。

それでは、本願と「同宿」の関係はどのようなものだったのか。養存が「本願職」就任にあたって祇園社社務に提出した次の一札を見よう。

【史料2】(20)

一札之事

今度当社本願職拙僧ニ被仰付被下候、但此坊従先規一代住持之旨奉得其意候、然者已後毛頭後住之望可存寄様無御座候、住職之内御修理之事先規之通毎年急度相勤、少も怠慢仕間敷候、此外諸事私意ニ任セ申事仕間敷候、若不届之子細御座候者、何時も改易可被成候、兼又諸同宿之事万端有来通ニ可申付候、新規成義一切申懸間敷候、仍為後日一札如件

年号月日　養存

御社務執行

宝寿院様

傍線部から、「同宿」の取り扱いについては、従来通りに行い「新規成義一切申懸間敷」と制約しなければならなかった本願の立場が明白である。すなわち、養存が使役することは認められてはいるものの、既存の枠を超えて使役することは認められていない。「同宿」は本願という施設に帰属する存在であり、人としての本願住持に従属しているわけではない。むしろ、本願養存が祇園社から「同宿」使役の範囲を制限されている点に鑑みれば、「同宿」は、本願よりも祇園社に近しい存在と意識されていたということができよう。

このことを如実にあらわしているのが、やや時代は遡るが、本願と祇園社東梅坊との間で錯綜していた屋敷地の権利関係を、延宝七年（一六七九）に整理した際に取り交わした次の文書である。

【史料3[21]】

定申手形之事

一本願ノ寺之内屋敷之裏ニ而貴坊裏へ入込申候所東西三間余南北五間余之所、貴坊へ毎年年貢壱斗ツヽニ相定永代支配置申候、則両社代衆山本宇右衛門・上河原右京へも遂相談御社家御許容之上永代貴坊へ替置申候上ハ少も違乱有間敷候、若違乱之義御座候者、判形之年寄同宿罷出無相違埒明可申候、仍為後日一札如件

延宝七年　　　　本願

未月日　　　　見順　印

東梅御坊　　　　同宿年寄

兵部卿殿　　　　福寿　印

本願とともに「同宿年寄」が連署しており、本願屋敷地の「違乱」にあたっては「判形之年寄同宿」が解決を約束しているのである。このことから、「同宿」のなかの年長者か代表者とみられる「年寄」は、時に本願の保証人

となりうる程度に祇園社内での地位を認められていたと考えることができる。むしろ、祇園社内において「一代住持」でしかない本願よりも、以前から本願という施設に所属して勧進に従事している「同宿」は、祇園社にとって信頼できる存在であったということもできるであろう。それ故、本願となる然るべき人物がいない場合には、その間の「賄」を「同宿」がすることもあったようである。[22]

こうした「同宿」と本願の具体的な関係をうかがわせるのが、祇園社社代の山本・上河原による本願養存入寺にあたっての定書である。

【史料4[23]】

定

一本願納所帳面之内和泉ゟ大善迄人数合弐拾七人之公用毎年之分社頭御修理幷本願宅修理料ニ除置候、向後養存幷七人同宿中間として常々相封仕置、折々出納勘定可有之事

一同帳之内同宿判形料已下正月ゟ秋迄田舎廻り諸初尾之分、一切養存自分之経営ニ可被致、尤同宿之綺有之間敷事

右従御社家被仰出候也

元禄二己巳年十二月七日　　山本大蔵　書判

右定書ハ相封箱ノ内へ入置也　　上河原右京　同

やや文意がわかりにくいが、二条目の「同帳之内同宿」とあるのを手がかりに一条目を読むと、本願が「同宿」らの名簿を所持し、そこに記載された「和泉」以下二七人が毎年納める「公用」を「社頭御修理幷本願宅修理料」とすること、その「勘定」は本願養存と七人の「同宿」仲間が立ち会いで行うと理解できる。つまり、本願は「同

宿」からの「公用」すべてを私用に使えるのではなく、祇園社社頭修理料とした残りを「本願宅修理料」とするにすぎない。また、その精算にあたっては本願職の養存が単独で行うのではなく、「同宿」の立ち会いを必要としており、本願養存の経済的影響力は制限されたものにとどまっているのである。このような点からも、「同宿」は本願養存の配下というよりも、祇園社組織のひとつである本願という機構にあって、その経済活動を監視しているとさえいうことができるかもしれない。

一方で、二条目の「同宿判形料」と「正月ゟ秋迄田舎廻り諸初尾之分、一切」だけは本願養存のものとして、「同宿」の「綺」が禁止されている。この「判形料」と「田舎廻り」については次節で詳しく論じることにしたい。

## 二　「同宿」の組織と役割

「同宿」が「日勧進」と称する勧進を行っていたことは、加藤論文も指摘している[24]。その様子は、元禄四年（一六九一）二月に雑色の荻野七郎左衛門からの「所望」により、祇園社でまとめられた「覚」から具体的にうかがうことができる。祇園社境内間数や坊・社人の数などを記しているなかに、次のような項目がある。

【史料5[25]】

一日勧進人数之事

右日勧進と申事子細御座候而、前代御公儀ゟ之御許状御座候而出し申事ニ御座候、本願ゟ手下ノ同宿ニ申付下知ニて出し申候、此同宿洛中ニ居住いたし、常ニ本願ニハ居不申候、外ゟ心次第ニ出申事堅吟味仕事ニて右同宿ハ大夫・式部此両人方ゟ当社氏子ノ内ヲ廻し申候、其外ニハ左京・福寿・福泉と申三人方ゟ廻し申候、

　　人数ハ一家ゟ一人か二人ツヽ廻し申候

この史料は、本願の「手下ノ同宿」として洛中に居住し、大夫・式部の両人に加えて左京・福寿・福泉が「一家ゟ一人か二人ツヽ」を日勧進と称して「当社氏子ノ内ヲ廻し」ていたことを伝えている。本願のもとで信徒の家々をめぐり、奉加を回収する宗教者は、清水寺や清凉寺などで見られた「仏餉取り」と極めてよく似ているようだ(26)。

問題は、この大夫・式部・左京・福寿・福泉が多層性を持つ「同宿」のうちのどの階層にあたるかである。養存入寺から一二年後の元禄一四年（一七〇一）、「諸同宿」年寄和泉らが銀五〇〇目を借用している(27)。その時の証文に署名をしたのが、和泉・休悦・大夫・南勝・福寿・式部・左門の七名であった。この七人のうち三名までが日勧進を派遣していた「同宿」と名前が一致している（左門・左京もあるいは同一か）。七人という人数の一致もふまえるならば、日勧進を派遣している人物が、【史料1】で本願を迎えて早々に挨拶を受けていた七人の「同宿」であろう。おそらく、「同宿」のなかで指導的立場にあったのがこの七人で、その代表者が「年寄」と呼ばれていたのであろう。彼らのもとで実際に「当社氏子ノ内ヲ廻」っていたのが「京廻りの同宿」であった。

「京廻りの同宿」以外に、近江国飯道《はんどう》山麓にも祇園社のもとで配札活動をしていた存在がいたことが加藤論文によって指摘されているが(28)、こうした京都以外の「同宿」は他にもいたようだ。甲賀郡の旗本から「石見・新蔵」という人物の身元について、照会をうけた祇園社側の返答は次のようなものである。

【史料6】(29)

　　覚

　一札之事

御私領之内甲賀郡新宮上野村に居住仕候石見・新蔵両人義、自前々当院同宿ニ紛無御座候、若他ゟ当院非同宿

与申仁出来仕候者、我々罷出分明可申開候、右依御尋一札如件

祇園社本願
成就院
天和三年亥十月朔日　見順　書判・印判
同　社奉行
山本宇右衛門
山岡三郎兵衛殿　顕之　同
同
上河原右京
勝政　同

右三郎兵衛殿ハ御旗本也、此尋ノ根源子細ハ不及記、案文ノ扣迄ニ爰ニ記者也

祇園社本願成就院の見順と祇園社奉行（社代）の山本・上河原は、連署のうえで「自前々当院同宿ニ紛無御座候」と請け合っている[30]。こうした京都以外を活動の場とする「同宿」が【史料4】で「田舎廻り」と呼ばれていた「同宿」であろう。

あらためて【史料4】を見ると、二条目に本願養存が「自分之経営」に使用を認められたものとして「田舎廻り諸初尾之分、一切」とともに「同帳之内同宿判形料」がある。「同帳」というのが前条の「和泉ゟ大善迄人数合弐拾七人」の名を記した「本願納所帳面」とすれば、この「同宿」名簿ともいうべき帳面に記された「弐拾七人」とは年寄以下、田舎廻りまで多様な要素を含む「同宿」のどこまでを掲載していたのだろうか。

元禄一四年（一七〇一）の銀子借用にあたり、筆頭で署名していたのが「諸同宿年寄」の「和泉」であることから、「和泉ゟ大善迄」とある「本願納所帳面」には「同宿」の年寄から記載されていたことがわかる。【史料5】によれば五人の「同宿」が一〜二名程度を抱えて「日勧進」を実施しているとあり、「京廻り」は最大でも一〇名である。おそらく、これに「弟子」と「田舎廻り」の「同宿」を加えたすべてが「和泉ゟ大善迄人数合弐拾七人」ではないだろうか。

本願の「帳面」が、すべての「同宿」を記載する名簿であったとすれば、名簿に記載されていることが、本願所属の「同宿」であることの証しであり、【史料5】にある「外ゟ心次第ニ出申事堅吟味」する際の判断基準となる。「判形料」とは、名簿記載にあたって「同宿」から支払われるものということになるだろう。

時代は半世紀以上も下ってしまうが、明和七年（一七七〇）に本願が「同宿」に宛てて発給していた「本願同宿宛文」、もしくは単に「宛文」と称する文書の雛形が日記に引用されている。その様式は次のようなものである。

【史料7】[31]

祇園社　造営勧進之事　　本願同宿
　　　　　　　　　　　　　　誰レ

右当年宛文之状如件

明和七庚寅正月二日　　　　本願泰賢

　社奉行上河原主税

　　〃判

同　断　山本主計
〃判
参府ニ付無印同　断　山本隼人
〃判

こうした書式が元禄段階まで遡及しうるか否かは判断が難しいが、本願が所持していた「同宿」名簿（「本願納所帳面」）はかかる宛文の台帳ではないだろうか。宛文本文に「当年宛文」とあることから、毎年更新されていたことがわかるが、帳面の「判形料」とは「宛文」発行・更新に際しての手数料と見て大過はないであろう。

なお、ここで注意しておかなければならないのは、「宛文」が本願単独で発給されていたわけではなく、右のように「社奉行」（社代）の上河原主税らの奥判も必要としていたことである。明和三年（一七六六）には「本願同宿近江へ宛文主計被相認、年寄福寿判形取ニ来リ遣ス」とあり、社代の山本主計が認めた「同宿」近江への宛文を「同宿」年寄が持参し、社代上河原家に判形を求めている[32]。このように宛文発給に本願が関わっていたとしても、執筆も社代が行い奥判を据えているとなれば、判形料が本願住持の得分であったとはいえ、宛文発給の過程は社代の管理統制下にある。本願住持が独自に「同宿」を抱えて経済基盤を拡大させるようなことは困難だったといえよう。

ところで、加藤論文も祇園会の行列において本願以外に社僧らも山伏を連れていることを挙げ、「祇園社において本願だけが特権的に山伏を組織していたのではないようである」と指摘している[33]。確かに「同宿」を抱えていたのは本願だけではなかったようだ。明和九年（一七七二）二月九日、かつて「同宿」であったが巡礼に出ていたため「中絶」となっていた観承が、再び回檀を始めたので「宛文」を出してほしいと願い出た際の記事に、次のようにある。

【史料8】[34]

一本願年寄来ル、同宿中観承と申もの巡礼中絶仕被在候所、此度宝光院同宿清順と申もの縁者ニて、先年ゟ□郡辺回旦仕候、依之宛文相認呉候様願書□□ヲ続候義、昨年も唯勤と申もの宛文相願候事有之候由同役被申来候間、願書預り置、宛文認遣之相渡、尤紙九枚認料九匁□□

観承は無事に宛文を与えられて「同宿」に加わることが許されるのだが、「宝光院同宿清順と申もの縁者」であったことが明らかになる。宝光院とは祇園社の社家だ。つまり、本願のみならず社家も独自の「同宿」を抱えていたことが明らかになる。【史料5】の「外ゟ心次第ニ出申事堅吟味」するとあるのは、無断で祇園社や祇園社本願を名乗って勧進を行うことを制限していたにすぎず、本願以外の社家などが「同宿」を抱えることまでは制限していなかったのであろう。

勧進組織としての「同宿」も組織としては本願に所属するが、日勧進などは同宿年寄たちが自身で行い、精算も本願住持と「同宿」の立ち会いを必要とする。「同宿」の補任も祇園社社代の奥判が必要であり、本願独自の経済基盤たる田舎廻り勧進とて、「同宿」補任にあたって祇園社の奥判、すなわち同意が不可欠であったとすれば、本願の完全な統制下にあったとは言い難い。また、「同宿」は本願だけが独占的に抱えていたわけでもない。祇園社伽藍を維持するための勧進組織たる「本願」は、本願住持を介して組織されているとはいえ、住持の権利は「新規成義一切申懸間敷」と厳しく制限されており、実態としては祇園社社代の間接的な管理下にあったといっても過言ではないだろう。

こうして見たとき、加藤論文が既に明らかにしたように[35]、近世の祇園社における本願は「一代住持」として弟子譲りが許容されていなかっただけでなく、ほとんど経済的にも組織的にも自立性・独立性が認められていないことが浮かび上がった。

## 三　「同宿」と修験道

ところで、本願のもとで日勧進などの実務に携わっていた「同宿」が、近世中期において修験道と関わっていたことは既に加藤による指摘がある。[36]加藤論文でも引用されているが、本願養存と聖護院の間で交わされた書状は「同宿」の実態を示すものなので、やや長文ながら挙げておこう。

【史料9[37]】

聖護院御門跡御入峯之時、坊官ゟ当所本願方へ状到来覚之事

状云　折文也、上包あり、封本紙本願ニ有之

一筆令啓候、来七月廿五日、当御門主御入峯候間、其許山伏とも、如先規宇治迄供奉仕候様ニ被仰付可下候、委細口上申含候、恐惶謹言

六月廿九日

岩坊法印

祐勝判

中務卿法印

光有判

祇園本願御坊

此方返状云　此返状何様ニ有へし、尤折文也

貴札拝見仕候、然者　御門跡様、来七月廿五日御入峯被遊候由、同宿山伏共、如先規供奉仕候様可申付候、恐
惶謹言

祇園
本願
養存判

六月廿九日

中務卿法印様

岩坊法印様

右子細ハ本願方手下勧進同宿之内ニ修験道ヲ兼候而、聖護院殿ノ手下ニ成テ又其道之勧進を仕候者少々有之、此同宿義、此方ニてハ此方流儀之同宿也、又聖護院殿ニテハ彼御方之流儀之同宿ニて、各々之事也、然るニ聖護院殿御方之御峯入之節、末々入組、諸同宿迄ハ一々催促も及ひかたく候ニ付、縁あるニより、本願へ被申付給ル様ニとの頼迄之義也、権義之催促ニ而ハ無之候、則状之文言ニて可知之、愛宕山へも此方同事ニ申参ルよし、是も聖護院へハかまひ無之由也、同宿ハ此方同事ニ修験かた《け》たる者あるへし《よし》也　右後々之心得ニ書付置者也

この史料から、加藤は「同宿の一部に勧進と当山派系の修験道（時には聖護院配下）を兼ねる者がいたこと」などを指摘する(38)。重要なのは、すべての「同宿」が聖護院派の修験者だったわけではなく「同宿の一部」が修験道を兼ねていたという点だ(39)。さらにいえば、愛宕山と兼ねている者もいたようで、祇園社は「此方ニてハ此方流儀之同宿也」と混同さえしなければ、両属することを否定しているわけではない。

近江国飯道山麓の修験が祇園社のもとで配札を行っていたことは既に明らかにされているが(40)、飯道山麓の修験者(41)

は祇園社のみならず愛宕・伏見稲荷・多賀社・竹生島・伊勢朝熊《あさま》山など多様な寺社の板木を所持して、広く勧進を行っていたという[42]。地方では、修験者として配札をしていくにあたり、多様な宗教的需要に応えられるよう複数の寺社と関係を取り結び、いわば「商品」としての品揃えを確保していく必要があったのであろう。とするならば、祇園社本願から「田舎廻り」などと呼ばれた地方の「同宿」のなかには、修験者として、あるいは他の宗教者として兼務をしていた事例は、少なくなかったものと考えられよう。

ここで想起するのが清水寺の仏餉である。清水寺では、壬生山伏が本願成就院のもとで「仏餉取り」という勧進組織を構成しており、壬生山伏が聖護院派の富士垢離と重なる部分がある[43]。

元禄七年（一六九四）頃の成立とされる『京都役所方覚書』には、「洛中洛外仏餉米取出候寺社」として「仏餉取り」を出していた寺社名が列挙されているが、ここには「祇園」が一番最初に記されている[44]。興味深いのは「仏餉取之儀其寺々江上米を出し、旦方を勧進いたし候由」とある点である。「仏餉取り」は、所属する寺社に「上米」を納めて、それぞれの「旦方」をまわっているわけだから、必ずしも個々の寺社に専属というわけではなかっただろう。寺社に対して一定の「上米」を納入してさえいれば、複数の寺社と同時に契約を結ぶことも可能であったはずである。これは、「仏餉取り」にとっても、取り扱う「商品」の多様性に繋がる利点があったであろう。

そこで、修験道に属して寺社のもとで勧進活動をするという「同宿」と仏餉の共通点に注目するならば、気にかかるのが【史料3】【史料5】に祇園社の「同宿年寄」などとして名前が見える「福寿」という人物である[45]。

元禄七年（一六九四）に雑色から清水寺が抱える仏餉について照会があった。この時に、清水寺は一三名の仏餉について、その名前と檀那場について上申しているが、ここに「福寿」の名前が見えている[46]。清水寺仏餉の福寿は、「東ハ粟田口　西ハ寺町　北ハ二条通　南ハ大仏切」を担当しており、祇園社門前もその範囲に含まれている。名前の一致のほかに根拠がない現状では断定することはできない。しかし、やや後の史料だが、元文三年（一七三八）には、「祇園領袋町祇園御札配り福寿」として知恩院の『日鑑』にも、その名が見えている。同名の人物が長期間にわたって「祇園社御札配り」（日勧進）をしていたことは確かなようで、その居住地は「袋町」というから、福寿は本願内に居住していたわけではない。袋町は、祇園社からは大きく南に離れ、五条通に面した地である。地理的には、祇園社よりも清水寺のほうが近い。こうしたことから、祇園社「同宿」のなかには聖護院派の修験道を兼務するだけでなく清水寺仏餉など、他の寺社の勧進も担っていた者がいた可能性は否定できないであろう。[47][48]

## 四　御免勧化と祇園社

日常的には本願に所属する「同宿」が、氏子のもとを巡回して「日勧進」を行っていたことは今まで見たとおりである。それでは、臨時に公儀に届け出て行われる御免勧化にあたっては、祇園社の本願住持たちはどのように関わっていたのだろうか。本願、あるいは祇園社の経済基盤を明らかにするために、本節では若干視点を変えて、明和期に行われた御免勧化について明らかにしたい。

明和二年（一七六五）、「祇園社及大破修復」を名目に、同年七月から翌年にかけての「江戸表所武家寺社在町、且山城一国」の勧化御免が触れ出された。[49]寄進の窓口は「江戸表者本石町四丁目、山城一国者祇園社内、右両勧化所」であった。

この「勧化所」は、どうやら社代の上河原氏らが交替で勤務していたようだ。明和期の日記には「勧所当番」「勧化所当番」と頻繁に見えている。一方で、本願が日記に登場するのは明和三年（一七六六）七月一日条の「勧所当番出勤、加番本願」のみ。[50]上河原氏の日記なので、本願の勤番が記されていないだけなのかもしれないが、「加番」という表現からすれば、御免勧化の期限終盤を迎えるとともに、祇園会も一段落して、駆け込みで奉加金を持参する人が増えることが予想される時期のため、繁忙期の臨時増員と見たほうがいいかもしれない。

明和五年（一七六八）には、「祇園社内の「本願」に集まるよう要請している。[51]この時の用件は「御修理之義」とあるから、祇園社の修復勧化のことであろう。[52]鉾町の人びとを招集したのは祇園社中であり、「本願」は会場にすぎない。その後は、姉小路神明などを会場に鉾町の年寄が集まって「祇園造作」について何度も話し合っている。[53]三月二八日に「十四か山御町年寄」に対して「外聞」「世上風説」を持ち出して最後の一押しをしたのは、本願ではなく祇園社の松坊や社代の山本主計であった。[54]その結果、鉾町が祇園社の西門と南門の修復を引き受けることになった。[55]南門が完成した五月の寄合とお披露目の会場が「本願」ではあったが、[56]この過程で本願が主体的に関わることは一切なかった。

また、明和九年（一七七二）三月九日のこと、江戸勧化所の家主であった「丸や宇左衛門」が祇園社を訪れた。宇左衛門の用向きとは「先達而隼人出府候節宿代掛り廿五両三分貸有之候、此節いつれと成りと形付くれ候様」との催促であった。[57]社代山本隼人による予想外の借金に、急遽寄り合いを開いた社代たちは「一通り断り申遣様」と主計に申し伝えたという。この一件は、江戸の勧化所とのやりとりや、江戸での交渉などを行っていたのが社代山本隼人であり、その借金の対応を上河原氏や山本主計らが議論していることから、江戸勧化所の経営は社代が中心になって行っていたことを示している。

以上のことから、御免勧化にあたっては、祇園社・江戸とも勧化所の運営の中心にあったのは社代であり、本願の関与はほとんど見られないということが明らかになる。とすれば、御免勧化で集められた金銭の使途を決定するのも、社代たちにほかならないということになろう。

御免勧化の期限が終わろうかという明和三年（一七六六）八月七日のこと、勧化銀を基金とする「貸附金」の計画が持ち上がる。[58]計画を主導した「主計」なる人物は、【史料7】にも奥判をしている社代の山本主計であった。①「社僧之一老、私共幷役者共」と社僧や社代らが中心となって運用し、②焦げ付きの危険を最小限に抑えるために融資対象者は祇園社境内に限定することを原則とし、「慥成義」であれば債務者が居住する町年寄か庄屋の印形のうえで貸し付け、③利息は「壱歩ゟ壱歩三朱」とし相対で決定する。④祇園町にある社中所持の家を「貸附対談所」とする。⑤京都内に限定する行為なので関東（寺社奉行）には知らせない。以上が主計らの提案であった。

その後も、明和九年（一七七二）三月二三日にも奉行所に勧化銀の貸付実施を申請している。[59]明和期に祇園社本殿と楼門の修復が行われ、遷宮が実施されているのは間違いないのだが、修復を名目に勧化で集めた銀子は、全額が修復に使用されたわけではなかったようである。

なお、御免勧化とは直接関わるわけではないが、明和九年（一七七二）には「講之義」について「年寄・組・古老」を本願で「申達」している。[60]ここでも、根回しや実際の「申達」をしたのは社代の上河原氏らであり、本願は打ち合わせや「吸物等」を出す接待の場として使われたにすぎない。門前の年寄や古老などを中心に組織された講は、祇園社の経済的支援を目的としたものであろう。

以上のことから、一八世紀において、御免勧化や講組織をもとにした経済の全般は、本願ではなく社代が掌握していたということができよう。

御免勧化にも関与せず、日常的な勧進も「同宿」が自立的に遂行している状態であれば、本願住持の存在は必ずしも必要ではない。実際、明和期の本願泰賢以前は長期間にわたって不在だったこともあるようだ[61]。また、「同宿」も【史料5】に勧進の実務に関わる者が「常ニ本願ニハ居不申候」という状態で、御免勧化にあたっては別に勧化所が設けられていたとすれば、本願という施設を維持する意義も自明ではなくなってくる。本願住持という人、そして施設の存在意義は奈辺にあったのだろうか。

おそらく、修理料という祇園社全体の維持管理に関わる基金を管理するために、中立的、第三者的な存在として外部から招聘された、一代限りの住僧が必要とされたのであろう。無論、実際には完全な中立などではあり得なかったとしても、組織のタテマエとしてである。そして、そうした住僧が居住する場としての本願は、祇園社全体の公共的空間として利用されていた。日記を繙いてみると、本願が寄り合いの場となっているのもしばしばであるし、そこで蕎麦や酒肴が振る舞われることも少なくない[62]。

こうして見たとき、史料に「本願」と記されていても、その指し示している対象は文脈によって必ずしも一定ではないということができよう。本章に即していえば、祇園社内にある「本願」と称する施設、すなわち、①施設としての本願、②その施設の代表者である人としての本願住持、③本願を拠り所として祇園社修理費等を集めるという目的を達成するための機能集団としての本願、①～③を合わせた④いわば〝法人〟としての本願の、大きく四つである。祇園社では、①の施設としての本願は一貫して存在するが、②の本願住持は不在の期間もあり、その祇園社内での位置づけも中世と近世以降では異なっている。今後は、こうした多様な「本願」を混同することなく、意識的に区別し、「本願」の存廃や寺社内での位置づけを論じなければ、無用な混乱を生じることにもなりかねないであろう。

## 五　一八世紀の祇園社と本願

ここまで一八世紀の本願について見てきた。本願が抱える勧進組織は、祇園社の社代によって事実上掌握された状態であり、御免勧化も社代によって実施されている点に鑑みて、本願の住持が独自の経済基盤や組織を持つ余地はほとんどなかったといっていい。

本来、境内施設の修復を担っていたはずの本願の地位が後退したのは何故であろうか。これまでは、幕府の政策により一七世紀に多くの本願が訴訟のなかで排斥されていくといわれていたが、祇園社に関する限り、本願と祇園社で訴訟が行われた形跡はない。しかしながら下坂が指摘[63]しているとおり、社殿前での勧進聖による杓振りが消えていくように、一七世紀に本願と祇園社の関係は大きく変容しているのも事実である。

本節では、先行研究による一七世紀までの祇園社本願についての研究蓄積と、一八世紀を対象とした本章を繋ぐ見通しを述べておきたい。

文正元年（一四六六）に焼失した祇園社本殿の再建にむけて、本願となって勧進を行ったのは徳阿弥という十穀聖であった。文亀二年（一五〇二）九月九日付の室町幕府奉行人連署奉書案には「祇園社本願徳阿・同宿弥阿弥」と記されており、本願の初期段階において既に、本願の徳阿弥とともに「同宿」と名乗る勧進活動の協力者が存在していたことは間違いない[64]。むしろ、徳阿弥による祇園社本殿の復興を可能ならしめたのは、かかる徳阿の活動を下支えする広範な勧進組織の存在があったからとみるのが普通であろう。

しかし、天正七年（一五七九）になると村井貞勝が「号祇園社勧進、猥徘徊之輩」がいることを「曲事」と断じ、

「本願一人」での勧進を「祇園本願房」に命じている。[65]「祇園社勧進」を詐称する偽勧進を規制するためであれば、「本願一人」での勧進まで命じる必要はなく、これが「祇園社本願房」に宛てて出されていることをふまえれば、「祇園社勧進」と称して勧進を行っていた「同宿」の存在を否定したものと考えられ、[66]この段階で本願住持による「同宿」支配は制限されていたのであろう。

それから間もない天正一五年（一五八七）には、祇園執行宝寿院祐雅が「祇園神前之御番、毎年六月・七月・八月・十月・霜月合五ヶ月之御番参銭」を宝寿院が進退しており、宿坊の梅坊に代官を申し付けていたとある。[67]この宝寿院の主張を信じるならば、それ以前から祇園社前での番・「守・牛王（玉）札売銭飯米」などは月別で管理され、五ヶ月まで祇園社執行が権利を持っていたことになる。下坂が、絵画史料から祇園社本殿横に「杓振り」の小屋が存在していたことを指摘しているが、[68]少なくとも天正期以降は執行らが月ごとに管理するところとなっており、「めぐりめぐって守り札の発売所になっていた」という江戸時代の「小屋」[69]は、既に本願の関与するものではなくなっていた可能性が高い。

本願に代わり、社代がいつどのように「同宿」補任の宛文に奥判を据えることで間接的に掌握していったのか明らかにできなかったが、天正一七年（一五八九）に本願であった秀仙が「補任料六石」のところ「参石弐斗」だけを納め、残りを「御ふち」として「御用捨」を願い、[70]さらに慶長一二年（一六〇七）に「弟子ゆつりにハならす候事尤ニ御座候」と秀仙が本願の弟子譲りを否定していることは注意が必要であろう。この段階で、本願は自立を否定されて祇園社側の「御ふち」（実際には補任料の減免措置）によって存在が許されたものとして、風下に立つことを余儀なくされたのではないだろうか。そしてこれ以降、本願の補任料は三石二斗が定額化していくのである。

以上のことから、勧進の実務を担っていた「同宿」が事実上本願から社代による支配に移行し、本願が本殿前での「杓振り」小屋などの勧進から撤退していくようになったのも、この天正七年（一五七九）に「本願一人」での勧進を命じられてから、同一七年に秀仙が入る頃のことであろう。

正保三年（一六四六）に火災で焼失した祇園社本殿は、承応三年（一六五四）に再建される。その再建の間にあたる慶安元年（一六四八）に、本願となった圓眞が祇園社執行から「仰付」をうけて遵守を約束したものが次の文書である。

【史料10[71]】

被仰付候通心得存候状之事

一勧進柄杓之儀、　周防守様被仰付候、御意のことく箱の上ニ置可申、礼堂へ指出しふらせ申間敷候事

一諸勧進前々より如有来可仕候、何事ニ付ても、新儀成勧進以下、御理も不申入、私として仕間敷候事

一本願役儀社法等、前々より如有来相勤可申候、少も違乱仕間敷候事

右条々於相背者、可被成御改易候、其時一言之儀申間敷候、仍為後日状如件

慶安元年　　　祇園本願

五月廿二日　　　圓眞判

山田民部卿

請人　栄盛判

執行様

御同宿中

二条目・三条目は既に【史料2】と基本的な要素は同じであり、「諸勧進前々より如有来可仕候」という条項も

【史料2】に即して読めば、「同宿」に対して新儀は命じないと理解でき、本願住持による「同宿」支配に制限がかけられていることはうかがえる。何より注目すべきは第一条目であり、本殿復興過程にあって最も積極的に勧進活動を行う必要があったはずの時期に、柄杓を振っての募財が禁じられている。想像をたくましくすれば、柄杓を差し出して参詣者に奉加を乞うという、それまで勧進聖にとって一般的だった「杓振り」という手段を放棄せしめても問題ない程度に、本願への経済的依存度は低下していたということだったのであろう。そして、承応三年（一六五四）に祇園社が無事に復興を遂げたことで、決定的に本願の存在価値は低下した。

京都所司代板倉周防（重宗）の「仰付」とあることから、こうした決定にあって公儀権力の関与も想定できる。【史料5】の「前代御公儀ゟ之御許状」というのも、現状で確認することはできないが、こうした過程で「公儀」を背景にした祇園社による本願の活動に対する許容範囲が確定していったのではないだろうか。

## おわりに

ここまで本願と「同宿」・修験者の動向について不十分ながら見てきたところである。ひとつの象徴的な事態がある。祇園社西門前にかつて「疫伏社」と称する神社があった。これは、かつて「山伏社」と呼ばれて修験者の浄蔵を祀るなどといわれ、境内には法螺貝などの絵馬が奉納されていたという[72]。興味深いのは、貞享二年（一六八五）に奉行所に提出された「祇園境内覚」において、祇園社の摂末社を四〇社と届けた件についての記述である。『諸事覚書』では、「祇園境内覚」の文面を書き留めたあとに「根本末社ハ三十九社」であり、社代の「山本方持ヤマブシノ宮ハ末社ノ外」だが、「社数寺数委細御尋」のため一括で届けたにすぎないという認識を付記している[73]。

山伏社は本来なら祇園社の末社に含まれないという認識があったことになり、祇園社の多くの摂社・末社とは起源を異にしていたことを示している。

疫伏社、あるいは山伏社について、近世初頭の信仰形態を明らかにしうる史料は管見の限り見出せていないが、その名称や修験者ゆかりのものを奉納していた事実から推すと、祇園社とは別に、その周辺を活動の場としていた修験者たちの拠点であった可能性も否定できまい。この推測が許されるとすれば、祇園社に集う修験者の拠り所であった「山伏社」が社代の「山本方持」となり、社名も「疫伏」という祇園社に相応しい神格に変容していったのは、「同宿」が社代を介して祇園社組織に取り込まれていく過程と連動していたのではないだろうか。

**註**

（1）豊島修「寺社造営勧進「本願」研究の現状と課題」（豊島修・木場明志編『寺社造営勧進本願職の研究』清文堂出版、二〇一〇年）。

（2）吉井敏幸「近世初期一山寺院の寺僧集団」（『日本史研究』二六六号、一九八四年三月）、菊池武「神仏習合――諸社に於ける本願と社家の出入をめぐって――」（『地方史研究』三七巻二号、一九八七年四月）。

（3）下坂守「中世的「勧進」の変質過程――清水寺における「本願」出現の契機をめぐって――」（同『描かれた日本の中世――絵図分析論――』法藏館、二〇〇三年）。

（4）太田直之『中世の社寺と信仰――勧進と勧進聖の時代――』（弘文堂、二〇〇八年）、大高康正『参詣曼荼羅の研究』（岩田書院、二〇一二年）、拙著『近世勧進の研究――京都の民間宗教者――』（法藏館、二〇一一年）。

（5）前掲豊島・木場編著。

（6）加藤基樹「祇園社本願の基礎的研究――本願とその組織――」（前掲豊島・木場編著）。

（7）五来重「本願と比丘尼」（『五来重宗教民俗集成　3　異端の放浪者たち』角川書店、一九九五年）。

（8）豊島修『熊野信仰と修験道』（名著出版、一九九〇年）、同『熊野信仰史研究と庶民信仰史論』（清文堂出版、二〇〇五年）、根井浄『補陀落渡海史』（法藏館、二〇〇一年、のち改訂して『改訂版　補陀落渡海史』法藏館、二〇〇八年）、山本殖生「熊野本願聖の巡歴――中世末期の断片的足跡から――」（巡礼研究会編『巡礼論集』第一巻「巡礼研究の可能性」岩田書院、二〇〇〇年）。

（9）前掲大高書、祐川恵理「近江国多賀社本願の成立と展開」（前掲豊島・木場編著所収）。

（10）同じ寺坊に住む僧侶のことを同宿と呼ぶ場合もあり、こうした普通名詞としての同宿との混同を避けるため、祇園社などの寺院組織内において勧進等を担当する特定集団を指す「同宿」については、括弧書きで表記する。

（11）前掲加藤論文、一三二頁。

（12）前掲加藤論文、一三〇頁。

（13）下坂守「中世京都・東山の風景――祇園社境内の景観とその変貌をめぐって――」（松本郁代・出光佐千子編『風俗絵画の文化学――都市をうつすメディア――』思文閣出版、二〇〇九年）。

（14）杣田善雄「元禄の東大寺大仏殿再興と綱吉政権」（同『幕藩権力と寺院・門跡』思文閣出版、二〇〇三年）、前掲拙著、三六九頁。

（15）前掲加藤論文、一三二頁。

（16）上河原雄吉家文書（京都市歴史資料館架蔵写真帳）には、元禄三年、明和三年・四年・七年・九年、明治一〇年の日記と延宝二年・七年、元禄四年の諸事覚書などがある。以下、同文書群については所蔵を略し、文書名と京都市歴史資料館による整理番号のみを記す。

（17）上河原雄吉家文書D-2『諸事覚書』「元禄二己巳年十二月三日養存本願入寺」条。

（18）前掲加藤論文、一三四頁。

（19）上河原雄吉家文書D-2『諸事覚書』「元禄二己巳年十二月三日養存本願入寺」条。

（20）『同右』「元禄二己巳年十二月三日養存本願入寺」条（傍線は村上）。

（21）上河原雄吉家文書D-2『諸事覚書』。

(22)「八坂神社古文書之写」(『新編八坂神社記録』臨川書店、二〇一六年、三一五頁)には、年未詳ながら本願の浄満以後「可然仁躰」がいなかったので、「同宿中為五人致其賄候」とある。ここでは、「本願代留守」として明阿弥が仰せ付けられたので、同心することを春蔵ら五名が署名している。この五名が「同宿」であると思われるが、五人のうちでただ一人だけ花押(写しなので花押影)がないのが「明阿」である。この明阿が、「久奉公之仁」であることを理由に「本願代留守」に任じられた「明阿弥」であるとすれば、「同宿」は本願に代わりうる存在として祇園社からの信頼を勝ち得ていたことになる。

(23)上河原雄吉家文書D-2『諸事覚書』「元禄二己巳年十二月三日養存本願入寺」条。

(24)前掲加藤論文、一三六頁。

(25)上河原雄吉家文書D-2『諸事覚書』。

(26)清水寺史編纂委員会編『清水寺史』第二巻「通史(下)」(音羽山清水寺、一九九七年)第二章第四節「御影札配りと仏餉米」(下坂守執筆)、拙稿「近世寺社と「勧進」に関する覚書――仏餉取を中心に――」(前掲拙著所収)。

(27)官幣大社八坂神社社務所『増補　八坂神社文書』(臨川書店、一九三九年)上巻一二五四号。

(28)前掲加藤論文、一三四頁。

(29)上河原雄吉家文書D-2『諸事覚書』。

(30)「此尋ノ根源子細ハ不及記」と旗本からの照会があった理由については記されていないが、天和三年(一六八三)は官途名の使用や帯刀が幕府から制限された年であることから、彼らが「石見」などの国名を名乗っていたことなどが問題になったものと思われる。

(31)上河原雄吉家文書D-8「日記」明和七年六月一三日条。

(32)上河原雄吉家文書D-5「日記」明和三年九月一二日条。

(33)前掲加藤論文、一三四頁。

(34)上河原雄吉家文書D-10「日記」明和九年二月一七日条。

(35)前掲加藤論文、一三〇頁。

(36) 前掲加藤論文、一三二頁。
(37) 「祇園社記」雑纂第一〇（『増補続史料大成　八坂神社記録四』臨川書店、一九六一年、二三四頁）。
(38) 前掲加藤論文、一三三頁。
(39) こうした祇園社の「同宿」の一部が修験者を兼ねていることは、一八世紀後半でも見られたようで、「日記」（上河原雄吉家文書D-8）の明和七年（一七七〇）七月一日条に「本願年寄大二」が「盆前ゟ大峯山上仕度」と申し入れている。
(40) 前掲加藤論文、一三四頁。甲賀市史編さん委員会編『甲賀市史』第三巻「道・町・村の江戸時代」（甲賀市、二〇一四年）第三章五節「甲賀の修験と山伏」（長峰透執筆）においても、「祇園社本願成就院」を中心に、伊勢朝熊普明院にも関係を持っていた修験の家や、祇園社と愛宕社に両属していた例があったことが紹介されている。
(41) 【史料6】の「甲賀郡新宮上野村」も飯道山に近く、「石見・新蔵」も修験者であったのかもしれない。
(42) 満田良順「飯道山の修験道」（五来重編『近畿霊山と修験道』名著出版、一九七八年）。
(43) 前掲拙稿「近世寺社と「勧進」に関する覚書」。
(44) 京都町触研究会編『京都町触集成』別巻一（岩波書店、一九八八年）。
(45) 福寿の名は明和期にも見えている。同一人物の可能性も否定できないのだが、他にも名前が長期間にわたって登場する場合がある。ここでは、別人物で「同宿」内で名称が継承されている可能性を指摘しておきたい。
(46) 「清水寺文書」（清水寺史編纂委員会編『清水寺史』第三巻「史料」音羽山清水寺、二〇〇〇年、一七二頁）。なお、残る一二名の清水寺仏餉には祇園社の「同宿」と重なる名前を見出せなかった。
(47) 典拠を確認できていないのだが、八坂神社編『八坂神社〈改訂新版〉』（学生社、一九九七年）には、境内末社の蛭子社は「もと千本の西、蛸薬師の南、夷森にあり、西宮と称した」といわれているという。夷森の西宮といえば、近世の聖護院派富士垢離たちが拠点としていた壬生の今西宮社であろう。境内の夷社は「祇園社記」第一九（『増補続史料大成　八坂神社記録三』臨川書店、一九七八年）所収の天正一九年八月一七日付文書で見えており、疑問とせざるを得ないが、こうした言説が生まれる背景に祇園社「同宿」と清水寺の仏餉でもあった壬生山伏との交流があった可能性も指摘しておきたい。

(48) 総本山知恩院史料編纂所編『知恩院史料集　日鑑・書翰篇一八』（総本山知恩院史料編纂所、二〇〇三年、三三〇頁）元文三年三月二五日条に失火の記事が見えている。

(49) 京都町触研究会編『京都町触集成』第四巻（岩波書店、一九八四年）一三二七号（以下、『京都町触集成』については、『京都町触集成』巻四―一三二七などと略記する）。

(50) 上河原雄吉家文書D-5「日記」明和三年七月一日条。

(51) 『京都町触集成』巻四―一七一九。

(52) 『京都町触集成』巻四―一七一九の本願への参集を要請した際には用件を記していないが、正月二五日に「御修理之義相調候様ニ相談有之候得共、今日相談不相調」として二月五日に再度の参集を求めている（『京都町触集成』巻四―一七二二）。

(53) 『京都町触集成』巻四―一七二七、一七三六、一七四二、一七五四、一七七六。

(54) 『京都町触集成』巻四―一七七八、一七七九。

(55) 『京都町触集成』巻四―一七八一、一七八二、一七八三、一七八四～八六、一七九二、一七九九～一八〇〇、一八〇八。

(56) 『京都町触集成』巻四―一八一八。

(57) 上河原雄吉家文書D-10「日記」明和九年三月六日条。

(58) 上河原雄吉家文書D-5「日記」明和三年八月七日条。

(59) 上河原雄吉家文書D-10「日記」明和九年三月二三日条。

(60) 上河原雄吉家文書D-10「日記」明和九年二月五日条で、社代が本願に年寄・古老を呼び寄せ「明後七日」の「講之義」についてあらかじめ伝えておき、同二月七日条で「先達而相願置候講義」について「申達」している。

(61) 上河原雄吉家文書D-8「日記」明和七年七月三日条に、本願泰賢が「所労」を理由に祇園会行列供奉を辞退したため、「本願同宿年寄」の福寿に前例を尋ねたところ「三十六年以来前住所労之節ハ、右大蔵殿申渡行列斗ニ年寄共本願之代リニ相勤候由、夫ゟ前無住之事」とある。

(62) 上河原雄吉家文書D-17「諸事覚書」によれば、祇園社八大王子の神輿の轅四本が祇園社に「常置」されていたが、神事の際に轅は「本願方」で受け取ることになっていた。なお、祇園社のほか、松尾社も本願があった場所が現在、社務所となっている。近世から一足飛びに現状に繋げて論じることはできないが、廃仏毀釈後の神社境内と施設利用について、前近代的空間との連続性についても検討する必要があろう。

(63) 前掲下坂論文。

(64)『新修八坂神社文書　中世篇』（臨川書店、二〇〇二年）一四二号、一四三号。

(65)『祇園社記』第二一（『増補続史料大成　八坂神社記録三』臨川書店、一九七八年）。

(66) 同年に信長は安土宗論を行い、翌年には貴賤の信仰を集めていた無辺という修験者が信長によって処罰されている。村井貞勝が本願に単独での勧進を強制した背景には、信長の意向があったのではないだろうか。

(67) 早稲田大学所蔵「祇園社文書」二〇三号（早稲田大学図書館編『早稲田大学所蔵荻野研究室収集文書』上巻、吉川弘文館、一九七八年）。

(68) 前掲下坂論文「中世京都・東山の風景」、五五頁。

(69) 前掲下坂論文「中世京都・東山の風景」、五九頁。

(70)『祇園社記』第二一（『増補続史料大成　八坂神社記録三』臨川書店、一九七八年）。

(71)『同右』。なお、宛所の「御同宿中」は脇付であり、「本願同宿」ではない。

(72)『雍州府志』巻二「神社門上」（新修京都叢書刊行会編『新修京都叢書』第一〇巻、臨川書店、一九六八年）。

(73) 上河原雄吉家文書D-2「諸事覚書」。

# 第四章　一九世紀京都近郊の神社と神人
## ――日向神明社にみる――

## はじめに

前章では、祇園社で勧進活動を行っていた本願について論じ、同宿と呼ばれる存在が京都のみならず、近江まで広く勧進・配札を行っていたことを明らかにした。そこでは既存の勧進組織が再編を遂げながら、祇園社というブランド力を背景に広く活動をしていたことが浮き彫りになったが、祇園社ほどの知名度があるわけではなく、十分な勧進組織を持たない中小規模の寺社は、どのような経営をしていたのであろうか。

本章では、京都の日向《ひむかい》神明社という京都近郊の神社を対象とし、個別事例から見えてくる姿を通して、個々の神社と宗教者についての固有の背景を可能な限り明らかにしてみたい。こうした個別神社のモノグラフから、大社寺を通して論じられた組織論や権力による宗教政策論とは異なる、一九世紀の都市における宗教動向の一断面を浮かび上がらせることを試みたい。

ここで取り上げる日向神明社は、日向大神宮、日向神明宮、あるいは所在地名を冠して夷谷神明、粟田口神明、日御山《ひのみやま》神明などとも呼ばれている(1)。これらの名称からも明らかなように京都の粟田口、日ノ岡峠の付近に所在しており、東海道に繋がる三条大橋の東からほど近い場所である。明治七年（一八七四）段階で「氏子無御座候」「信徒拾八戸」とあり、[2]氏子や恒常的に神社を支えるような「信徒」の組織は脆弱であった。こうした寺社の存立を支えた存在として、多様な宗教者への着目と実態解明が進んでいる。また、青柳周一は、氏子等を持たない神社が観光客を誘引する手段として名所化をとげていくことを指摘している。[3]本章でもこうした先行研究を手がかりとして、日向神明社の動向を詳しく見ていくことにしたい。

当社については、中世の伊勢信仰とのかかわりで注目されており、萩原龍夫や瀬田勝哉がその成立期について論じている。[4]享徳元年（一四五二）の神祇官解に「粟田口神明者、非　公武之御願、非人臣之勧請、偏為唱門士等巧」[5]とあり、中世後期に伊勢信仰の隆盛とともに神明社を勧請することが流行するなか、「唱門士」が建立したもので、卜部兼孝が棚守職と称していたことなどが、先行研究により明らかにされている。しかし、これらの研究の関心は中世期における伊勢信仰の流行を解明することにあり、その結果として、建立された神社が近世以降どうなっていくかについては言及されていない。後述するように、近世初頭における伊勢の野呂宗光による再興までは、戦国期の戦乱で衰退していたようであり、中世のありようがそのまま近世まで続いていたわけではない。

また、近世の当社には、所属する「神人」がいた。このことは、『史料京都の歴史』第一一巻「山科区」所載の「日向大神宮文書」解題において指摘されているが、「神人そのものの組織については、これからの研究を待たねばならないが、京都市中の商人等が当社の神人になるについ（ママ）て請書を提出している」とあるように、その実態解明は今後の研究に委ねられている。

これまで「神人」といえば、神社へ奉仕するかわりに商業の特権を認められていた存在として、中世商業史や社会史研究のなかで注目されてきた。[6]その一方で、中世段階で商業史上の役割を終え、公家や寺社によって設定されていた特権商業が織豊期に否定されたとみられ、[7]近世「神人」についての研究は多くない。稲葉伸道は、網野善彦が神仏などの聖なるものに直結する神人が南北朝の内乱により没落していくと論じたことをうけ、足利義持が神人の強訴に対し「神人責め殺すべし」と述べたことを挙げて「神人の聖性が完全に失墜した事例」とし、「神人・寄人・供御人のなかでも神人の地位の低下はもっとも激しかった」と指摘する。[8] しかし、「神人」が中世に歴史的役割を終えていたとすれば、あるいは稲葉がいうように中世後期に「神人」の地位が著しく低下したとすれば、なぜ近世に再興された神社に「神人」が出現するのだろうか。

三枝暁子は北野社の西京神人について、近世に酒麴役にかかる特権を喪失すると、北野社からの「補任」をうけ、「装束」を着用する「神職としての近世神人」となっていくとした。[9] また、春日社神人については村岡幹生が、門付祈禱や能などの芸能者となっていく様子について明らかにしている。いずれも中世との連続性でとらえられており、両者とも寛延三年（一七五〇）の多田義俊による随筆『南嶺子』を引用し、「庶民の祈禱」に関与する「神人」の姿に言及する。こうした「神人」の宗教者・芸能者としての側面が近世に顕著になるのであれば、それは近世「神人」固有の問題として論じるべき重要な視点ではあろう。しかし、両者が参照する『南嶺子』をよく読めば、ここで言及されているのは「近年」出現した「神道者」のことであり、中世との連続性を持つような「神人」ではないことが明らかで、中世の「神人」が近世に宗教者としての側面を強めていくとは読むことはできない。[10] 三枝のように「祈禱する神職としての「神人」が近世「神人」の一般的存在形態であった」ことを論証するには、むしろ近世に出現する「神人」と呼ばれる存在に着目したほうが有効であっただろう。

こうした点から、中世・近世の間に断絶がある日向神明社において、登場が近世まで下る「神人」を見ていくことは、いまだ実態が十分に明らかになっていない近世「神人」を理解するうえで有効であると考えられる。そこで、本章では近世後期の神社による「神人」出現の背景について、近世都市京都と神社・宗教者の関係から検討したい。

## 一　神主の交代劇

中世における日向神明社の景観は明らかではないが、貞享元年（一六八四）の地誌『菟藝泥赴』に「外宮内宮などのさまかたちばかりうつせり」とあるように、[11]一七世紀の時点では神明社の名にふさわしく、内宮・外宮と呼ばれる二つの社殿を持っていた。

この日向神明社について、寛文七年（一六六七）刊行の京都地誌『京童跡追』には、「慶長十九年甲寅の年九月朔日霊夢によりて。伊勢太神宮をうつし奉る」とし、「其比の神職左衛門尉宗光と云」としている。[12]黒川道祐による貞享三年（一六八六）刊の地誌『雍州府志』には、慶長のことではなく「寛永年中伊勢人野呂左衛門尉宗光、蟄居此山下、一旦得神託再興之」と記している。[13]

慶長から寛永と時期に整合しない部分はあるが、一七世紀前半に伊勢出身の「野呂」氏が神社を再興していたことが伝えられていたことがわかる。なお、元和四年（一六一八）の時点で既に「粟田口辺神明之社」で乱舞の興行が行われている。[14]寛永元年（一六二四）には神龍院梵舜が粟田口神明に代参をさせており、[15]翌年には土御門泰重も粟田口神明社に参詣している。[16]これらの事実からいえば、神明社の野呂家による再興は、『雍州府志』が伝えるような「寛永」とは考えられず、『京童跡追』がいう慶長期までさかのぼる可能性が高い。いずれにしても、それ以降の日向神明社は、一八世紀後半まで野呂氏が代々、神社の神主として社務を取り仕切っていったのである。

黒川道祐は過去に当社で神職の野呂氏から話を聞いていたようで、日ノ岡の地名が神明社に由来するという話を「神明ノ社司野呂氏ノ人予ニ話セリ」と『近畿歴覧記』に記している。[17]ただし、黒川は「然レトモ附会ノ説ト覚

図１　蹴上周辺の景観
画面左に日向神明社への参詣道

ユ」と眉にツバをつけるのを忘れてはいない。

　北村季吟が貞享元年（一六八四）に記した『菟藝泥赴』には、「粟田口の神明とて東岩倉の東南にある伊勢の何太夫とか云しもの瑞有て勧請せり」とある。[18]『雍州府志』などでは、野呂宗光について伊勢山田出身と語るのみだったが、北村季吟は「伊勢の何太夫とか云しもの」と記し、彼が伊勢の御師であったことを示唆している。黒川道祐が『雍州府志』を記したのとほぼ時を同じくして成立しているが、『雍州府志』と異なるのは、『菟藝泥赴』が板本として公刊されたものではなく、写本として伝わったものであるということだ。あるいは、野呂の出自を伊勢御師と見なす言説は公言するのは憚られ、公刊されないものだから自由に書き留められたのかもしれない。

　しかし野呂氏による日向神明社経営は、一八世紀後半には次第に動揺をし始めていた。宝暦一〇年（一七六〇）から翌年にかけ、野呂采女は神明社への参道拡幅や、三条通からよく見える場所に石灯籠の建立を青蓮院に願い出ている。(19) ここでいう三条通は東海道であり、当社が存在する蹴上《けあげ》は伊勢参宮や江戸下向などで京都を離れる人が道中の安全を祈って酒宴をしたり、京都に帰る旅人を町中の人が出迎えて帰還を祝う「酒迎え（坂迎え）」を行う場所である（図1）。つまり、こうした場所で相次いで進められた参詣道の整備や石灯籠の設置は、神社の存在を周知させる広告塔とアクセス向上のための整備ということができる。野呂采女は如何なる事情かは明らかではないが、この頃に参詣客を増加させるための努力を始めていたことを想像することができる。その梃子入れ策として、明和八年（一七七一）三月には社蔵の恵美須像と神宝の開帳も実施していた。(20) 御陰参りによる神明社への関心の高まりに呼応する動きとみることも不可能ではないが、懸命な取り組みの背景には、何らかの事情による神明社の経済的な危機があったのであろう。こうしたなか、安永八年（一七七九）には当社を再興したとされる野呂宗光の事跡を刻んだ石碑「御日山神宮碑文」が境内に建立されているが、これは野呂氏体制が危機的な状況にあったことの裏返しであるとみることも可能であろう。

こうした状況打開に向けての野呂氏の懸命な努力は、残念ながら奏功することはなかったようである。そのことを物語るのが次の史料である。

【史料1】(21)

（端裏書）「先神主野呂式部吉田へ差出し候扣之写」

奉願口上書

一私義乍病身追々療養仕神役相勤来候得共、近年段々多病ニ相成、就右者乍恐諸事入用等多く、全体不如意之上、勝手向差支難渋仕候処、　御社頭向次第ニ御破損強ク相成申候ニ付而者可相成者出情仕御修復を加江申度心懸ケ申候得共、多病ニ相成、右等之掛合も出来不申、乍心外徒ニ罷過候処至て大破に及ひ

神慮之程奉恐候得共、社徳も無御座候得者何を以可奉修理様も無之、私儀者前段之通多病ニ罷成所詮致方も無御座候ニ付、奉恐入候儀ニ御座候へ共、　御社之儀者　御本所様江差上ケ、私儀者職分奉蒙　御免、悴共召連退身仕度奉願候、且先年ゟ伝来候野呂家之儀ニ候得者、先祖へたいし何共歎ヶしく奉存候、此儀何卒跡役之仁江野呂家名御名乗らし可被下候様、一重奉願上候、右之段御聞済被下候ハヽ、本人者不及申、親類共一統難有仕合奉存候、何分　御憐愍ヲ以、願之通首尾能　御聞済被下置候様、宜御沙汰可被下候、以上

寛政四年子六月

山城国愛宕郡蛭子谷
神明神主
野呂式部　印
親類
同国南山城平尾村
薄勘解由　印
同
京下川原菊水町
石井玄仲　印
粟田領東町
西村平三郎　印

御本所様
御役人中様

ここでは、神主野呂式部の「多病」が主たる理由として挙げられてはいるが、他の理由――例えば、四年前の天明の大火による京都都市住民の疲弊も信徒組織の弱体化をもたらした可能性がある。いずれにせよ、「諸事入用等多く、全体不如意」という経済的な困難により、「御社頭向次第ニ御破損」しているにもかかわらず、思うように修復ができずにいることが語られる。そうしたなかで野呂式部が下した結論は、「私儀者職分奉蒙　御免、悴共召連退身仕度」と神主職を吉田家に返上するというものであった。この寛政四年（一七九二）をもって、野呂式部は神社再建を断念したということになる。翌七月二九日に、野呂式部は家族を連れて日向神明社を立ち退いた。その際、次のように野呂家は吉田家神主職とともに社頭・境内など一切の財産を差し出している。

【史料2[22]】

一禁裏御料日野岡村之内
　字名一才経谷　山壱ヶ所同道共右三条通り廿四間よけて三町斗御座候　年貢高壱石五斗
一粟田料之内
　入口道之間口四間奥行弐拾四間　年貢高六升五合
外ニ五合五勺　粟田料之内　青蓮院様御内鳥居小路氏分
一禁裏御料御陵村
　字名すりばち谷　山壱ヶ所　年貢高四升五合
　右者買持山ニ而御座候
右之通御座候、尤　御社以下建物等之儀者例年町奉行所江書上候趣を以、相認候得共　御社
御内陣奉始諸建物甚及大破、且　神宝紛失之品も有之、重々奉恐候御儀御座候得共、可致様も無御座候間、
幾重ニも　御憐愍之程奉願上候

一私儀病身ニ付所詮　神役も難相勤　御社頭段々大破ニ相成、対　神慮奉恐入候ニ付、家族共召連退身仕度旨奉願候処、　御聞済被下置難有仕合奉存候、依之今日　御社頭始御境内、配札之ヶ所、講中等迄乍恐　御本所様へ指上相退候上者、向後如何様之儀有之候共相構候筋毛頭無御座候、勿論親類幷平三良等数応熟談之上、右之通御願申上候儀ニ付、自他之差障少も無御座候、仍而為後証如件

山城国愛宕郡蛭子谷

寛政四年子七月廿九日

神明神主　野呂式部　印

親類

同国南山城平尾村

薄勘解由　印

同

京下川原菊水町

石井玄仲　印

粟田領東町

西村平三郎　印

御本所様

御役人中様

退いた野呂式部から、吉田家がいったん預かったかたちになった神明社の神主職は、同年の一一月に吉田家から中津河氏に与えられた。

【史料3】[23]
「相続之節小堀へ差出ス扣」（端裏書）

口上覚

一城刕山科郷蛭子谷神明宮神主是迄野呂式部与申者相勤来候処、依多病社役難相勤去七月吉田家江相願社頭一式買得地等吉田家江差出、右式部一類不残退山仕候、右跡職之儀今度私江可相勤旨吉田家ゟ被申渡　社頭一式買得地等式部ゟ差出置候書付之趣を以、不残如已前私江被相渡、自今社役如旧例可相勤之旨被申渡候、且右ニ付常帯刀仕候、此段　御奉行所江御届之儀相済候ニ付、此等之趣御届申上候、以上

城刕山科郷蛭子谷
神明宮神主
中津河斎司　印

寛政四年子十一月

内藤重三郎様
小堀縫殿様

【史料2】を見ると、中津河氏が神主職を引き継いだ時点では「御内陣奉始諸建物甚及大破」「御社頭段々大破」という状態で、かなり荒廃していた様子がうかがえる。しかも、「神宝紛失之品も有之」というありさまであった。かかる状態の神社を、如何に再興していくかが中津河氏の最初の課題であった。

新しく神主となった中津河氏は、内蔵寮所属の地下官人であった[24]。宮廷儀礼に関わるうえでの必要性があったのか白川家の門人となっていたから[25]、神道儀礼についての知識はあったようだが、神社経営の経験があったかどうかはわからない。あるいは天明の大火による内裏焼亡をうけて、新たな収入の道をもとめての挑戦だったのかもしれない。

図2　中津河氏系図

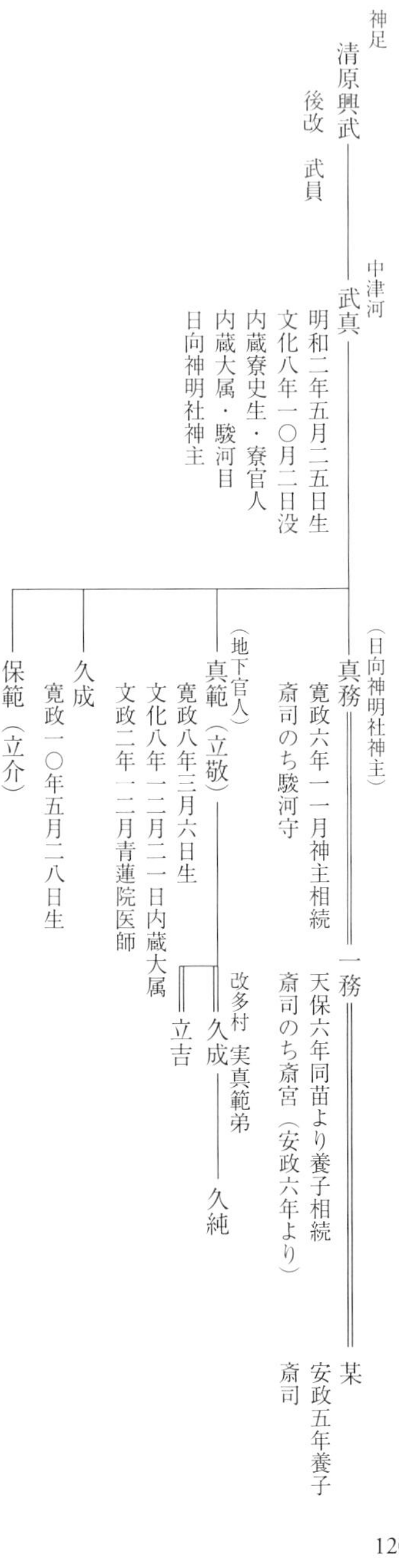


※『地下家伝』・「日向大神宮文書」・『華頂要略』により作成

【史料2】によれば、野呂式部は吉田家に社頭一式を返上した際に「配札之ヶ所、講中等」も譲渡している。この二つがこの時点ではおそらく唯一の資源であったといえるであろう。この資源を如何に有効活用し、野呂氏の失敗を繰り返さないようにするか。次節では、新たに神主となった中津河氏が、どのように神明社を再興していくかを見ていくことにしよう。

## 二　神明社再生に向けて

寛政四年（一七九二）、新たに神主となった中津河斎司（のち駿河守）が最初に着手したのは「大破」していた建物の再建であった。それまであった神楽所を解体し、その場所に社殿修復までの仮殿を建設した。[26] 翌年六月には謡曲の興行[27]、寛政八年（一七九六）には恵美須神像と神宝の開帳が行われた。[28] これらはいずれも社殿修復のための資金調達のためのものであろう。

こうして資金に一定の目処が立ったところで、寛政八年（一七九六）正月に中津河駿河守は奉行所に境内指図を添えて修復を願い出た。[29] いよいよ社殿修復の開始である。しかし、ことは順調に進まない。中津河駿河守の健康がすぐれなかったようで、享和三年（一八〇三）から文化五年（一八〇八）まで五年間にわたり、「所労」を理由に三月に実施されるはずの太々神楽執行が延期されている。[30] 文化三年（一八〇六）には「多病」のため養子を迎える計画さえ持ち上がっていたようだから、[31] この頃の中津河駿河守の健康状態はかなり悪化していたと見てよいであろう。

しかし、文化六年（一八〇九）には中津河駿河守の健康も快復していたようで、この年の三月には太々神楽の執行を奉行所に願い出ている。[32] 健康上の不安が払拭されたことで、境内社殿の修復にもようやく本格的に取りかかることができたようだ。中津河駿河守は懸案の社殿修復を実現するために、「年来信仰」してきた講組織である八重垣講の協力を取り付けることで、実現への一歩を踏み出すことができた。

【史料4】[33]

一札

一御当社年来信仰仕候処、到此節ニ及大破候故、此度信心之輩申合御普請所之内
内宮御修覆造営之志願御座候ニ付、御懸合申上候処、去ル寛政八辰歳御公儀様江御願御座候而、御許容被相
済候御修覆方御絵図拝見仕、御作事向得与承知仕候上者、出情仕成就仕候様御世話可申上候、然ル上者御制
禁之作事者不及申、右之事ニ付紛敷勧進等仕間敷候、尤於御宮本御伝来法則茂御座候得者、諸事念入御示談

之上取計御差支之儀無之様、相心得可申候、為念之仍而如件
文化六年
巳六月
八重垣講世話人
建仁寺町四条下町
桔梗屋甚助（印）
寺町高辻上ル町
鼠屋安兵衛（印）
縄手三条下ル町
丁字屋金右衛門（印）
寺町松原下ル町
大阪屋清兵衛（印）
同町
萬屋市兵衛（印）
同町
小松屋利兵衛（印）
御幸町五条上ル町
丁字屋忢寿（印）
同町
俵屋権右衛門（印）

恵美須谷
日向宮御神主
中津河駿河守殿

こうして八重垣講の協力により、大破している境内の施設のうち、「内宮」については再興の目処が立つことになった。なお、この八重垣講も「右之事ニ付紛敷勧進等仕間敷候」とあることから明らかなように、自らが資金提供を申し出たわけではなく、資金調達の世話をするということであろう。

こうした中津河駿河守による社殿修復が軌道に乗り始めた文化六年（一八〇九）八月、龍一学が「神人」となっている。[34] この時の「一札」が当社における「神人」の初見であり、以降「神人」の補任が相次いでいる。日向神明社の社蔵文書には、文化六年（一八〇九）以降、八通の神人補任にともなう「一札」が存在している。ここで神人として補任されている八名についての詳細は、表1に整理した。[35] 表を見ると明らかなように、文化から文政年間に集中している。神人と証人となった人物について、その住所が明らかな者を地図上に示したのが図3である。郊外の日向神明社の近くではなく、都市域に集中している点についても注意したい。

【史料2】に見えるような、野呂式部から引き継いだ資源が「配札之ヶ所、講中等」であった。これを最大限活用することが、まず中津河氏の課題であった。「講中」の協力により軌道に乗った再建を加速させるために、文化六年（一八〇九）以降に現れる「神人」は、「配札之ヶ所」から効果的に金銭を獲得するための存在として新たに創設されたのではないだろうか。

日向神明社に補任された「神人」が、神社が経済的に行き詰まって神主が退き、新たに入った神主による神社復興策として採用された新機軸であったとすれば、新たに導入された「神人」とは、どのような存在だったのかを次

表1　神人補任一覧

| 年　月 | 神　人 | 証　人 | 備考 | 文書番号 |
|---|---|---|---|---|
| 文化6年8月 | 龍一学 | 祇園町　近江屋幸蔵 | 料紙大 | 239 |
| 文化6年12月 | 松井兵庫 | ゑひす町　柴田屋熊吉 | 料紙大 | 235 |
| 文化11年12月 | 本人　志貴縫 | 柳馬場二条上ル　近藤藤十郎 | | 237 |
| 文化14年2月 | 麩屋町通御池上ル<br>藤井左門 | 堺町通二条下ル　高橋左近 | | 240 |
| 文化14年8月 | 結城宮内 | 二条通富小路西江入丁　亀屋庄吉 | | 230 |
| 文政4年5月 | 冨山足人 | 左次秀栄　大宅　貞直（花押） | | 233 |
| 文政10年正月 | 神人　鈴木中務 | 宮城茂兵衛 | | 232 |
| 天保13年6月 | 本人　散田靫負 | 高倉通上丁□当り丸太町北側<br>岡田左内 | | 241 |

※ほかに補任時期不明ながら「神人」として加藤外記・吉川喜一郎

表1－2　神人組下等一覧

| 年月日 | 名　前 | 内　容 | 文書番号 |
|---|---|---|---|
| 文政6年2月29日 | 萬屋安兵衛<br>大和屋五兵衛 | 神人加藤外記・吉川喜一郎太々神楽御供米町方江配捌組下 | 250 |
| 文政6年4月13日 | 岡田安兵衛<br>片山五兵衛 | 神人加藤外記・吉川喜一郎組下 | 231 |
| 文政12年4月 | 萬屋安兵衛<br>悴　金蔵<br>証人亀屋安兵衛 | 萬屋安兵衛称号拝借し町方配札の際、悴金蔵義も名代として同様相勤 | 242 |
| 天保8年2月 | 岡田金蔵<br>証人八万城市正 | 神人組下岡田安兵衛没後父同様許容 | 238 |
| 文政9年6月 | 加賀屋吉右衛門<br>証人近江屋吉兵衛 | 社内猿田彦大神神号を以順行 | 236 |
| 文政12年正月 | 証人近江屋吉兵衛<br>同町近江屋庄吉 | 太々神楽供米袋所向配捌・取集メ | 234 |

表2　中津河駿河守代署名者一覧

| 名前 | 年月日 | 文書概要 | 宛所 | 文書番号 | 備　考 |
|---|---|---|---|---|---|
| 関量助 | 寛政4年12月 | 仮殿建につき | 御奉行様 | 156 | |
| | 寛政4年12月 | 建物修復願 | 御奉行様 | 157 | |
| | 寛政5年3月 | 御供所仮建願 | 御奉行様 | 154 | |
| | 寛政5年5月25日 | 社頭金灯籠紛失 | 御奉行様 | 216 | |
| 加藤新蔵 | 文化7年10月15日 | 小相撲興行願 | 御奉行様 | 34 | 加藤外記か |
| 松井兵庫 | 文化10年9月29日 | 建物普請許容願 | 御奉行様 | 151 | 199に写あり |
| 志貴縫殿 | 文化12年9月2日 | 伊勢両宮類似につき返答 | 御奉行様 | 67 | 付添楠野兵助<br>代曽川栄次郎 |
| | 文化12年9月2日 | 神明社日向社名称返答 | 御奉行様 | 204 | 付添楠野兵助<br>代曽川栄次郎 |
| | 文化12年9月6日 | 千木等形状模倣につき | 御奉行様 | 131 | 付添酒井善兵衛 |

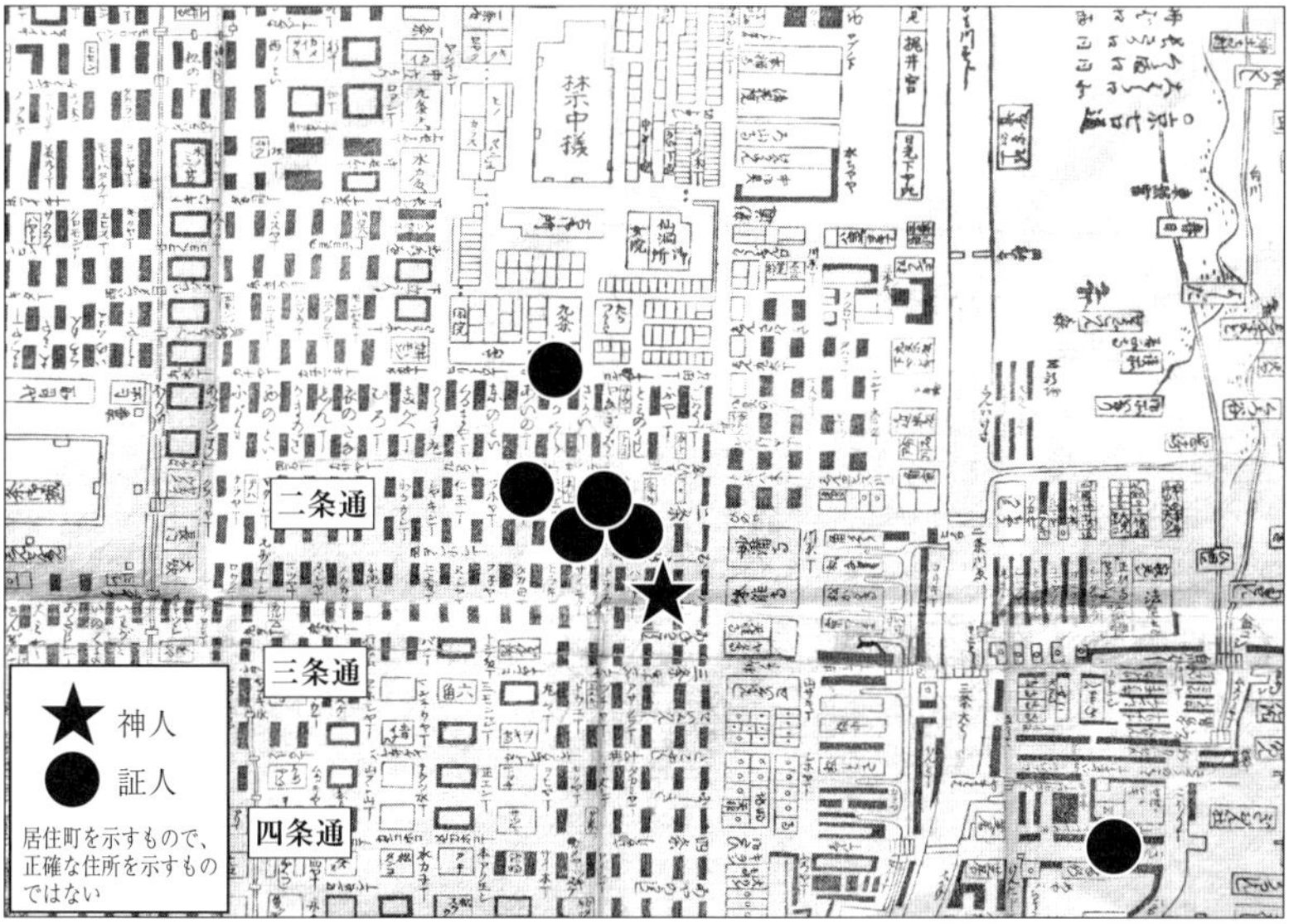


図3　日向神明社神人関係分布図

に見ていくことにしよう。

## 三　神人とその組織

「神人」は実際にどのようなことを行っていたのか。文政六年（一八二三）に「神人」の加藤外記と吉川喜一郎に宛てて、彼らの「組下」が提出した一札には「御配札之義、被仰付候而、在町順行仕候共」とあることから[36]、主要な役割は京都の町々での「配札」だったと考えてよいであろう。

日向神明社の神人補任にともなう「一札」は、「神人」本人と「証人」の連判で神主の中津河駿河守に宛てて記されている。作成者は異なるが、その文章はほぼ同じであることから、神社側が雛形を作成していたと考えられる。「一札」は四ヶ条からなっており、神社神主の仰せに随うこと、社用の際には懈怠なく勤仕すること、「怪敷」「不法ヶ間敷」ことをしないこと、そして社用にあたって帯刀をする際には、威勢を借りて「不筋」をしないことを誓うものである。一例を挙げれば次のようである。

【史料5】[37]

一札

一恵美須谷神明御社神人之儀、願之通御許容被成下難在仕合ニ奉存候、然ル上者万事仰之趣堅相守、御社法通聊も相背申間敷候事

一御社用之砌者参勤仕、無懈怠、御差図ニ相随可申事

一神道加持ニ事寄怪敷儀共相企諸人を惑し不法ヶ間敷事抔決而仕間敷候事

一御先格ニ随ひ御社用之節者帯刀仕候義ニ付、御社用之外、御社之御威勢を以て私之用向ニ付仮初ニも不筋ヶ間敷応対之義一切仕間敷候事

右之通急度相守、聊も相背申間敷候、万一相違之義御座候歟、思召ニ相叶不申候義御座候ハヽ、何時ニ而も神人之儀、被召放候共一言之申分無御座候、且又私身分ニ付自然故障之義出来仕候共、少シも御難儀相掛ケ申間敷候、仍而如件

文化六年己巳八月

龍一学（印）

祇園町

証人　近江屋幸蔵（印）

中津河駿河守殿

参

この神人の他にも、神人の下に「組下」と称する存在がいたことが次の史料からわかる。

【史料6】[38]

一札

一日向宮神人貴殿組下ニ加入之義、願之通御許容被成下難在仕合ニ奉存候、然ル上者万事
御社法者勿論被仰付候ヶ条之趣、堅相守聊も相背申間敷候事
一御社用之節ハ不寄何時ニ参役仕、御下知之趣、無懈怠随分大切ニ相勤可申候事
一神祇道ニ事寄怪敷義共相企不法ヶ間敷義決而仕間敷候事
一御配札之義、被仰付候而、在町順行仕候共、御差図ヲ以而依其義帯刀致候共、尚以大切正路ニ相勤、少も御
威勢ヶ間鋪義、急度相守可申候、若又遠国江罷越候義出来候ハ丶、御窺申上、御下知之上ニ而、如何様共御
差図相背申間敷候、尤御社用之外者決而帯刀之義堅致可申候事
右ヶ条之趣、堅相守、聊茂相背間敷候、若万一不叶御社法ニ義等有之組下被召放候共、一言之申分無御座候、
若又身分之義ニ付自然故障之義出来仕候共、少シ茂御難義相懸申間敷候、仍而一札如件

岡田安兵衛（印）
片山五兵衛（印）

文政六年
未四月十三日
日御山御神人
加藤外記殿
吉川喜一郎殿

ここから、岡田安兵衛・片山五兵衛の二人が「日御山御神人」の加藤外記・吉川喜一郎の二人の「組下」になることを願って許されたことが知られる。「一札」の文面は【史料5】に挙げた神人に補される際に、神主の中津河

駿河守に提出したものと似ていることが注目される。二つ目・三つ目の「社用之節」の勤仕について、「怪敷義」をしないという項目はほとんど一致している。一つ目の箇条もほぼ似た構成の文章であることは一目瞭然であろう。特徴的なのは四ヶ条目である。帯刀についての規定であることは【史料5】と同様であるが、【史料5】では帯刀について「御社用之節」としているのみだが、【史料6】では「配札」を仰せ付けられて「在町順行」する際に「御差図ヲ以而依其義帯刀致候共」とある。神人については多様な「社用」が想定されているようだが、「組下」の場合は、基本的に帯刀が許されるのは「配札」のために「在町順行」する際に限定されていることがわかる。

この文政六年（一八二三）四月に加藤外記らの「組下」となった岡田安兵衛・片山五兵衛は、以前から加藤外記らと繋がりを持っていたようだ。萬屋安兵衛と大和屋五兵衛の二人が二月末に「太々神楽御供米」を集めるための袋を「昨年之御帳面等三冊」に基づいて大量に配布し、それを回収することを請け負っていた[39]。ここでは萬屋安兵衛・大和屋五兵衛とあり、苗字ではなく屋号を名乗っているが、印影が一致していることから、それぞれ岡田安兵衛・片山五兵衛と同一人物である。太々神楽は例年三月一六日に執行されており、期間がそれほどないことを考えると、岡田安兵衛・片山五兵衛は、前年の実績に基づいて供米を回収することを請け負ったものと考えられる。彼らは「万一日数差詰」って「加勢」を必要とする事態になれば、自分たちで「人躰見立」て人を雇い、手伝わせることも許されていたようだ。

おそらく、この時のものと思われる岡田安兵衛・片山五兵衛についての書状がある。加藤外記らが日向神明社に紹介した際のもので、内容は次のようなものである。

【史料7】[40]

昨日者暫拝大悦仕候、然者今朝両人義則証文取之候、品々相渡申候、今日ハ御山へ参り御目通しおく□へも願

入候

一御袋料として白銀一□献上いたさせ申候間、落手可被下候

一帳面三さつ　此者へ御渡

文政六年　おもて

□朱印

太々御供米袋配方控

日御山　宮本○黒印

うら

神人　加藤外記

組下　岡田安兵衛

片山五兵衛

右之通御認遣され可被下候

二月廿九日

尚々請文さし上候間御落手可被下候

袋料として「白銀」を献上させ、帳面を渡している。渡した「御帳面三冊」は檀那場帳のようなものであろう。加藤外記と岡田安兵衛との関係はその後も確認できるが、文政一二年（一八二九）には萬屋（岡田）安兵衛は、悴の金蔵を「名代」として配札をしていたことが次の史料からうかがえる。

【史料8】[41]

証札

一私先般ゟ御称号拝借仕町方配札仕罷在、其後悴金蔵義も私為名代同様相勤難有奉存候、然ル処、金蔵義心得違仕候て、帯刀仕罷在候ニ付、此春御沙汰茂御座候処、今以同様仕来り候段、弥以心得違之段申訳も無之次第ニ御座候、右ニ付此度私用帯刀之儀御さし留ニ相成候段奉畏候、然ル上者去ル未年差上置候証札之趣、堅相守り御社用之外、私用ニ付猥帯刀仕間敷、此上心得違等御座候ハ丶、如何様ニ被仰付候とも一言之申分無御座候、為後証仍而一札如件

文政十二年

丑四月

萬屋安兵衛（印）

悴　金　蔵（印）

証人　亀屋安兵衛（印）

加藤外記殿

ここでは「御称号拝借仕町方配札」という表現も興味深いが、問題となっているのは金蔵の「心得違」による帯刀であった。「私用帯刀」が禁止されていることから、配札時に限って帯刀が認められていた「組下」本人の安兵衛のみならず、「名代」となっていた悴の金蔵が「私用」で帯刀をしていたことがわかる。当初の配札の際に限るという制限を、逸脱した帯刀が行われ始めていたということであろう。この岡田金蔵は父安兵衛の没後、同様に組下としての配札が許されていたようだ。この時の岡田金蔵が「組下」となった際に、中津河駿河守のあとを継いで神主となっていた中津河斎司に提出した一札は、次のようなものであった。

【史料9[42]】

一札

一亡父安兵衛義御神人組下ニ而京都配札御許容被為成下、然ル処安兵衛先般死去仕、其後私父同様ニ御許容被

下度奉願上候所、願之通被仰付候段、重々難有仕合奉存候、然ル処此度心得違之義仕　御ヶ条之趣相背御許容無御座勧進等仕候者、真以申訳茂無御座次第、弥奉恐入候、以後者急度　御法条相守、不法ヶ間敷儀勿論聊茂御下知相背申間鋪、御ヶ条堅大切正露ニ相勤可申候、若万一不叶御社法ニ不調法仕候ハヽ、此時者如何様ニ被　仰付被下候共、其節一言之申分仕間敷候、為後日一札仍而如件

岡田金蔵（印）

天保八年

酉二月

証人

八万城市正（印）

御当職

中津河斎司殿

一札

一私シ義御神人組下ニ加入仕罷在候而、及京都遠在迄茂配札之義　御許容被為成下、然ル処帯刀仕候而順行ニ罷出候得者、甚都合行所之振合茂宜敷御座候ニ付、今般帯刀之儀相願奉申上候所、是又御許容被下、真以冥加至極難有仕合奉存候、然ル上者　御社用之節と配り札之節ニ者帯刀仕、其除之他行ニ者決而帯刀仕間敷御座候、若又身分之義ニ付、自然故障等出来候共、其節少シも御難義相掛申間敷候、為後日証人差加一札奉差上候、依而如件

岡田金蔵（印）

天保八年

酉二月　　　証人

八万城市正（印）

御当職

中津河斎司殿

どうやら、かつて私用で帯刀をして問題を起こした岡田金蔵は、またしても「御許容無御座勧進等」で不興を買ったようだ。しかし、この時も大目に見てもらうことができたらしい。さらに、「及京都遠在迄茂配札」をすることが許されている。これは神社側にとっても配札先、すなわち顧客を拡大する戦略上有利という判断があったのかもしれない。そこで、重ねて遠方まで出向くにあたっては「帯刀仕候而順行」すれば「甚都合行所之振合茂宜敷」と帯刀を願い、これも認められた。こうして岡田金蔵は「御社用之節と配り札之節」は帯刀ができるようになったのである。

以上のことから、一九世紀段階の日向神明社において、神主の中津河駿河守に直属して広く「社用」に関わる神人と、神人に所属して「配札」供米回収を請け負う「組下」、そして「組下」のもとで臨時に配札や供米の回収の加勢をする存在など、多様で重層的な構成になっていたことがわかる。さらに、これらの「神人」や「組下」は一定の条件が付されるものの、帯刀が許されていたことが明らかになった。

日向神明社の「神人」といっても、相当に裾野が広く、かなりの人数が組織化されていたことがうかがえよう。それでは、なぜこのような神人が組織されていったのか。その背景を次に見ていくことにしよう。

## 四　伊勢と日向神明社

日向神明社の社殿復興にあたり、その様式が伊勢神宮に酷似していることが問題になっていた。既に貞享元年（一六八四）の『菟藝赴泥』に「外宮内宮などのさまかたちばかりうつせり」とあるから、野呂氏の頃から伊勢の内宮・外宮を模した神社だったのであろう。(43) 北村季吟の「さまかたちばかりうつせり」という表現に、批判的なニュアンスを読み取ることも容易である。

野呂式部から中津河氏が引き継いだ時点でも、当社の社殿が伊勢神宮を意識したものであったことは間違いあるまい。こうした内宮・外宮といった伊勢神宮を彷彿とさせる社殿構成は、伊勢参宮の出発点である蹴上において、多くの人を惹きつける空間として機能せしめたことであろう（図4）。伊勢に向かう人びとには参詣の事前演習の場として、伊勢から帰った人にとっては迎えに来た人への土産話の場として、そして伊勢に行けない人にとっては伊勢に代わる場としても機能したに違いない。ただし、それがあまりにも酷似していたことで問題化していたようだ。東町奉行所から事実関係についての照会があり、中津河駿河守らは次のように返答している。

図4　日向神明社境内の景観

【史料10㊹】

（端裏書）
「文化十二亥年　東役所ニて御尋ニ付、同月二日ニ
　九月朔日　　差出ス書附」

乍恐口上書

一当社夷谷神明社ゟ伊勢両宮御祓取拵、所々配達仕、且又本社二宇之内、一宇者　内宮与書付候板札并　天照皇太神宮与書顕候幌掛有之、一宇者　外宮与書付候板札并　太神宮与書顕候幌掛ケ有之、社之模様千木鰹木を上ケ屋根萱葺等ニ仕、全両宮を摹シ候様子之由、其外太神宮与彫付候石面并石燈籠二基、且五十鈴川与書付候建札等有之由、右之様子御尋ニ御座候、此義先達而風説等も御座候付恐入、右之通相除申候取払、以来右之品相用不申候、

一伊勢両宮之御祓取拵候義ニ而者無御座候得共、外宮内宮太神宮与書記候御祓前々ゟ配達仕候得共、太神宮并外宮内宮与書記候義者相除申候止メ以来配達不仕候

一御社一宇ニ内宮与書付候板札并御神前幌、天照皇太神宮与御座候相除申を取払用不申候

一御社一宇ニ外宮与書付候板札并太神宮与申幌相除相用取払申候

一太神宮与彫付候石面[redacted]取払以来相用不申候

一石燈籠二基太神宮与彫付御座候　御神号相消申候
　相除申候候而是迄之通燈籠者建置申度奉存候

一五十鈴川与書付候板札取除取払申来相用不申候

一千木鰹木之義者往古ゟ御座候義ニ付、取除不申候
尤屋根之義者山中ニ生立候笹幷薄、麦藁等ニ而葺有之、往古ゟ仕来りニ御座候義ニ而、全萱葺与申候義者無御座
候、就御尋此段奉申上候、以上

文化十二年亥九月二日

山科恵美須谷
神明社神主
中津河駿河守（印）
代　志貴縫殿（印）
付添楠野兵助　印
代　曽川栄次郎印

御奉行様

この史料からは、日向神明社が、①「伊勢両宮御祓取拵」えて配り歩いていたこと、②「本社二宇」を内宮・外宮と記し、神明造を模した「千木鰹木を上ケ屋根萱葺等ニ仕」ていたこと、③「太神宮」とある石灯籠のみならず、「五十鈴川」と書いた建札まで存在していたことがわかる。①については既に触れたところであるが、社殿の形態に加えて、伊勢内宮のそばを流れる「五十鈴川」を模した施設をつくり、「御祓」などまで伊勢神宮と見まがうようなものを配布する徹底ぶりであったことがわかる。

神社側の対応としては、①′「御祓」の「太神宮幷外宮内宮」と記すことはやめ、②′本社の内宮・外宮と記した額などは除くが、「千木鰹木」は往古からのものなので現状通りとし、屋根についても「萱葺」ではなく「山中ニ生立候笹幷薄、麦藁等ニ而葺」いているものであると主張し、現状を維持する方向で調整している。③′「太神宮」

とある石灯籠や「五十鈴川」とある板札などは撤去することにしたようだ。

本史料には訂正の跡が残っており、奉行所への返答にあたって、語句の表現を慎重に選んでいる様子もうかがえる。特に目をひくのは何ヶ所かに見える表現、「取除申来相用不申」などのように、撤去して今後は使用しないことを表す語句を、単なる「取払」と改めているところであろう。つまり、当面は「取払」うが、永続的な撤去を約束してはおらず、ほとぼりが冷めれば復活させようという意図が垣間見られるわけである。

また、「神人」たちが配っていた「札」が「伊勢両宮御祓」だったこともわかる。日向神明社の「神人」が配っていたのは、日向神明社の「札」ではなく、「伊勢両宮」で発行されている「御祓」類似のものだった。これを京都で製造して「所々配達仕」して歩いていたわけである。御蔭参りの流行や、伊勢信仰の高揚にともなって、「御祓」にはそれなりの需要があり、一定の収入をもたらしたであろうし、「日向神明社」名義の御札よりも伊勢のほうが知名度があったから、商品価値は高かったであろう。日向神明社が、伊勢神宮と一体化して見られるような舞台装置の存在は、配られる「御祓」を伊勢神宮所縁のものとしての権威づけにも有効だったであろう。

こうして「伊勢」そのものを想起させるような発信をする日向神明社は、伊勢の「御祓」と類似したそれを「神人」が伊勢の「御師」よろしく京都中に配っていき、確実に御供を回収していったことであろう。これを徹底するためには、相当の人数が必要とされていたことは容易に想像できよう。「意覚」という冊子を見ると、日向神明社では三月の太々神楽の際だけではなく、「毎月御供集」が行われているほか、「正五九月御祓配り」もあり、年間を通して供米の回収や配札の仕事はあったようだ。(45)

このような伊勢を模した日向神明社に帰属して「御祓」を配布する「神人」たちにとっても、日向神明社の存在は生活のかかる施設となっていたはずである。ここで【史料10】をよく見ると、奉行所とのやりとりをしているのは神主ではなく、「代」と付記された志貴縫殿らである。志貴縫殿は「神人」として史料に見えている人物。むしろ、この時点で慎重に語句を整えながら奉行所と折衝していたのは、日向神明社に経済的に依存する神人のほうなのではないだろうか。

また、一二四頁の**表2**に掲げたように神人が「代」として文書に署名している例は他にもあるが、いずれも京都町奉行との折衝に関わる重要な案件であることは看過できない。あるいは、神社運営の対外的な面などで経営方針に関わる重要な局面で主導権を握っていたのは、より神社経済に依存している「神人」のほうだったのかもしれない。

ここで浮かび上がる疑問のひとつが、神社はいったい誰のものだったのかということである。神主が「神人」を補任する形態をとる以上、当然ながら神主のものということなのだろうが、「神人」の存在と活動に依存しているなか、神社としては「神人」の意向を無視できない状況にあったことは想像に難くない。むしろ、「神主」そのものも後から入り込んだ存在であるから、そこから利益を上げて経営を軌道に乗せていくことが重要になってくるだろう。実態としては、神主・神人ともに日向神明社という神社の資源をそれぞれの立場で活用して利益配分をしているといえよう。神主と神人の関係の実態は、補任という史料にあらわれる表面的な上下関係（編成）とは異なった側面があったのかもしれない。

## おわりに

ここまで一九世紀の日向神明社と神人について見てきた。神人の出現が、神主が野呂家から中津河家に交代して神社の再建が始まる時期と一致していることを指摘した。神人は裾野が広く階層構造を持ち、多くの人びとを取り込んでいたことが浮かび上がった。このことは、伊勢を模した日向神明社が「御祓」類似の御札を効率よく配布し、京都の信徒から広く確実に御供を集めるうえで重要な役割を果たしていた。また、一九世紀において神社運営にあたって奉行所との折衝を神主に代わって行うなど、神人が積極的に経営にも関与していた。

以上から明らかになったのは、一九世紀における日向神明社の「神人」は、中世との連続性を持たず、神主が交代した一九世紀における日向神明社の固有の条件下に誕生した存在であるということである。当然ながら、近世的な商業が誕生したことで、その役割を終えたなどということは一切ないという、至って当たり前の事実であった。

最後に野呂式部はどこで躓き、中津河家が神人を抱えることで成功したのはなぜかを考えておきたい。京都の町触を見ていると、一八世紀後半には寺社の守札などの「まきれもの」を売り歩く宗教者が数多く出現していたことがうかがえる[46]。こうした「まきれもの」「紛敷」ものによる経済的な損失をうけた寺社も少なくなかったであろう。例えば宝暦一二年（一七六二）には、「花咲社」で発行の「賊難狸狼除守」に類似した守札を販売して歩く者がおり、「当社へ請ニ参候者ハ無数被成候[47]」といった状態だった。井上智勝は、一八世紀末を没落都市民の増加と離村農民の流入により、都市では「呪術的活動を行う下級宗教者の増加と、都市の氏神に対して帰属意識を持つ氏子の減少」が起き、「神社や神職をめぐる朝廷権威は一種の飽和状態に達していた[48]」とする。京都においては、神社や神職の権威のみならず、神社のご利益を象徴するものとして出している「御札」の真偽も曖昧になり、その権威、いい換えれば商品価値も低下していたといえる[49]。

こうした状況をうけて、一八世紀には寺社の側から町に出向き「志有之輩へ相授ケ申度」といった積極策に出ている。こうした相対での配札について「烏乱成義にて無之」といった旨を知らせる町触が相次いで出されるのが、一八世紀後半のことであった。

こうしたなか、種々の「まきれもの」が問題になっていたさなかの安永五年（一七七六）のこと、次のような町触が出されていた。

伊勢両大神宮御祓大麻、往古ゟ勢州山田ニおゐて拵来候処、近年右神宮之御祓大麻他所ニ而拵売出し候もの有之候由、藤波家ゟ申立有之候、右躰之義ハ決而致間敷儀ニ候処、伊勢参宮いたし候もの受帰り候御祓不足いたし候節者、勢州ゟ調置候御祓売買いたし族も有之趣粗相聞江不埒ニ候、向後右御祓大麻拵候儀ハ勿論、仮令勢州ニ而調来候御祓余慶有之候共、礼物亦者代銭之売買堅致間敷候、若内々ニ而売出し候もの有之候ハ、可相咎候間、此旨山城国中江可相触者也

申二月[50]

ここでは、伊勢大麻を伊勢以外のところで製造販売したり、伊勢から受けてきた大麻の余分を買い取って、不足して困っている人に販売したりしていた者がいたことがわかる。ここで想起するのが、【史料10】の文化一二年（一八一五）に伊勢「御祓」類似品配布が問題になっていた日向神明社の活動である。安永期の町触には誰が行っていたことかは明記されていないが、大麻の転売といったことを考えれば、京都の東の玄関口に近く、伊勢参りの際の「酒迎え」（坂迎え）や見送りが行われていた日ノ岡にあった日向神明社ほど相応しい場所はない。

いささか想像をたくましくすれば、野呂式部らは日ノ岡の日向神明社を舞台として、こうした大麻の転売などを主要な収入源としていたが、一八世紀後半に競合する偽「大麻」販売業者などが出現し、収入が激減したのではないか。御札のような少額商品を扱ううえではフットワークが軽く、顧客の需要に応じて多様な種類を（真偽を問わず）用意できる民間宗教者のほうが圧倒的に有利であろう。[51]こうした手法に対して神社側は他寺社の御札を作った

り、新しい由緒をつくりご利益ある御札を展開させていくことは容易ではない。また「志」によるものだから、価格を上げることで増収を期待することも難しい[52]。そこで利益を上げるためには、商圏を拡大するかシェアを増やすという手法をとらざるを得ない。他の神社が積極的に売りに出ることで生き残る作戦を採用したように、一九世紀に中津河氏が「神人」を組織して大量に捌くことで攻勢に出たのではないだろうか。

ここで、問題になるのは日向神明社による「大麻」「御札」の信用である。大量に生産したところで「まきれもの」と見なされては受け入れられまい。そこで、京都にある伊勢の出張所の体裁をなすことで「いかがわしい商品」ではなく、確かな（京都の）伊勢神宮大麻のように見せた。伊勢の神宮大麻や御祓そのものではないが決して偽物ではない、そういったぎりぎりのところを維持するための装置として、日向神明社が伊勢を彷彿とさせる存在でなければならない。日向神明社が伊勢同様の姿であることを認められるよう、奉行所に対して神人が懸命になったのもそうした事情があったからではないだろうか。

## 註

（1）現在では、日向大神宮と称している。近世には所在地（夷谷）、あるいは広域地名の粟田口を冠する名称など、さまざまな名称で呼ばれているが、本章では史料上の文言を除いて「日向神明社」に統一する。

（2）『神社明細帳』（京都府庁文書、京都府立京都学・歴彩館蔵）。

（3）青柳周一「近世における寺社の名所化と存立構造――地域の交流関係の展開と維持――」（『日本史研究』五四七号、二〇〇八年三月）、同「一八世紀における地域の「成り立ち」と名所――下坂本村と唐崎社について――」（幡鎌一弘編『近世民衆宗教と旅』法藏館、二〇一〇年）、同「寺社参詣と「寺社の名所化」――中世後期から近世へ――」（島薗進ほか編『シリーズ日本人と宗教　近世から近代へ4　勧進・参詣・祝祭』春秋社、二〇一五年）。

（4）萩原龍夫「京都の神明社」（同編『伊勢信仰Ⅰ』雄山閣出版、一九八五年）、瀬田勝哉『洛中洛外の群像――失われた中世京都へ――』（平凡社、一九九四年）。
（5）『氏経卿引付』二―四〇「神祇官解」（三重県編『三重県史　資料編』「中世1（上）」三重県、一九九七年）。
（6）豊田武『豊田武著作集』第一巻「座の研究」（吉川弘文館、一九八二年）、網野善彦『日本中世の非農業民と天皇』（岩波書店、一九八四年）など。
（7）豊田武は「近世初頭における商品経済の飛躍的な発展は、商工業者を中世的な諸職の下に束縛することを不可能にした」ため領主と商工業者の要求が一致し、「特権商業否定の運動が急激に展開した」（『豊田武著作集』第二巻「中世日本の商業」吉川弘文館、一九八二年、四三〇頁）とする。
（8）稲葉伸道「神人・寄人」（『岩波講座日本通史　第七巻　中世1』岩波書店、一九九三年）。
（9）三枝暁子「北野社西京七保神人の成立とその活動」（同『比叡山と室町幕府――寺社と武家の京都支配――』東京大学出版会、二〇一一年）。
（10）『南嶺子』（日本随筆大成編輯部編『日本随筆大成』第一期一七巻、吉川弘文館、一九七六年）の該当箇所は次のような文章である。

〇第十一　巫覡ノ義

大日本国は天照大神より此かた、千皇不易の神国なる事、今更あらためていふにおよばす。神代前皇の道あり。君臣其位を易ざる事万々世、民無能名、不測之道なるが故に、是を神道といふ。（中略）仏法儒教は天竺漢土の教にして、我大日本国の主教にあらざれば、いかにも仏の字儒の字を蒙らしむ道理にて、神道常には只大道とのみいふべきに、近年祈禱を業とし、勅補の禰宜・神主にもあらずして、市中又は村邑に住し、神道者と名のりかけて人を誣る属、男なれば是を覡といひ、女なれば是を巫といふ。巫も覡も人を誣詐するの号なり。（中略）古より巫覡をいやしむる事かくの如し。官幣に預る大社小社の神人は、其社のためにつけ置る丶ものなれば、庶民の祈禱に預ル理なし。故に是は別儀なりといへ共、市中の巫覡に紛る丶わざをせば、罪猶重かるべし（下略）

(11) 新修京都叢書刊行会編『新修京都叢書』第一二巻(臨川書店、一九七一年)。
(12) 新修京都叢書刊行会編『新修京都叢書』第一巻(臨川書店、一九六七年)。また、『山城名勝志』巻一三(新修京都叢書刊行会編『新修京都叢書』第一四巻、臨川書店、一九七一年)では、「土人云」として、「応仁乱中為烏有、而慶長十九年九月朔日野呂左衛門尉宗光依霊夢再造」とある。
(13) 新修京都叢書刊行会編『新修京都叢書』第一〇巻(臨川書店、一九六八年)。
(14) 『舜旧記』元和四年二月一七日条。
(15) 『舜旧記』寛永元年一二月一日条。
(16) 『泰重卿記』寛永二年五月一七日条。
(17) 『近畿歴覧記』「石山行程」(新修京都叢書刊行会編『新修京都叢書』第一二巻、臨川書店、一九七一年)。
(18) 新修京都叢書刊行会編『新修京都叢書』第一二巻(臨川書店、一九七一年)。
(19) 『華頂要略』六〇巻「粟田村雑記」(京都府立京都学・歴彩館蔵)。
(20) 「日向大神宮文書」一一七号(京都市歴史資料館架蔵写真帳。以下、本史料については所蔵を略し、京都市歴史資料館が付した受入番号を付記する)。
(21) 「日向大神宮文書」一四二号。
(22) 「日向大神宮文書」一四七号。
(23) 「日向大神宮文書」一四一号。
(24) 『地下家伝』巻三「内蔵寮史生後為寮官人多村」(『地下家伝』上、自治日報社、一九六八年、一二二頁)。
(25) 近藤喜博編『白川家門人帳』(清文堂出版、一九七二年)首巻によると、天明六年五月に中津河武真が入門している。
(26) 「日向大神宮文書」一五七号。
(27) 「日向大神宮文書」一一四号。
(28) 「日向大神宮文書」一一六号。

(29)「日向大神宮文書」一五九号。
(30)「日向大神宮文書」七号。
(31)「日向大神宮文書」一七四号。なお、この養子の話はまとまらなかったようである。
(32)「日向大神宮文書」七号。
(33)「日向大神宮文書」一一九号。
(34)「日向大神宮文書」二三九号。
(35)ただし、この「一札」が残る八人の他にも別の文書に「神人」として見えている人物が存在しているので、表所掲の八名が「神人」のすべてというわけではない。
(36)「日向大神宮文書」二三一号。
(37)「日向大神宮文書」二三九号。
(38)「日向大神宮文書」二三一号。
(39)「日向大神宮文書」二五〇号。
(40)「日向大神宮文書」二五七号。
(41)「日向大神宮文書」二四二号。なお、萬屋安兵衛と金蔵は同一印が捺されている。
(42)「日向大神宮文書」二三八号。
(43)新修京都叢書刊行会編『新修京都叢書』第一二巻（臨川書店、一九七一年）。
(44)「日向大神宮文書」六七号。
(45)「日向大神宮文書」一七四号。
(46)例えば、寛延元年の「五条天神宮ゟ毎年節分ニ神木、勝餅、宝船、右三色」（京都町触研究会編『京都町触集成』巻三、岩波書店、一九九四年、六八四号。以下『京都町触集成』については『京都町触集成』巻三―六八四などと略記する）、宝暦一〇年の「麩屋町押小路下ル町」の白山社「古来ゟ社伝之雷除守」（『京都町触集成』巻四―三二六）、宝暦一一年の「城刕西院春日社」の「疱瘡除之守」（『京都町触集成』巻四―四三六）、宝暦一二年の「花咲社神主」の「賊難狸狼除守」（『京都町触集成』巻四―六〇七）など。また、宝暦六年には「願主之出所も不相知奉加帳持歩キ相勧メ、奉加帳指出し候もの」（『京都町触集成』巻三―一八四一）と不審な奉加も見られたようである。

(47)『京都町触集成』巻四―六〇七。

(48)井上智勝『近世の神社と朝廷権威』（吉川弘文館、二〇〇七年）。

(49)にもかかわらず、御札が信仰の対象として、その価値を失わなかったことも重要である。

(50)『京都町触集成』巻五―一二七六。

(51)一八世紀初頭には聖護院に所属し、富士講を組織する修験者が清水寺の仏餉を兼務していた（拙著『近世勧進の研究――京都の民間宗教者――』法藏館、二〇一一年）ように、宗教者が複数の「本所」に所属して多様な祈禱札を出していた事例があった。こうした宗教者のなかには多様な需要に応えるために商品としての「札」の品揃えを豊富にしていき、「まきれもの」の札を生産するようになっていった者がいたのではないだろうか。

(52)冷泉町の「金銀入幷諸払帳」によれば、明和六年（一七六九）に冷泉町が「粟田口神明御札」に対して支払ったのは拾弐文であった（京都冷泉町文書研究会編『京都冷泉町文書』第三巻、思文閣出版、一九九三年、三七頁）。

# 補論　消えた「迷子社」とその信仰史

## 一　迷子社の場所

京都市の中京区、姉小路通新町西にかつて「迷子社」と呼ばれた小さな祠があった。正徳元年（一七一一）に刊行された『山州名跡志』には、次のように書かれている。

○迷子社　在神明宮前南方、門北向、社同、社号土人の称号なり（下略）[1]

ここでいう「神明宮」とは、姉小路新町の神明町にあった高松神明と呼ばれた神社である。[2] その南方というから、姉小路通を挟んだ反対側に「迷子社」があったということになる。「迷子社」という名称は、あくまでも「土人の称号」――つまり、在地社会による通称であったという。こうした名称から、民間の土俗的な信仰を集めていた神社であったことがうかがえる。

では、なぜ「迷子社」なのか。半世紀後に刊行された宝暦一二年（一七六二）の『京町鑑』では、新町西入の神明町所在の社について、次のように記している。

此町北側に神明社有、宝性院と云真言宗、南側迷子社あり、此社俗にまよひ子のはきものを片足持行祈願をかけ、出たる時一足揃えて納る甚応験あり[3]

つまり、子どもが迷子になり、行方がわからなくなったとき、この神社に行方不明の子どもが履いていた履物の片方を奉納してからさがしに行くと、たちどころに迷子が見つかるという。そして、迷子が見つかれば履物を一足揃えて奉納する信仰があったらしい。いずれも一八世紀の刊行による地誌の記述だが、興味深いのは黒川道祐の随筆『遠碧軒記』には、同じ場所について次のように書かれていることである。

新町通西へ入姉小路通の南側に捨子の地蔵と云あり、迷の子を尋るに、この処より尋ね出しては必す行逢とて、毎度この処より拍子をすと云々(4)

黒川道祐は元禄四年（一六九一）に没しているので、一七世紀の段階ということになるが、このときに迷子をさがす際のスタート地点となっていたのは、姉小路新町西入の南側という場所は同じであるが、迷子社ではなく「地蔵」であったということになる。

ところが、同じ黒川道祐が書いた京都の地誌『雍州府志』巻二に、やや気になる話が掲載されている。前後の記述もあわせて引用しておこう。

荒神社　在姉小路通町口西

神明宮　在同処、与荒神社隔南北(5)

相王社　在二条北室町西、日吉之末社也、俗児童出遊而不知其所帰、謂迷子、相王与相逢倭語相同、故尋迷子之人、先始自此処、祝前程相逢之義也(6)

迷子をさがす際に、スタート地点とするのは「相王社」であったという。ここでは、二条北室町西とあり、姉小路新町とは場所が違っているのである。

そして、「神明宮」が姉小路通町口西の「荒神社」と南北で向かい合っていると読める。冒頭で引用した『山州名跡志』に明確なように、一八世紀以降の史料には「迷子社」は神明宮の向かい側、南にあることになっているのだから、通称「迷子社」は神明宮の向かいにあった「荒神社」となる。そしてこの記述を素直に読めば、「荒神社」とは別に、迷子をさがすときにお参りすべき「相王社」があったということになる。

しかしながら、ややこしいことに同じ黒川道祐が書いた京都の年中行事書『日次紀事』には、一一月一六日の項に「姉小路室町西、相逢明神社火焼是日吉末社也」とある。[7]相王と相逢では字は違っているが、アイオウで音は通じるし、何より『雍州府志』にも「相王与相逢倭語相同」と記している。新町通と室町通も、間に衣棚通があるが、近接しているといってもいいだろう。「日吉末社也」という表現の一致も同じ神社のことを示している可能性も否定できない。

とすれば、『日次紀事』の「姉小路室町西」が正解で、『雍州府志』が「二条北室町西」としているのは「三条北室町西」の誤りで、三条通の北にある姉小路通を指しているのかもしれない。少なくとも、古地図類を見る限りでは、一七世紀から二条室町付近に神社の存在は見られず、一方で姉小路室町には、神明宮と向かい合うのは「荒神社」ではなく「相逢社」の名が確認できる。[8]

黒川道祐の記述が不安定であり、やや不安を残すが、姉小路室町の相王社が荒神社の別名で、後の迷子社ということであれば、迷子さがしにあたって履物を奉納するという信仰形態からみて、姉小路新町西には「捨子の地蔵」と「相王社」が隣接していたということであろう。『山城名勝志』巻四では、向かい合う神明社について、「今社僧領之、号神明寺宝性院」とあり、神社を僧が管理していたという。このように、神仏混淆が珍しくなかった前近代において、姉小路新町西側に神社と地蔵が一緒に祀られていたとしても不思議ではあるまい。

一七世紀の荒神社＝相王社は、『山州名跡志』が示すように、一八世紀には「迷子社」と呼ばれるようになって

図1　応仁の乱後の京都〈高橋康夫『洛中洛外』〈平凡社、一九八八年〉所収図に加筆〉

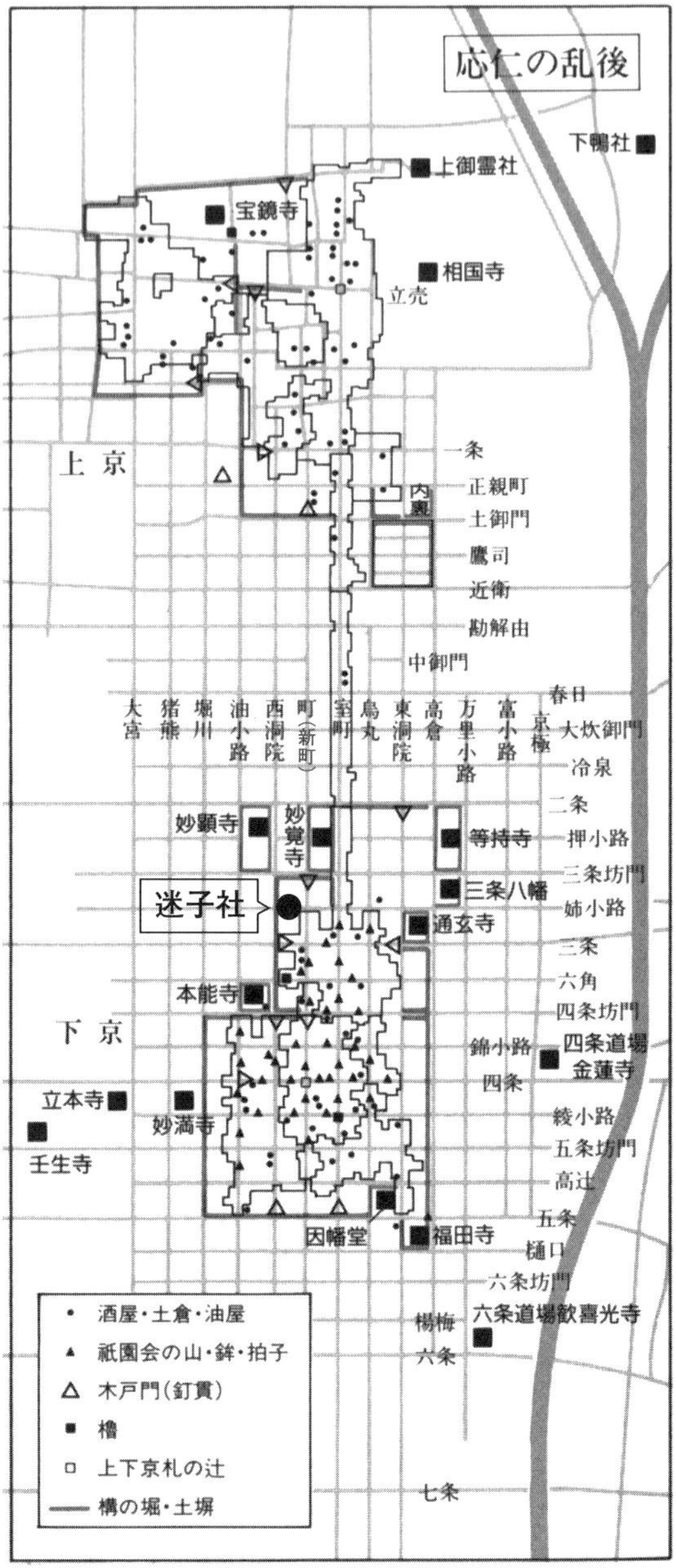


いたのではないだろうか。たとえ、もともと「荒神社」であったとしても、この「迷子社」が『山州名跡志』でいうような「土人」が呼ぶ通称であったとすれば、在地の通称が一般化していくうちに次第に本来の名称が忘れられ、「迷子社」となっていった可能性はありうることだろう。その過程で、「迷子社」に信仰は一本化し、かつて迷子さがしの祈願対象であった「捨子地蔵」は忘れられていったのであろう。

いずれにしても、「捨子地蔵」と「迷子社」が同じ場所にあって、一七世紀後半には迷子をさがすにあたっては、この地がスタート地点として使われていたということになるだろう。そう考えたときに興味深いのが、戦国時代の下京の範囲である。

高橋康夫の復元によると、戦国時代の京都は大幅に縮小しており、上京と下京はいずれも構《かまえ》という防御施設によってかこまれていたことがわかっている(9)。この復元図（図1）を見ると、姉小路新町といえば、下京の北西角にあたっている。北西から南東へと下京をくまなく歩いて迷子をさがすうえでは、合理的なスタート地点となっているのである。

中世にさかのぼる史料がない現状では、推測の域を出ないのではあるが、一七世紀の京都において、迷子さがしで姉小路新町にあった相王社と捨子地蔵を最初とするのは、豊臣秀吉による京都改造以前の戦国期における下京のなかで、捜索を始めるうえで合理的な地点にあったからではあるまいか。そして、最初に手近な場所にある神仏に祈願をかけるなかで、こうした習俗が自然に発生したのではないだろうか。

## 二　迷子さがし

ここで、もう一度だけ黒川道祐の『遠碧軒記』を見ておこう。ここには、「捨子の地蔵」が迷子さがしにご利益があることを記したあと、「毎度この処より拍子をすと云々(10)」としている。「拍子」は囃子のことで、かつての迷子さがしにあたっては、鉦や太鼓で囃しながらさがすことが行われていたようである。

このような鳴り物をともなった迷子さがしの背景には、子どもが行方不明になることを、天狗などにさらわれた

「神隠し」であるとする考えがあった。[11]京都においても、「京都ニ毎々長幼共ニ暮レニミヘヌ事有テ、町々ノ迷子ノ某ト云テ夜モ呼也、俗ニ天狗ニツマ、レタルト云」とされていた。[12]このような人ならぬ物の仕業であるからこそ、この世とあの世を繋ぐ力を持つと考えられていた、鉦や太鼓などの鳴り物[13]を使って賑やかに捜索をする必要があったのである。

ことはそれだけではない、寛文一二年（一六七二）に出された町触には、当時の子どもたちをとりまいていた危険が具体的に記されている。

覚

年来所々にて子ともをまとハし諸国へ売遣すもの有之によつて、今度遂穿鑿罪科に行い訖、向後まよひ子有之者其町所に留置、親しれ候ハ、親のかたへ送り遣すへし、親しれさるものハ早速奉行所へ申来へし、或かくし置、或先々へ追払ふ族於有之者、後日にあらハる、といふとも曲事たつへし、然者子をうしなひ候もの奉行所へ申来へき者也

右之通京都町中可令触知者也

子十一月十日　日向（印）

下京町代[14]

一七世紀後半の京都では、意図的に子どもを「まとハし」て諸国へ売り飛ばしていた者がいたようなのだ。迷子にはこのような危険もあったわけだから、子どもをさがす親たちは、一刻も早く子どもを見つけようと必死になっていたはずである。

こうした深刻な現実と宗教的な背景から、一七世紀の親たちは神仏に祈願をかけつつ、賑やかに京の町を囃して

歩きながら、迷子の名前を呼んでさがしまわっていたのである。

例えば延宝五年（一六七七）のものとみられる京都の町触には、次のように書かれる。

一まよひ子有之候者御断申上候、町中を太鼓かねニてはやし申間敷候由被仰付候[15]

ここからは、黒川道祐が活躍していた一七世紀後半の京都で、鉦太鼓を使って囃しながら迷子さがしをしていたことが明らかであろう。

ところが、この触書で注意したいのは前半部分である。迷子があった場合は届け出るようにと命じ、鉦太鼓で囃しながらの迷子さがしを禁じているのである。もう一度、先ほどの寛文一二年（一六七二）を見ると、「まよひ子有之者其町所に留置、親しれ候ハ、親のかたへ送り遣すへし、親しれさるものハ早速奉行所へ申来へし」とある。迷子がいた場合は、見つけたところの町が保護し、親がわかるようなら親のもとに返し、わからない場合は奉行所に届けるようにと命じている。

基本的には町による解決が第一で、「奉行所に断ったとしても、それは奉行所の捜索を約束するものではなかった」という評価もあるが[16]、少なくとも町による迷子の保護と奉行所への届け出を義務づけたことで、迷子が出た場合の対応が定められたことになる。

もし仮に一七世紀後半には、中世以来の信仰を残し神に祈願をして捜索をする習慣があったとしても、景観が大きく変化し、都市域も急速に拡大していった京都では、次第に姉小路新町といった場所を迷子さがしのスタート地点とする合理的な理由も失われていく。

その後、一八世紀後半には、迷子の当事者処理の原則も変化し、奉行所から町で保護している迷子についての触（迷子触）が、繰り返し出されるようになっていく[17]。既に一八世紀には、迷子をさがすために姉小路新町の神仏に祈願をして、鉦や太鼓でさがす必要性は薄れてきたといえるだろう。

同じ頃、それまで魔除けのために守り札を身につけて出歩いていた子どもたちは、身元を明記した迷子札を身につけるようになっていく。(18) 近世後期には、迷子の連絡などに使われる月下氷人石（迷子石）も人通りの多い祇園社や北野社、誓願寺前に設置されていく。(19)

こうして呪術から解放されたかにも見える一八世紀後半、その実態を反映するように、宝暦四年（一七五四）の跋文がある地誌『山城名跡巡行志』には、次のように記されている。

○迷子ノ社　在新町姉小路南西側人家裏　所祭不詳

つまり、この頃には民家の裏に祠が追いやられていたことになる。迷子をさがすときに履物を奉納してからさがし始める――そんな信仰が続けられているなら、わざわざ民家の裏に祀られた社に詣るというのは不便であろう。本来は通りに面していたものが、宗教的な需要が後退し、いわば迷子さがしの伝承だけが伝わるようになっていたため、一八世紀には民家の裏に移動することになっていたのである。

## 三　捨子地蔵

ところで、もうひとつだけ解決しておかなければならない問題が残っている。かつて黒川道祐が記していた「捨子地蔵」である。地蔵は忘れられて「迷子社」になっていったのはなぜなのか。その前に少し立ち止まって考えてみると、迷子さがしの祈願をかける対象として、「捨子地蔵」というのは、いささか似つかわしくない穏やかならぬ名称だとは思わないだろうか。

実は、迷子には二種類あった。鉦や太鼓でさがしてもらえる迷子と、限りなく「捨て子」に近い迷子とである。[20]例えば次の延享元年（一七四四）一二月の町触をご覧いただきたい。

　一昨日八日夜四つ時前、烏丸松原上ル因幡堂寺内ニ四才斗之男子、木綿つき〳〵之古布子着迷ひ居候旨、親元不相知候付、右寺内ニ而致養育置候由訴出候、[21]（下略）

底冷えする京都の師走、夜に発見された継ぎだらけの粗末な木綿の着物を着ていた男の子は、迷子というよりも因幡堂に捨てられたのではないかという思いが拭えまい。もう一例だけ紹介しておこう。これは、寛延三年（一七五〇）の迷子触である。

　昨七日昼八つ時、五六歳計之女子、千種色木綿布子着し木綿つき〳〵帯をいたし、神泉苑門前ニまよひ居候ニ付、町之もの共相尋候処、母つれ参、母ハ用事調ニ罷越候由、右女子四才ニ相成、名ハきよと申由、父名ハ長兵衛と申由申之候、親之所不相知候ニ付、右町内之もの養育いたし置候旨訴出候間[22]（下略）

神泉苑門前で見つかった少女は、父親の名をはっきりと告げているが、連れてきた母親は彼女を置いてどこかへ「用事」に行ってしまったという。

事例の紹介はこのくらいにしておくが、近世には捨て子同然の「迷子」がいたことは、疑いのないところであろう。そして、近世の捨て子は、生類憐れみ政策によって貞享四年（一六八七）以降、発見した町に養育させて、町から養子に出させるようになった。[23]それ以前は拾われて養育されることは稀であったといわれている。[24]そうしたなか、やむなく子どもを捨てざるをえないような境遇に追い込まれた親たちは、わずかであっても子どもの生存の可能性が高くなることを願っていたであろう。

とすれば、「捨子地蔵」は、もとは捨て子を守護することが期待されていたお地蔵さまだったのではないか。限りなく捨て子に近い「迷子」もまた地蔵尊が見守っていたとすれば、捨子地蔵が迷子を守護する存在として受け止められていくのも納得がいく。

そして、生類憐れみ政策によって、少なくとも捨て子が公儀権力によって禁止され、監視の目も行き届くようになると(25)、捨て子を守護する地蔵尊という存在は次第に憚られるようになるだろう。また一八世紀に入ると、捨て子対策として、町がしばしば番人を雇用するようになる(26)。番人の雇用自体は、町が対応に手間のかかる捨て子を回避するためになされたものであろうが、結果的には捨て子の早期発見に繋がり、その生存率を高めることにもなったであろう。

こうして捨て子を守護する「捨子地蔵」信仰は次第に忘れられ、むしろ迷子をさがすご利益がある神のほうが、クローズアップされていくことになったのではないだろうか。

「捨子地蔵」から迷子社への対象の一本化、社が民家の後ろに祀られるようになったことなど、一七世紀から一八世紀で信仰内容や景観が変容した背景には、油小路通を火元とし、京都御所を含む鴨川など広大な範囲が焼けた宝永五年（一七〇八）の大火があったかもしれない。このときには姉小路新町も被害をうけており、その復興過程で周辺の景観や宗教環境が変化していったのではないだろうか。

そして一八世紀の後半、迷子社と「相王社」（相逢社）の知名度が高まる出来事が起こる。ベストセラーとなった秋里籬島『都名所図会』の後編として、天明七年（一七八七）に刊行された『拾遺都名所図会』に次のような記事が掲載されるのである。

相逢の社姉小路通新町の西、高松神明の南人家の裏にあり。日吉山王の末社にして、実は相王社なり。児童出遊んで其帰る所をしらず迷子となりしを、此祠に祈願して草履を献じ、此地より尋ね初るに速に其行衛を知るといふ。是相王と音声同じければなり。又俗に迷子祠とも呼ぶ(27)

『拾遺都名所図会』という非常に影響力のあるメディアに掲載されたことで、広く知られるようになったことであろう。

それから間もなく迷子社に再びの悲劇が訪れる。天明八年（一七八八）に発生した大火、いわゆる天明の大火では、「迷子社」が焼失していたのである。[28] しかし、この火災の後も「迷子社」は再興されている。今度は「相逢大明神」、あるいは「足留稲荷」と称する稲荷社となっていたようである。

## 四　迷子社の近代

近代になってからのものだが、明治四年（一八七一）の『京都新聞』第六一号に次のような記事を見つけることができた。

○姉小路通新町西南ノ側、町家ノ裏ニ相逢大明神ト唱ヘ稲荷ノ小祠アリ、俗ニ足留明神ト称シ亡命人《カケオチビト》唐子《マヨヒゴ》アル寸ハ、此社ニ隻履ヲ供シ訴願ス、若シ帰ル寸ハ、一双ヲ供スト云伝ヘリ[29]（下略）

ここでも、一八世紀同様に「町家ノ裏」に祀られていることに注意しておきたいが、一七世紀の『遠碧軒記』が書かれた頃と同様に、迷子があったときは履物を奉納するという信仰が伝承されていたことがわかる。

京都の町にあった小さな祠は、戦国期からの信仰を伝え、地蔵から迷子社へ、そして稲荷へと変化を遂げつつ、迷子をさがすうえでの利益を伝えていた。その小さな祠は、迷子さがしのご利益という一点は確かに伝えられているが、僧侶や神職などの学知や教義教学からは自由であったが故に、地蔵から神社へ、迷子社から稲荷社へと、次々と外皮を替えている点も興味深いところである。ここに、銀座の祠を調査した石井研士が指摘した、都市に溶け込んでいる神仏の「装置としての〈祠〉の存続の強さ、あるいは復元力」を見て取ることもできるだろう。[30]

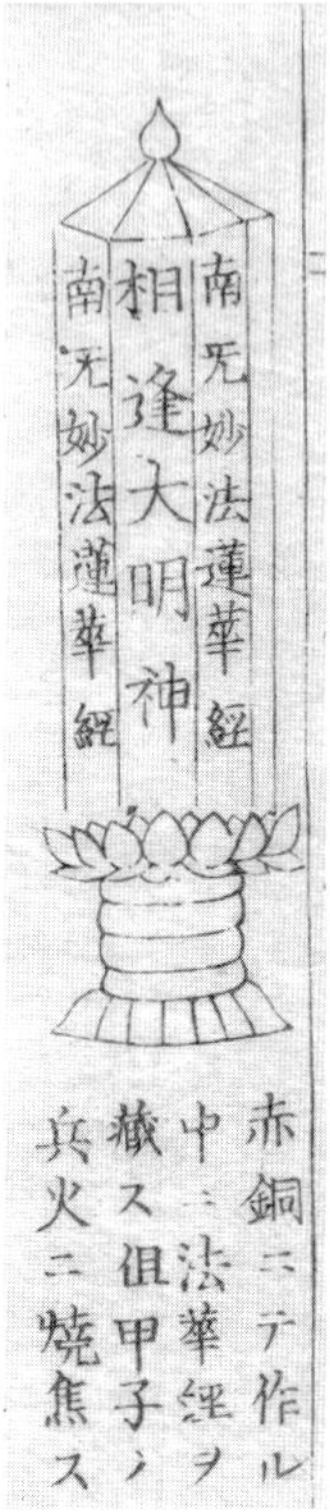


図2　西京新聞社『京都新聞』第六一号

このように常に町で庶民とともにあった迷子社だが、近代に新政府の方針で廃社を命じられることになった。古老が「此裏ニ巨蛇ノ住スアリテ祟ヲナス」と訴えて反対したが、区長が祠を訪れて神体を取り出した。すると、神体は赤銅で作った法華経を入れた容器で、「甲子ノ兵火」——すなわち禁門の変にともなう大火——で「焼焦」していた（図2）。それを見た区長は「廃シテ祟リナシ」といって廃社を命じたという[31]。突然訪れた「近代」によって、戦国期からの信仰が絶たれた瞬間であった。こうして、当社は明治五年（一八七二）九月に廃社処分となった[32]。

## 註

（1）新修京都叢書刊行会編『新修京都叢書』第一六巻（臨川書店、一九六一年）。
（2）高松神明については、萩原龍夫『中世祭祀組織の研究』（吉川弘文館、一九六二年）、瀬田勝哉「伊勢の神をめぐる病と信仰」（同『洛中洛外の群像——失われた中世京都へ——』平凡社、一九九四年）などを参照。
（3）新修京都叢書刊行会編『新修京都叢書』第三巻（臨川書店、一九六九年）。
（4）『遠碧軒記』（日本随筆大成編輯部編『日本随筆大成』第一期第一〇巻、吉川弘文館、一九九三年）。
（5）新修京都叢書刊行会編『新修京都叢書』第一〇巻（臨川書店、一九六八年）。
（6）『同右』。
（7）新修京都叢書刊行会編『新修京都叢書』第四巻（臨川書店、一九六八年）。

（8）例えば、「元禄十四年實測大絵図（後補書題）」（大塚隆編『慶長昭和京都地図集成――一六一一（慶長一六）年～一九四〇（昭和一五）年――』柏書房、一九九四年）には、姉小路通を挟んで神明社と向かい合う「相逢社」が描かれている。正徳六年（一七一六）の「洛中絵図」（谷直樹編『大工頭中井家建築指図集――中井家所蔵本――』思文閣出版、二〇〇三年）、正徳四年（一七一四）～享保六年（一七二一）の様子を描く「京都明細大絵図」（伊東宗裕編『別冊太陽　京都古地図散歩』平凡社、一九九四年）でも、同様に姉小路通の神明社と向かい合わせに「相逢社」が描かれる。なお、これらはいずれも大工頭中井家系統の手書きによる絵図であり、前掲大塚編著などを見る限り、民間で刊行された主要な板行絵図には相逢社は見えていなかった。
（9）高橋康夫『京都中世都市史研究』（思文閣出版、一九八三年）。
（10）『遠碧軒記』（日本随筆大成編輯部編『日本随筆大成』第一期第一〇巻、吉川弘文館、一九九三年）。
（11）神隠しについては、柳田國男『山の人生』（『定本柳田國男集』第四巻、筑摩書房、一九六八年）、小松和彦『神隠しと日本人』（角川ソフィア文庫、二〇〇二年）。
（12）『嘉良喜随筆』巻四（日本随筆大成編輯部編『日本随筆大成』第一期第二一巻、吉川弘文館、一九九四年）。
（13）笹本正治『中世の音・近世の音――鐘の音の結ぶ世界――』（講談社学術文庫、二〇〇八年）。
（14）京都町触研究会編『京都町触集成』別巻二（岩波書店、一九八九年）「元禄四年以前」五一六号。
（15）『同右』「元禄四年以前」五四六号。
（16）菅原憲二「老人と子供」（『岩波講座日本通史　第一三巻　近世3』岩波書店、一九九四年）。
（17）前掲菅原論文。
（18）森田登代子「迷子札の形成過程と系譜」（『風俗』第三三巻第一号、一九九四年一〇月）。
（19）伊東宗裕『京の石碑ものがたり』（京都新聞社、一九九七年）、鈴木ひとみ「月下氷人石――迷子・尋ね人の行方を求める江戸の「掲示板」――」（千田稔ほか編『京都まちかど遺産めぐり――なにげない風景から歴史を読み取る――』ナカニシヤ出版、二〇一四年）。
（20）菅原憲二「近世京都の町と捨子」（『歴史評論』四二二号、一九八五年六月）には、「まよひ居候」とされた三歳の女子を翌日には「捨子」と呼んでいる史料が引用されている。京都町奉行所の執務に関する記録『武辺大秘録』には「捨子三歳以上ハ迷子之御取扱ニ相成候事」（京都町触研究会編『京都町触集成』別巻三、岩波書店、二〇一七年、九七頁）とあり、迷子と捨て子は三歳を境として区別していた。なお、近世京都の町における捨て子については、他に秋山国三『近世京都町組発達史』（法政大学出版局、一九八〇年）、林宏俊「近世京都における寺院町の運営と捨子」（『奈良史学』第三〇号、二〇一三年）。近世の捨て子については、沢山美果子『江戸の捨て子たち――その肖像――』（吉川弘文館、二〇〇八年）参照。

(21) 京都町触研究会編『京都町触集成』第三巻（岩波書店、一九八四年）八二一号。

(22) 『同右』八七六号。

(23) 前掲菅原論文「近世京都の町と捨子」、塚本学『生類をめぐる政治――元禄のフォークロア――』（平凡社選書、一九八三年）。

(24) 前掲菅原論文「近世京都の町と捨子」。なお、宣教師ルイス・フロイスによれば、犬に食われそうになっている捨て子を司祭が助けて洗礼をさずけたところ、今後はそのようなことはしないようにと忠告されたという。その理由は「もし一般大衆、女中、また貧しい婦人たちが、子供を引き取って育ててくれるということを聞くならば、夜中に子供を運んできて、夜が明けると八人も十人もの生きている子供が司祭館の門前に置かれているという事態が生じるであろう」というものであった（松田毅一・川崎桃太訳『完訳フロイス日本史　2　織田信長編Ⅱ』第二八章、中公文庫、二〇〇〇年、五三頁）。中世における捨て子について論じた大喜直彦「中世の捨子」（『日本歴史』六一五号、一九九九年八月）では、しばしば捨て子は道・橋・河原などの「境界」に捨てられ、子を捨てることが「現世と縁を切らせ、他界に帰す行為」であり、捨て子には「神仏が取り巻いて」おり「神仏とともにある」とする。高僧の出自を捨て子とする例が多いことを根拠にして捨て子を「神仏そのもの」とする見解はさらなる検討が必要だろうが、近世における捨て子への対処が確立する以前の捨て子観や、神仏と捨て子の関係についての指摘は重要であろう。

(25) 『成就院日記』享保七年正月二六日条では「御公儀ゟ当表町中ニ捨子多ク有之候、自今番人ニ急度申付、捨子仕候もの捕之可申出候」と公儀から清水寺門前町に対して、番人に捨て子が出ないよう厳重に注意することを命じられている（清水寺史編纂委員会編『清水寺成就院日記』第三巻、法藏館、二〇一七年）。

(26) 例えば、東洞院通に面し、京都の玄関口にあたる東塩小路村では、元文三年一一月に「是迄指極り候番人」がいなかったため、「行倒者・捨子等」が多いので、村で相談して「番人」を置いている（京都市歴史資料館架蔵写真帳「東塩小路村文書」D4「東塩小路村諸事差出証文書留帳」）。文政一〇～一一年（一八二七～二八）における京都の様子を記した『浪花洛陽振』（井口洋ほか編『上方芸文叢刊　8　上方巷談集』上方芸文叢刊刊行会、一九八二年）によれば、「番子」が夜間に子捨ての現場を見つけると、親を取りおさえて子を親に返すとともに、「捨子がございます」と近隣に声をかけ、行灯をあげたという。「あかるく候まゝ見附られ可申と捨不申候為也」とあり、町が捨て子を抑制しようとしている。

(27) 『拾遺都名所図会』巻一（新修京都叢書刊行会編『新修京都叢書』第七巻、臨川書店、一九六七年）。

(28) 『翁草』一三八巻。

(29) 西京新聞社『京都新聞』第六一号、明治六年三月（京都府立京都学・歴彩館蔵）。

(30) 石井研士『銀座の神々――都市に溶け込む宗教――』（新曜社、一九九四年、二七一頁）。

(31) 前掲『京都新聞』六一号、明治六年三月。

(32) 『京都坊目誌』「上京二一学区」（新修京都叢書刊行会編『新修京都叢書』第一九巻、臨川書店、一九六八年）。

# 第Ⅱ部　寺院と葬送・墓地

# 第一章　近世阿弥陀ヶ峰の火屋と良恩寺

## ――火葬施設・寺・町――

### はじめに

葬送墓制や惣墓については、柳田國男の『先祖の話』[1]以来、祖先やイエ、霊魂の問題を重要な研究対象としてきた民俗学の重厚な蓄積がある。歴史学の分野では、中世史の細川涼一が、律宗の斎戒衆が葬送に関与していたことを明らかにしたことで[2]、葬送研究は中世仏教史・寺院史の課題として認識されるようになった。細川の研究が起爆剤となり、文献に基づいた中世・近世の三昧聖の研究が精力的に進められ、各地における具体的な姿が次第に明らかになってきた[3]。また、中近世考古学の進展により、全国各地の中世・近世の埋葬地の発掘が行われ、その調査結果の集成もなされるようになった[4]。研究機関や自治体などによる墓標の悉皆調査や学際的な共同調査も行われ始め、墓地・葬送研究は新たな段階に入ってきたともいえる。

一方、従来の墓地・葬送研究では、村落共同体の成立やイエの形成と墓地・葬送儀礼を関連させる問題意識が強かったこともあり、「古い」形態を残すと見なされた村落の惣墓への関心に比べ[5]、近世の都市部を対象としたものは、西木浩一による江戸の墓地研究[6]や、火葬寺についての事例研究[7]を除けばそれほど多くはなかったといえよう。

近世都市の火葬場について、江戸における空間論の視点から、重要な指摘をしたのが福田アジオである。福田は、江戸近郊の火葬場について、村内に所在しながら村人が利用せず、都市民からの利用依頼をうけるために値引き合戦を繰り返していたことを指摘する。そのうえで、火葬場が江戸の周縁部に所在していることに着目し、その施設が忌避された可能性はあるが、むしろ市中から火葬場まで死体を運ぶ行為自体が「通過儀礼としての分離儀礼を意味し」たとする[8]。こうした視点は、都市の火葬場がムラのそれとは異なり、都市との強い関係性のなかで存在していたことを示唆している。

一般的には土地の墓地空間が狭い都市では火葬が多かったと考えられがちだが[9]、江戸では火葬よりも土葬が多く、墓地不足に悩まされていたことが明らかになっており[10]、政策による外的圧力によって、近代以降に火葬を導入していった都市部も少なくないようだ[11]。現在は、個々の都市について、実証的に検討することが求められる研究段階にあるといえるだろう。

江戸よりも早くから都市化が進んでいた京都については、中世の文学作品や古記録の記述が紹介されることはあるが、前近代における庶民の葬送・墓制についての実態研究は十分ではなかった。畿内を中心として円環状に分布する墓参忌避習俗に着目し、周圏論を援用しながら貴族たちの触穢思想の影響を強調する主張[12]があることも想起すれば、貴族だけではなく前近代京都庶民の葬送・墓制に関する歴史的研究の深化は不可欠だった。

こうしたなか、一九九五年に京都で行われたシンポジウムをもとにした特集、「平安京・京都の葬制・墓制」が『日本史研究』に掲載されたのは一九九六年九月のことであった。京都における古くからの葬地である鳥辺野を中心に、考古学・文献史学などそれぞれの立場から議論がかわされたことは、京都という地域の歴史性をふまえた葬送・墓制の研究を進めるうえで大きな意義があった。

この特集において、高田陽介は、近世以降の京都には「町や町組の共同墓地が観察されない」としたうえで、戦国期京都の都市住民は強固な地縁共同体（町組）を結成するが、墓地を共有するには至らず、各自がそれぞれに菩提寺を選択し、境内に墓地を持ったとした。「畿内の大都市には、地縁的共同墓地が形成されなかった」というのは、京都の固有性を示唆した点で、非常に重要な指摘であろう。都市で惣墓や村墓のような共同墓地が形成されなかった理由として、高田は都市住民の流動性により、「自分の家や近隣の家々が、子孫の代まで揃って同じ町や村に住み続ける」というイメージを持ち得なかったからではないかとしている(13)。

その一方で、洛中をやや離れた近郊村落には、複数の集落で共同使用する惣墓が存在しているのも事実である。また京都の都市域内でも、考古学の山田邦和が、鎌倉から室町期にかけて市街地に隣接した空閑地に「ゆるやかな地縁によって結ばれた」都市民を、被葬者とする墓地がいとなまれていたことを指摘している(14)。山田が「七条町型墓地」と名づけたような、こうした墓地は室町時代後期に発展して増加していき、近世以降も減少はするが都市域内での埋葬がなくなるわけではない(15)。山田は、共同体で利用する墓地が存在しなかったのではなく、不特定多数の人びとが利用する郊外墓地の「鳥部野型葬地」や、地縁集団が居住地に近接した都市域内で行う「七条町型墓地」から、近世に境内墓地での埋葬に移行していくと見ている。対して、高田陽介は慎重な表現ながらも、地縁的共同墓地は地元住民の団結によって形成されるもので、共同体の団結によっていとなまれていた墓地が存在していたにもかかわらず、それが解体して、共同体構成員が個々の菩提寺に墓地を移すとは考え難いと主張する。都市域内の墓地については「寺院境内墓地として解釈する余地を、是非とも残しておきたい」と、地縁共同体による墓地の存在を認めることには消極的である(16)。

同じ特集において京都にあった五つの火葬場、五三昧について論じた勝田至は、不特定の京都市民が利用する「共同墓地(17)」の存在を想定する。そして、近世になり「共同墓地」が寺院に囲い込まれて境内墓地化する傾向を指摘した[18]。自身の論集に本論文を収録した際に、勝田は大幅な加筆をしているが、ここでも中世に「共同墓地」が存在していたが、近世に寺院境内墓地が卓越するようになって利用者が縮少し、無縁死者を葬る無縁墓地となると論じている[19]。

勝田至は、宗教者などが建立した供養塔や経塚を核に「利用が一つの村落に限られない入会的墓地」（中世的共同墓地）が中世前期に生まれ、村落においては、葬式互助の成立にともない葬式が平準化するなかで、中世後期に「中世的共同墓地」が解体して村落単位の共同墓地が成立したと論じている。一方で、京都などの都市では村と異なって「町共同体単位ではない寺院境内墓地」が卓越するとし、その理由として、都市住民は流動性が高く宗派も多様で市街地に町が密集していることを理由に挙げている[20]。つまり、勝田は地縁的な墓地は後発であり、山田のように地縁的な墓地から境内墓地への移行を想定していない。

このように中世から近世にかけての京都都市域における地縁的「共同墓地」の有無については、いまだ明らかになっているわけではない。中世に地縁的集団によって共同使用される墓地があったとすれば、なぜ近世の京都ではそれが存在しないのか、中世に存在していなかったとすれば、近郊には惣墓が存在しているにもかかわらず、なぜ中世の京都に存在していなかったのか。それは権力の強制によるのか、あるいは都市そのものが持つ特性なのか、京都という土地の固有性なのか。高田や勝田は、都市構成員の流動性を指摘するが、いまだ推測の域を出ているわけではない[21]。

また、墓地の実態は葬送儀礼習俗の問題にとどまらず、地縁的な墓地が共同体の成熟や都市の流動性との関係で論じられている現状を考えると、中世から近世にかけての都市「京都」における都市共同体のありようを理解するうえでも重要な論点となろう。

ところで、中近世移行期の奈良の墓地について、同時代史料に基づいて論じた幡鎌一弘は、奈良の「惣墓地」とされている西方寺墓地の検討から、「惣墓」の意味について再考の必要性を指摘した。[22]惣村・惣郷といった共同体による排他的利用のみを想定されていた「惣墓」が、実際には不特定の「無縁」の者に開かれていたが、一七世紀前期に検地で寺域が確定していくなかで、檀家による「内墓」と、宗派に関係なく埋葬が行われる「惣墓」に分離していったという。墓地が「閉鎖的な社会関係になじむものだったろうか」と問題を投げかけ、「「惣墓」以前にあったはずの、他に開かれた状態を念頭に置く」必要を訴える幡鎌の指摘は、「無縁」墓地の出現を二次的なものと考えてきた、従来の研究史に一石を投じるものである。京都における地縁的な墓地について検討するうえでも、単なる地縁的「共同墓地」の有無に矮小化することなく、墓地利用の歴史的変遷を考慮に入れる必要があるだろう。

京都の火葬施設（火屋）については、勝田至が京都の五三昧と呼ばれる主要な火葬施設について、史料を博捜したうえで丹念な分析を加え、その所在や概要を明らかにした。そのなかで、「京坂では火葬の比率が比較的高かったと考えられる」ため、江戸のような墓地不足問題は軽減されていたとする。[23]火葬施設の変遷については、岸妙子が京都七条道場金光寺の史料から、近世初期に金光寺の火屋は常設化されていなかったと想定したうえで、庶民の火葬需要が広がり、仮設火屋から常設火屋に移行したのが近世初期から中期とした。[24]重要な指摘ではあるが、火葬需要の拡大や実際の稼働率については、明確な史料が挙げられているわけではない。近世都市京都の葬送を特徴づける要素のひとつとして、火葬の存在が指摘される一方で、史料的な裏づけは不十分な現状に鑑みると、庶民の火葬需要について論じるにあたっては、もう少し詰めておく必要があるだろう。

そこで本章では、近世という時代における火屋・墓地と都市京都住民の関係が、どのように変遷するかを史料に基づいて具体的に明らかにしたい。しかしながら、京都の葬地・火葬施設のすべてを論じることは、現在の筆者の

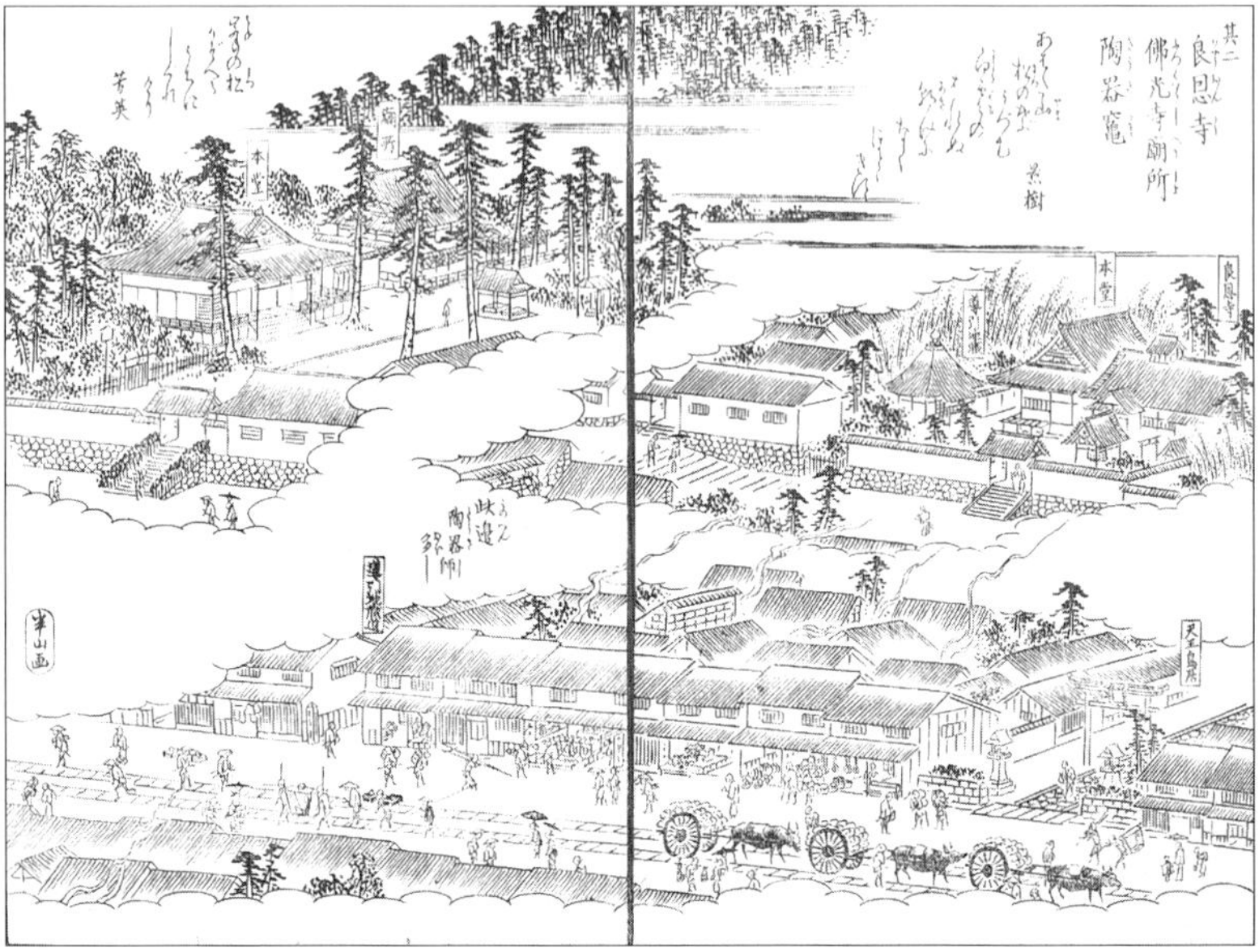


図1　良恩寺周辺の景観

力量を超えるため、ここでは、不特定多数の人びとの葬送が行われていた鳥辺野の流れを汲むとされる、粟田口付近の火葬場である阿弥陀ヶ峰火屋[25]と、それを近世に管理していた寺院の良恩寺に注目したい。

良恩寺は京都の玄関口である三条大橋からやや東、粟田口と呼ばれた地にある寺院である。洛外ではあるが、やや南には青蓮院門跡、そして知恩院があり、福田アジオがいうような周縁部にあたるといえよう[26]。

当該地域の歴史に関する文献史料として、青蓮院の尊真親王の命をうけて進藤為善・為純が古記録や寺内外の文書を収集して、天保五年（一八三四）頃まで増補を繰り返して編纂された『華頂要略』がある[27]。

『華頂要略』巻五六では「年久シク不称寺号、呼粟田口惣堂」と伝えており、寺号よりも「粟田口惣堂」という呼称で親しまれていたようである。このことから、当初は正式な寺院というよりも、粟田口の共同体が管理していた共有の宗教施設であったと考えられる。正式に寺院化していくのは、寛永九年（一六三二）に入寂したという「浄清」が入寺した近世初頭のこととされる。[28]

この粟田口惣堂、良恩寺は阿弥陀ヶ峰と通称される「荼毗所」、すなわち火葬場を管理していた。「阿弥陀ヶ峯」は鳥辺野の阿弥陀ヶ峰に存在していたものが、豊国廟建設と南禅寺東照宮勧請により、華頂山の山腹に移転したといわれている。[29] 惣堂・村堂とケガレについて論じる見解[30]もあるが、この事例に関する限り、当初から惣堂と火葬場が一体だったわけではなかったことになる。共同体と墓地・寺院との関係の歴史的な変遷に着目する本章の課題に即し、いつ・なぜ・どのように火葬施設を惣堂が管理するようになり、鳥辺野から移転したとされる粟田口の火葬施設を都市京都住民は利用することができたのかを明らかにする。そして、そのことがもたらした地域社会への影響について、具体的に見ていくことから、近世都市と近郊村落の火葬施設の実態について考えたい。

## 一　粟田口村と墓地——元禄期——

天和三年（一六八三）五月に良恩寺を訪れていた黒川道祐は、ちょうど「毎朝ノ勤行」を終えたばかりの「住僧」から、火葬場についての話を聞いた。黒川の『近畿歴覧記』によれば、「中古以来、下粟田神明山ノ麓、阿弥陀峯ニ火葬場アリ、瑞龍山南禅寺ニ東照宮勧請ノ時ヨリ、此ノ臭気ノ穢ヲ避ケ、斯ノ山ニ移サシ」めたもので、「始ハ下粟田口一村ノ三昧場ナリシニ、近世ハ俗民阿弥陀カ峯ノ字ニ本ツキ他処ノ人モ多ハ此ノ処ニ火葬ストナン」とのことだ。[31] 住僧によれば、「其ノ地モ元トヨリ良恩寺ノ境内ナルニヨリ、今ハ良恩寺ノ僧自ラ是ヲ知」るという。つまり、もともと下粟田口一村の火葬場が良恩寺の境内にあたる「新明山ノ麓」にあったが、近くにあった南禅寺に東照宮を建立することになり、臭気を避けて移動したが、現在も引き続き良恩寺の僧が管理しているという。当時は三条通の南側、華頂山に火葬場が移動していたようだ。ただ、移動前から火葬場が良恩寺の境内にあったという住僧の認識は必ずしも正確なものではなかった。この後、墓地の権利をめぐる事件が起こることになる。

ことの発端は、元禄九年（一六九六）三月に粟田口村東町庄屋の山岸五郎右衛門が「御地頭拝借銀子返納相滞」ったことで出奔したことである。やや長文にわたるが、以下にこのときの顚末に関する史料を挙げておこう。

【史料1】[32]

五郎左衛門山之事者五郎左衛門父東町住道仙与申者先祖ゟ致支配来候処、寛文五乙巳年為墓所地、良恩寺江致寄進候旨位牌ニ記置候而良恩寺ニ有之由、其後貞享三丙寅年右道仙死後ニ養子五郎右衛門与申者、道仙寄進不致候旨申懸ケ難相分候ニ付、粟田口村中ゟ銀子五百目五郎右衛門江相渡買切ニ相成、其節之証文之由左之通

　永代相渡申花頂山墓所場之事

花頂山墓所之平ニ而　東者畑限リ　南者秋山限リ
　　　　　　　　　西者土井限リ　北者畑限リ

　但東西間数南ニ而　南北

　同　間数北ニ而

右之地我等従先祖雖為相伝、要用依有之、丁銀五百目ニ永代相渡申処実正明白也、但右之平之内ニ知恩院分少シ有之、此墓所平ニ付違乱妨於有之者、何時なり共売主加判罷出急度其埒明可申候、仍永代相渡申証文如件

　貞享三寅年七月十三日

　　　売　主　山岸勘十郎　印

　　　加判悴　同名五郎三郎　印

粟田口村

在所中参

右之通也、右勘十郎儀者道仙養子五郎左衛門事歟ト云々、其后元禄三庚午年良恩寺弁察父浄有与申者ゟ銀子五百目村中江相渡墓所地良恩寺江致寄進候也、其後元禄八年乙亥十一月十四日、墓所地売主五郎左衛門ゟ元銀五百匁戻上可申候間、地面戻シ呉候様公儀江願出候処、同年十二月五日松前伊豆守役所ニ而裁許有之、田畑山林永代売買御停止之処不届成仕方之由ニ而　公儀江御取上ケニ相成

この史料によれば、「墓所」は出奔した五郎左衛門の父「道仙」が寛文五年（一六六五）に「先祖ゟ致支配来候処」を良恩寺に寄進したものだという。最初から「良恩寺ノ境内」だったわけではなく、地域住民のひとりが所持する土地にあったということになる。ただし、このことは良恩寺にある位牌に記しているにすぎず、寄進状などの明確な証拠があるわけではなさそうだ。

道仙没後の貞享三年（一六八六）になって「養子五郎右衛門」が、道仙が寄進した事実はない、と「申懸ケ」てきたらしい。この言い分に対しては粟田口村中も半信半疑だったようだが、完全に否定することもできず、粟田口村中が銀子五〇〇目を五郎右衛門に支払って「買切」とすることで解決したことになっている。その後、元禄三年（一六九〇）に浄有という人物が「銀子五百目」を粟田口村へ支払い、「墓所地」を良恩寺へ寄進した。本来なら、ここで無事に「墓所」は良恩寺に帰すはずであった。しかし、元禄八年（一六九五）一一月一四日になって、「墓所地売主五郎左衛門」が「元銀五百匁戻上」するので土地を返却してほしいと公儀へ訴え出たのであった。

結局、このときの京都町奉行による裁許は、粟田口村・五郎右衛門のいずれの主張を採用するわけでもなく、田畑山林の永代売買を禁止する幕府法令に抵触するため「不届」であるとされ、公儀によって「取上ケ」となった[33]。

ここで「墓所」の権利をめぐって積極的に関与したのは良恩寺ではなく、粟田口惣堂であった良恩寺を管理して

いた粟田口村であった。興味深いのは、このあとのことだ。良恩寺が「右場所ニ而是迄之通致火葬度」と火葬の再開を公儀に願い出ている。このことから、良恩寺「墓所」では、火葬が行われていたことがわかる。火葬については、「其儀者隠密ニ執行候様」にとのことで継続が黙認された。さらに当該地を支配することになった小堀代官所に対し、元禄九年（一六九六）に従来通り良恩寺が「支配」したいと願い出ると、三月九日には認められた。こうして火葬場は、元どおりに良恩寺に返還された(34)。

そもそも、このような面倒な事態が生起した背景には如何なる事情があったのか。天和三年（一六八三）時点で、黒川道祐が良恩寺で話を聞いたという住僧は、四世了山である。この了山、「貞享元年《ママ》月十八日、惣堂住持了散（山）不埒者ニ付追放仰付」とあり(35)、詳しい事情は明らかでないが、黒川に話を聞かせた翌年の貞享元年（一六八四）には追放処分にあっている。同年一〇月に住職となったのは泉滴(36)であるが、貞享三年（一六八六）に泉滴は粟田口村に対して、惣堂を預かるにあたって次のような一札を差し出している。

【史料2(37)】

一札之事

粟田口物堂良恩寺を拙僧ニ御預ケ被成候、則寺付什物不残帳面之通悉御預ケ被成候上者、此寺少茂如在仕間敷候、

仍而為其一札如件

貞享三寅年
霜月廿日

良恩寺　印
風誉専的　印

粟田口
惣中参

泉滴は、周防国の生まれで安芸国宮嶋光明院証誉の弟子とあり[38]、如何なる縁で良恩寺に入寺することになったのかはわからないが、粟田口村の住民と深い関係があったとは考え難い。こうした、住持の入れ替わりの渦中にあった「貞享三丙寅年」に、【史料1】のごとく、道仙の養子山岸五郎右衛門が土地の権利をめぐって訴えてきた。「不埒者」とされた了山がどのような問題を引き起こしたかは定かでないが、こうした問題を孕む土地について、「其ノ地モ元トヨリ良恩寺ノ境内[39]」と初対面の来客である黒川道祐に語っている不用意さ、脇の甘さには首を傾げざるをえない。その後の泉滴（専的）入寺の際に記された【史料2】の「寺付什物不残帳面之通悉御預ケ被成候上は」という表現を考慮すると、寺院財産の不適切な流用などがあったのではないかとも想像される。墓地返還の要求をうけた粟田口村が、半信半疑ながらも銀五〇〇目を出して買い取ることにしたのも、こうした住持の財産運用の不明瞭さがあったが故に、正面から反論しかねる事情があったのではないだろうか。

そして、元禄八年（一六九五）に泉滴にかわって入寺したのが、願誉一法宅善という僧である[40]。この宅善は入寺の翌年に死亡してしまい、続いて弁察が入寺する。この弁察という人物は、宅善の弟子であるとともに、元禄三年（一六九〇）に粟田口村から銀子五〇〇目で墓地を買い取って良恩寺に寄進した浄有の子である[41]。全く何の縁故もない人物が銀子五〇〇目を出してまで村から墓地を買い取って寺院に寄進するとは考え難いから、浄有は粟田口村周辺の人物と考えたほうがいいだろう。とすれば、浄有の子である弁察も粟田口村の関係者である可能性が高い。

こうした住持の動向を見ていると、貞享元年（一六八四）に物堂（良恩寺）の了山が「不埒者」として追放されたことをきっかけに起きた騒動は、良恩寺の墓地を自らのものにしようという粟田口村庄屋山岸五郎右衛門[42]に対し、物堂付属の葬送施設として、村の共有としておきたい他の村落住民との対立が背景にあったと思われる。最終的に良恩寺に粟田口村関係者である弁察が入寺し、村は良恩寺の墓地に対する山岸家の介入阻止に成功したことで、収束を見たのではないだろうか。

いずれにしても墓地の権利をめぐる動きのなかで、良恩寺が前面に出て積極的に動くことはなく、あくまでも受け身であった。良恩寺が登場するのは最終段階になって火葬の継続を願う場面である。町奉行所の裁許をうけて、弁察がすぐさま火葬場運営の継続を願い出たのも、良恩寺の要求であるとともに、火葬場が閉鎖されると支障があると考えた粟田口村の希望でもあったのではなかろうか。

このように元禄期に粟田口の「墓所」（火葬施設）について争論が起きていることから、一七世紀末の時点では帰属に曖昧さを孕んでおり、粟田口村・土地の寄進者・寺院のいずれのものとも確定していなかったことをうかがわせる。おそらく、村落共同体の共有財産であった惣堂が火葬場と墓地を管理しており、村・墓・火葬施設・寺は意識のうえでは未分離であったのであろう。

村の惣堂を出自とする良恩寺であるから、近世前期の段階では村落構成員と良恩寺檀家もほぼ重なり合っていたはずである。それ故、良恩寺が墓地・火葬場を経営することを粟田口村の住民が反対することもなかったであろう。

この点は、福田アジオが指摘したような、村人と寺檀関係を持たないような地域社会と隔絶した江戸の火葬場とは異なっている[43]。むしろ、寺と墓・火葬場は村落共同体によって支えられ、両者が一体化するのは元禄期の争論がきっかけであった。ところが、この訴訟を通じて良恩寺による火葬施設運営が公に認められたことを機に、良恩寺の弁察は、村の意思を離れて独自に火葬施設の拡充を試みるようになっていく。第二幕の始まりである。

## 二　良恩寺と火屋——享保期——

享保元年（一七一六）七月一六日、知恩院の『日鑑』[44]に「阿弥陀峯火屋之所、此方場所へ良恩寺ゟ葬場相立候由、相聞候ニ付、権右衛門見分ニ申付遣候」とある。[45]これが知恩院に届けられた第一報である。これから、火葬場をめぐって、今度は知恩院と良恩寺の衝突が始まる。

先に見た【史料1】で、貞享三年（一六八六）に粟田口村が銀子五〇〇目で火葬場を買い取った際に、「但右之平之内ニ知恩院分少シ有之」とあるように、良恩寺所有となった粟田口墓地と知恩院の火葬施設が接していたことが衝突の原因となったようだ。

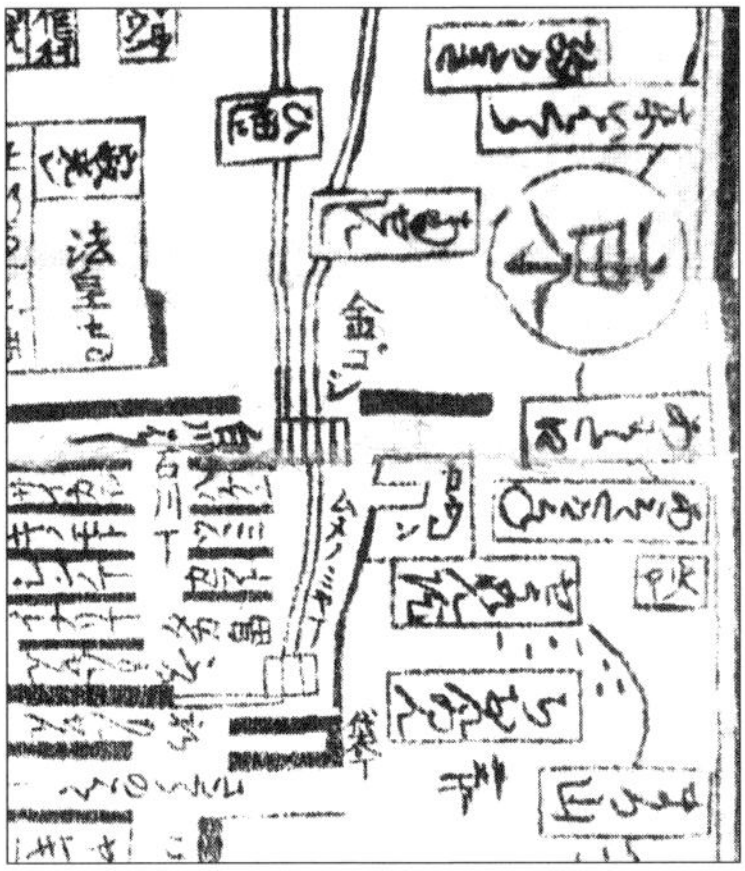

図2　「東嬰子筆京都図」に見える「あミたかミね」と「火ヤ」

良恩寺が火葬場に手を入れ施設を拡大したことに対して、知恩院から抗議があった。良恩寺が知恩院の火屋を侵食しているというのだ。良恩寺は「公事ニ茂可致候様ニ申候由」と強気な姿勢を見せ、交渉にあたっていた知恩院側の仏師久慶は「表向良恩寺ハ侘言之口ニ候得共、とかく内証ハ、火屋之地可取様ニ相聞候」と伝えている。[46]良恩寺は低姿勢に見せてはいるが、本心では知恩院の「火屋之地」を取ろうとしているという疑いが消えないと不信感をあらわにしている。知恩院は「新穴掘かけ被申候故、其節無用と相止置候、然処、其後此方へ断も無之、新穴を掘、机石迄直シ被置候儀、重々難得意仕形」と無断で火葬のための穴を増設したことを批判するが、良恩寺側は「古穴掘崩候而、其侭差置候ハ、弥不調法ニ成可申と存候故、当分新穴掘置申候」とし、これまで火葬のために使用していた穴が崩れてきたので穴を新設したにすぎないと主張する。[47]両者の認識は平行線のままである。

それでは、知恩院が良恩寺の管理する火葬施設について、ここまで強硬に介入しようとするのは何故であろうか。ここで、知恩院側の主張を見てみよう。

【史料3】(48)

一、且又、仏師久慶申候ハ、先年良恩寺火屋ハ、けあげ（蹴上）ニ有之候得共、南禅寺権現様霊屋有之候ニ付、公儀依
御意、阿弥陀か峯へ引申候、知恩院焼場ハ、其已前ゟ今之地ニ有之候由、久慶親代ヨリ存候旨、申之候

この仏師久慶の証言によれば、良恩寺の火葬場は、かつて南禅寺側にあったものが移転してきたもののようだ。知恩院のほうはそれ以前からあったのだから、後から来た良恩寺の火屋が勝手なことをするのはけしからん、という論理のようだ。先に見たとおり、黒川道祐が良恩寺の住僧から聞いていた話も「中古以来、下粟田神明山ノ麓」にあった火葬場が「瑞龍山南禅寺ニ東照宮勧請ノ時ヨリ、此ノ臭気ノ穢ヲ避ケ、斯ノ山ニ移」したというもの(49)だから、知恩院の主張は間違いではない。さらにいえば、「中古以来、下粟田神明山ノ麓、阿弥陀峯ニ火葬場アリ」という、もともと火葬場があった三条通北の「下粟田神明山ノ麓」を「阿弥陀峯」と称していたとする良恩寺の認識は正確ではない。勝田至が明らかにしているように、阿弥陀ヶ峰といえば鳥辺野の豊国神社付近にあった地名なのである。(50)

ではなぜ、三条通南側、良恩寺火葬場付近を「阿弥陀ヶ峰」と称したのか。これについては、知恩院の次の主張がある。

【史料4】(51)

覚

一粟田口阿弥陀峰火葬場、慶長元年十月知恩院旦那酒井左衛門尉忠次逝去之砌、阿弥陀峰焼場黄金壱枚ニ相求、

知恩院へ被致寄附候、忠次・同奥方も同所ニ而致火葬□、以来申伝計ニて何之証拠も無御座候得共、知恩院火葬場ニ至今百廿年相究居申候（下略）

これは、良恩寺と知恩院が対立している最中の享保元年（一七一六）九月に書かれたものだ。阿弥陀ヶ峰の火葬場は徳川家康の重臣であった酒井忠次の死去にあたって、「黄金壱枚」で買って知恩院に寄進したものだという[52]。【史料4】において「申伝計」で何も証拠はないと記しているのは正直だが、酒井忠次が慶長元年（一五九六）に死去していたのは事実のようだ。そして、まさにその慶長元年（一五九六）一二月六日、中世に鳥辺野をはじめとした葬送における葬具取得権など、葬送にかかる一定の権益を持っていた[53]とされる清水坂非人の奉行が「坂のからんこんりう」のため、「知恩院より坂へ被下候御墓役之物」を「諸役のこらす銀子五まい」で「永代知恩院へ売渡」している。そして坂の者たちは、「たとひ葬場何方にひらかせられ候共、少も相構事無御座有間敷候」としているのである[54]。こうした事実から見て、徳川家との関係が深かった知恩院が、家康の重臣であった酒井忠次逝去にあたって、慶長元年（一五九六）末に鳥辺野にあった火葬場の権利を寄進され、新たに葬儀の場とした知恩院境内付近に火葬場をひらいたこともありえないことではあるまい。その時に、かつて存在していた鳥辺野にあった地名の阿弥陀ヶ峰の称を引き継いで名乗ったとしても不自然ではない。そして、知恩院は慶長三年（一五九八）の秀吉死去と相前後して火葬場を知恩院の北、三条通の南側に移転し、これを旧称と同じく「阿弥陀ヶ峰」と呼んだのであろう。

一方、家康の死後、南禅寺境内に東照宮が建立されたことで、三条通の北「下粟田神明山ノ麓」にあった粟田口村が保有する火葬場も移転することになり、おそらく、先行する知恩院の阿弥陀ヶ峰火葬場に隣接する場所が選ばれた。互いに近接していることもあって、次第に両者ともに混同されて「阿弥陀ヶ峰」と呼ばれるようになったと思われる。

とすれば、「俗民阿弥陀カ峯ノ字ニ本ツキ他処ノ人モ多ハ此ノ処ニ火葬ス」[55]というような、阿弥陀如来を想起させる「阿弥陀カ峰ノ字」という呼称の持つブランド力で、繁栄している良恩寺火屋の状況に対して、知恩院側が苦々しく思っていたのも腑に落ちる。知恩院が良恩寺の火屋拡大を認めようとしなかった背景には、こうした経緯があったのだろう。

いずれにしても「阿弥陀ヶ峰」と呼ばれる火葬施設の内実は複雑だった。一般的に「阿弥陀ヶ峰」とひとつの名前で呼ばれているが、実際は鳥辺野阿弥陀ヶ峰から移転した知恩院が運営する火葬場と、後から南禅寺近郊から移転してきた粟田口村の火葬場という、起源を異にする二つの施設が併存していたのである。

さて、この時に最終的に譲歩したのは良恩寺だった。九月七日に「阿弥陀峯焼穴之儀」について不調法を認め、謝罪の証文を出すことになり[56]、八日には良恩寺が七月頃に「掘崩シ」ていた知恩院の火葬場を原状に復するための人足が派遣され[57]、一五日には月番の京都西町奉行の諏訪頼篤に事の顚末を届け出ている[58]。

このような問題が起こるのは良恩寺と知恩院の火葬場が近接し、境界が曖昧だからだと良恩寺は考えたのだろう。両者の境界をはっきりさせるべく「阿弥陀峯火葬場入口ニ、従是内、華頂山良恩寺支配と木杭有之候、右之杭破損候故、今般石杭ニ建直シ度候、其上、内之入口ニ竹簀戸、新ニ仕候願書」を提出した[59]。この件では知恩院と良恩寺の間でやりとりが行われたが、京都西町奉行の諏訪頼篤から意向確認があり、知恩院は良恩寺の申し出を拒否した[60]。

この時、京都町奉行は「知恩院火葬場、焼穴机石計にて、何間に何間と申事、古来申伝計」で「慥成書物」があるわけではないとする。そして、知恩院からの葬送に際しては、良恩寺側の「焼香場・龕前堂差構候由」は「尤ニ存候」と良恩寺の主張を一部認める認識を示している[61]。こうした問題の解決策として、「良恩寺焼香場南の方へ一間よせ、北ノ方之杭入口へ二間よせ候得者、双方共ニ葬送之節、差構ニも罷成申間敷と奉存候」と両者の施設の移動が行われた[62]。以上のやりとりからは、知恩院の火葬場は「焼穴机石計」の簡素なものだったのに対し、良恩寺の火屋は「焼香場・龕前堂」などの恒常的な付属施設をともなうものであったことがわかる。良恩寺は「木杭」破損を理由に、「石杭」で知恩院火屋と境界を明確にするとともに「竹簀戸」などを新たに設け、施設の充実をはかろうとしていたようである。知恩院側の葬儀があるとき、知恩院葬送の動線が良恩寺の「焼香場・龕前堂」などの施設利用者と交錯し、運用に支障をきたしていたことも、良恩寺側が自らの空間を囲い込もうとしていた理由の一つであっただろう。

この事件からわずかに三年、享保一〇年（一七二五）に良恩寺の弁察は、再び火葬場の普請を計画した。この時には、さすがに町奉行所も慎重であった。『華頂要略』によれば、「同十年八月廿九日茶毗所普請之事ニ付、先比於町奉行所被申渡候ニは、先年知恩院与出入も有之事故、相対之上別条も無之候ハ、可申出候旨被申付候由、依之内々知恩院役者迄承合可申様栗原求馬江申渡」とある[63]。またぞろ知恩院と衝突しかねない良恩寺の動きに対し、先年の経緯もあるので、両者で相談のうえ支障がないということになれば申し出るようにと釘を刺し、「内々」で知恩院の役者へも連絡を入れている。

なぜこれほどまで執拗に、知恩院との衝突も恐れることなく、良恩寺の弁察は火葬場に手を入れようとしたのだろうか。実は、この前年の享保九年（一七二四）に、弁察は「書付」を奉行所に提出していた。良恩寺の管理していた火葬場の様子がよくわかるので、次に挙げておこう。

【史料5】[64]

茶毘所之事　公儀江差上候書付云

一華頂山火葬場之儀、火屋之内ニ焼穴五ツ有之、望之者有之候得者御改外ニ為掘申候
一大方旦那其外念仏講相定諸宗共ニ火葬仕候
一懸銭毎月七文宛ニ相定、相果候得者為香奠鳥目弐百文上ケ申候
一火葬料銀一枚ニ定置、右懸銭相集火葬入用ニ仕候
一講外之者火葬望候得者、入用銀十六匁納申候
右火葬ニ仕候義華頂山之定ニ而死人箱ゟ出シ不申候
一檀那講中講外共身上次第□施入仕候
一身上不如意成者ハ拙僧志次第執行遣候得共、火葬料定り不申候
一焼場ニ而働申候道心者、下人等へ施物五拾文ツヽニ定置候得共、施主志次第鳥目三貫文ゟ壱〆文迄遣申候
一輿乗物ハ焼不申候
右之通ニ御座候、以上

享保九年辰十一月　　華頂山

良恩寺印

御奉行様

この史料からは、具体的な火葬場利用の様子をうかがうことができる。①火葬施設（火屋）には火葬のための「焼穴」が五つ稼働していたが、「望之者」がいれば、それ以外にも穴を掘らせることがあった。この表現からすれば、おそらく火葬が行われる場所は露天であり、掘りくぼめた穴で火葬をしていたようだ。露天だから、必要に応じて新規の「穴」を掘ることも容易だったであろう。②この場所で荼毘に付されたのは、良恩寺の「旦那」と「念

仏講」であり、「諸宗」とあるように宗旨は問わなかった。③火屋利用にあたっては会費制がとられ、会費は月々「七文」。火葬料は「銀一枚」だが「懸銭」から充当し、さらに「香奠」として「鳥目弐百文」が支払われた。④「講外」の者でも火葬を望めば受け入れるが、その際には「入用銀」として「十六匁」を納めなければならない。⑤「身上不如意成者」は志次第で火葬する。⑥「焼場」で働く「道心者、下人」への施物は「五拾文」とするが、最高一貫文までは志次第とする。ここから、火葬業務に直接従事していたのは良恩寺の住僧ではなく、「道心者、下人」であったことがわかる。そして、⑦輿や乗り物などの葬具は火葬の際に焼いてしまわず、再利用する。この葬具再利用は、葬儀にかかる費用を低廉に抑えるための工夫でもあろう。

③の制度は、これは現在でも葬儀社が実施している、互助会費の積み立て制に類似したものといえるかもしれない。月七文という比較的低額の掛け金で、遺族に経済的負担をかけずとも火葬を行ってもらえるだけでなく、「香奠」というかたちで遺族にお金を残すことができる。また、都市京都において、身寄りがなく親族に葬儀を執行してもらうことが期待できない単身者にとっても、間違いなく火葬をしてもらうことができる。良恩寺にとっても、葬儀の有無に関わりなく一定の収入が約束される利点がある。

実はこの頃、貧困のために埋葬ができず、やむなく親族の死体を遺棄したり、家屋の敷地内に埋めるなどの問題が起きていた。例えば、詳細は不明ながら、元文五年（一七四〇）には、寺町の大雲院寺内に「六ヶ月ニなり候児之死骸」が入った「小箱」が捨ててあった。箱には「寺内へ埋、回向頼度旨」を記した口上書が入っていたという。[65]

享保一八年（一七三三）には、京都で「貧窮セまり取置手便無之」により、居宅裏手に死骸を埋めたことが発覚し処罰されるという事件も起きている。この時に出された町触には「近来貧窮之者死骸捨候茂折々相見へ候」と記しており、奉行所でもこうした問題を認識していたことがわかる。[66] 本書第Ⅱ部第二・三章で詳述するが、幕府は元禄一二年（一六九九）には、行き倒れなど「無縁之倒もの」などを「取片付」る「無縁墓地」を洛外五ヶ所に設定する。その時にも「高野川原、賀茂川筋埋置」といった死体の遺棄が問題になってのことだ[67]。山田邦和によると、京都では下京中心地にある町屋の裏側などで、江戸前期〜中期の火葬墓が発見され、御土居の濠からも遺棄された近世初頭の人骨が見つかっている[68]。このような都市域内部や周縁部で発見された葬送の痕跡のうちのいくつかは、檀那寺を持たなかったり、経済的事情などで寺院での埋葬を期待できないような貧困層を葬ったものであろう。

『月堂見聞集』第一四に「貧家たれば葬送の営の為迚、兼て念仏講を結びたれば」とあるように[69]、こうした都市部における貧困層の宗教的な受け皿だったのが、念仏講だった。先の【史料5】第二項にある「念仏講」とは、こうした貧困層の相互扶助組織を基礎にして編成したものと思われる[70]。

阿弥陀ヶ峰は、『近畿歴覧記』で黒川が聞いていたように、阿弥陀如来を想起する場所でもある[71]。都市に単身で暮らし、死後は「無縁」として遺棄されかねない可能性もあるような身寄りのない人びとにとって、比較的軽微な負担で、「阿弥陀」の名を冠する場所で火葬の執行が約束されるとなれば、関心を集めたことも不思議ではない。【史料5】で「身上不如意成者」への配慮も記されていることは、こうした貧困層による利用が一定数あったことを思わせる。経済的事情・階層によって、大坂では三昧聖により、採算を度外視して火葬が行われていたことが知られているが[72]、京都においては、葬儀互助組織の念仏講と連携した近郊の火葬施設と寺院が、都市の貧困層の受け皿となっていたのである。都市の発展と流入人口の増加とともに「家永続の願い」をあてにできないような無縁予備軍が増え、次第に良恩寺火屋利用者の裾野は広がっていたに違いない。

また、火葬施設をめぐって知恩院と衝突していた享保七年（一七二二）、盂蘭盆会の頃に良恩寺では「万日廻向」の結願を迎えている[73]。これは、絶えず念仏を唱え続ける不断念仏が、一万日目を迎えたことを示している。良恩寺が、常に念仏の声が聞こえてくる環境であるという点も、子孫による供養が必ずしも期待できない人びとにとっては好ましいものだったと思われる。

さらに利用者の拡大をもたらすことになったのは、元禄一〇年（一六九七）に良恩寺の東隣に、佛光寺の別院が建立されたことだろう。[74] 佛光寺廟所の存在と阿弥陀ヶ峰という呼称。さらに、良恩寺にほど近い青蓮院は親鸞得度の地とされ、親鸞が得度の際に剃り落とした頭髪を植毛したという、親鸞植髪像をまつる植髪堂も近い。こうした条件が、京都に住む真宗門徒たちの需要をも呼び込む効果があったことは想像に難くあるまい。

当然ながら、火葬施設の需要が高まれば、より大きな経済的な利益を生むことになる。それ故に、弁察は知恩院と衝突する恐れがあるにもかかわらず、積極的に良恩寺の火葬場を拡大していき、さらなる顧客を取り込もうとしていたのであろう。この段階では、粟田口の惣堂と地縁共同体による墓地・火葬施設という初発の位置を離れ、都市京都近郊にあって、都市住民の多様な需要に応える火葬場としての意味を持つようになっている。元禄段階では粟田口村が主導していたが、享保期には粟田口惣堂として地域住民の意向を反映した運営から離れ、良恩寺弁察が自立的に経営に乗り出していることがうかがえよう。

こうして良恩寺は「京都惣焼場所」[75] とさえいわれるようになっていく。粟田口村中が使用する地縁共同体による墓地・火葬施設は、広く京都の火葬需要に応えるようになり、次第に公共性を持っていった。こうした変化は、地域の人びとの意識を変えずにはおかなかっただろう。すなわち、地域住民（〝私たちの〟）のための寺院・火屋から公共のもの、他人のものという意識の変化である。

## 三　火葬場の操業停止

火葬場の積極的拡大に尽力していた弁察は、享保一三年（一七二八）一一月末には隠居を願い出た。しかし、弁察の後に入寺した群誉が、どうしたわけか翌一四年（一七二九）の九月に隠居を願い、再び弁察が呼び戻される。ところが、弁察も享保一四年（一七二九）一一月に入寂。実に慌ただしく住持が入れ替わった二年間だったが、弁察没後の享保一四年（一七二九）一一月に後継者の伝及が入寺したことで、しばらくは落ち着きを取り戻していた。ところが、伝及も享保一八年（一七三三）六月になって「病身隠居」を願い、とうとう良恩寺は「無住」となり、良恩寺は末寺の安養寺が預かることになった。

無住になっている期間を青蓮院が好機とみて[76]、享保一八年（一七三三）一〇月二三日に「荼毗所之儀、　思召有之候間、先可相止之旨被仰出、両庄屋ゟ安養寺幷旦那共江申渡」し、火葬施設の操業停止を求めた[77]。ここでいう青蓮院の「思召」について、別の史料では「前々ハ荼毗も折々有之候処、年々数多相成、右之場所、御門室江程近御座候故、不絶臭気来　公武御祈禱之御道場も有之候ニ付、御門主甚御難儀　思召之」と臭気の問題があったことを記している[78]。もっとも、知恩院の火屋もあるので、青蓮院も知恩院に対して気を遣ってはいたようである[79]。

この年には、享保の大飢饉が起きている。前年の秋から米価が急騰し、年初からは「軽キ渡世之者共困窮」という状態であった[80]。幕府や有徳人から御救米などが支給されてはいるが、多くの死者が出たことは想像に難くない。貧困層の利用が少なくなかった良恩寺の火屋の稼働率は上昇したことであろう。加えて、同年には八月六日に霊元院、晦日に東山天皇の生母、敬法門院の一周忌と重要な法要が続いた[81]。こうしたなか、「不絶臭気」という状態に青蓮院門跡も音を上げ、火葬施設の操業停止を命じたのだろう。

その後、享保一八年（一七三三）一一月八日に長講堂恵雲弟子、音空冏穏陳龍が良恩寺の住職となる。この時には、青蓮院から良恩寺住職に対して荼毘所廃止にともない、次のような配慮があったことが知られる。

【史料6】[82]

同《享保》十九年七月廿四日茶毗所相休ニ付、斎料難義之由相聞候ニ付、以思召当分米五俵被下置候旨、並河織部、

武田主計申渡

同二十年四月九日同御救御蔵米三石被下之、於台手間武田主計申渡

つまり、青蓮院も一方的に荼毘所の使用を停止するのではなく、操業停止にともなう経済的な損失に配慮し、当面は米五俵が支給されるという一定の補償がなされているのである。「同《享保》廿一年二月朔日上人号　綸旨頂戴云々」と良恩寺住職が上人号を獲得しているが、[83]これも青蓮院による良恩寺住職の懐柔策といえるかもしれない。

この荼毘所廃止をうけて、良恩寺の檀家たちは驚いた。ここで取った手段は、意外にもこれまで幾度となく衝突していた知恩院に対して口添えを求めることであった。その口上書は次のようなものだ。

【史料7】[84]

元文二年三月　知恩院江願書左之通

口上書

一阿弥陀峯荼毗所之儀者往古神明坂ニ御座候、其後只今之所江従　御公儀様被為引移之儀者南禅寺金地院御宮江煙覆候ニ付、　御公儀様入柴運上山ニ候故、唯今之処江被移候、然所ニ元禄八年亥十一月十四日庄屋五郎左衛門与申者、良恩寺互ニ及違論候儀有之ニ付、同極月五日、　松前伊豆守様之砌、左右方御呼出之上ニ而、茶

毗所御取上ニ而、小堀仁右衛門様江御申渡被遊、御代官支配ニ自今被仰付候、重而良恩寺ゟ御奉行所江御願申候得者、元禄九年子三月九日ニ墓所如前々寺附徳用候ハヽ、無相違、良恩寺江請取可申旨ニ而、御掟杭九本被為打被下置候儀紛無御座候、右之旨小堀仁右衛門様御帳面ニ具印有之候儀ニ御座候、則知恩院茶毗所も右之内ニ古来ゟ有来候、然ル処五年以前良恩寺無住之内、　青蓮院宮様ゟ当分相止メ候様ニ且方共へ被仰渡畏入候、茶毗仕来候墓所故、土葬ニ仕候得者、隣墓ニ懸リ、殊外迷惑仕別而者良恩寺成物ニ候得者相止候而者且方貧家ニ御座候故、寺及大破候得共、修覆難成候故、五年以来毎度　宮様御役人中迄御免之願書差出シ申候処ニ、於于今御許容無御座、千万難義仕候、且方ハ勿論方角ニゟ葬送之砌遠方ニ而火葬仕候得者、或ハ雨天之節難義仕候衆中も有之候ニ及承候、然者御同宗之良恩寺殊ニ者諸人難儀之筋ニ御座候間、御憐愍之上ニ而　青蓮院宮様迄我々願之筋相立申候様ニ御言葉を被添被下候ハヽ、難有可奉存候、以上

元文二巳年三月　日　　良恩寺檀方

知恩院 ……

御役者中様 ……

ここでは、①土葬にするには空間が必要であり、狭小な墓域では隣接地にはみ出す恐れがあること[85]、②寺院の経済基盤を喪失し安定した経営ができなくなること、③当該火葬施設が使えなくなると、遠方での火葬を余儀なくされる人が出ることなどが訴えられ、青蓮院に対して口添えしてもらえないかと「御同宗」の知恩院に願い出ている。

良恩寺が、火葬施設の操業停止により多様な人びとに影響を与える可能性があると訴えているのは、既に一八世紀初頭において火葬施設が粟田口住民、良恩寺のみならず近隣住民にとっても不可欠な存在になっていたからであろう。しかしながら、青蓮院側の補償は、【史料6】で見たように、良恩寺への「斎料難義」に対してのものだけ

だった。

これまで阿弥陀ヶ峰火屋の操業をめぐって、対立してきた知恩院を巻き込むしたたかさには驚くばかりであるが、知恩院も自らの火屋が使えなくなれば困るだろうから、利害が一致するという読みがあったのであろう。実際に、同年四月に知恩院は、青蓮院からの阿弥陀ヶ峰での火葬停止要請に対して、「一山面々」や「由緒有之旦縁」などの使用だけでも認められないか交渉を始めている[86]。結局、知恩院に関しては「阿弥陀峯火穴引移」とあるので、移転の方向で決着がついたようだ[87]。

知恩院前大僧正が没し葬送を行う必要が生じた際には、知恩院から青蓮院に対して荼毘の申し入れを行ったところ[88]、元文三年（一七三八）四月二六日に「知恩院方丈荼毗之儀被仰入、御領内ニ候へハ御勝手次第之儀ニ候、此以後とても御届ニ及不申候」と知恩院領内での荼毘については容認している[89]。一方で、良恩寺に対しては火葬場の復活は頑として撥ねつけていた。良恩寺の読みは、はずれたのである。

それでは、元禄の時点で墓地を買い取ってまで維持しようとしていた、粟田口村中の動きはどうだったのか。この頃、粟田口周辺は京都の東の玄関口として発展していき、町場となっていた[90]。そうしたなか、良恩寺にほど近い小物座町・谷川町・東分町などが、青蓮院による火葬場操業停止から間もない享保二〇年（一七三五）に、「荼毘所」の永続的な操業停止を青蓮院に願い出ていた[91]。

元禄期と異なり、地域住民がこのような反応を示したのはなぜなのか。一七世紀段階では粟田口村中と良恩寺の檀家はほぼ一致しており、墓地と火葬施設も主に彼らが利用していただろう。当然、自分たちの家族や自身の将来を考えれば、埋葬や葬儀に使用するための場所、そして良恩寺を維持することに村中が関心を持つことになる。しかし、粟田口周辺が町場化していくにともない住民構成が流動するようになると、従来の良恩寺檀家が外部に流出したり、他の寺院を檀那寺とする人が流入するようになり、次第に町住民と良恩寺檀家は一致しないようになる。(92)さらに、火葬場を檀家だけでなく京都の町人が広く利用するようになると、地域共同体の火葬場から、公共施設であるという意識を持たれるようになり、地域住民にとって火葬場はどうしても維持しなければならないものという認識を持たないようになっていったと思われる。

また、既に指摘されているように一七世紀を通して葬儀屋が成長していき、葬送の華美化が進んでいったことも看過できない。(93)豪華な葬式を出すことが孝行であるという考えが一般化し、葬送行列を多くの人に見せることが重視されるようになっていく。福田アジオがいうように死体運搬が儀礼的意味を持っていたとすれば、(94)火屋がいくらか離れたところにあっても差し支えなく、近くにある必要性は希薄になる。阿弥陀ヶ峰の火屋が都市下層民によって盛んに利用されるようになると、却って地域住民は利用を敬遠するようになっていた可能性もあろう。こうして、地域住民にとって、近隣に火葬場があることの利点はなくなり、むしろ迷惑施設と見なされるようになっていったのではないだろうか。

結局、知恩院に加えて地域住民の支援を得られなかった良恩寺の火葬場は、粟田口での操業を停止してしまったようだ。やや後の延享四年（一七四七）の新嘗祭執行にともない、京都の火葬場に対して火葬の停止を命じた京都の町触を見よう。

【史料8】(95)

千本通之上
蓮台寺
黒谷之側

中　山
妙心寺之側
相　坂
粟田口
阿弥陀峯

右四ヶ所之火葬場ニ而、来ル十六日朝六ツ時ゟ同十八日朝五つ時迄、火葬仕間敷候、阿弥陀峯ハ近年火葬不致候得共、為念右之段可申聞候

右之通無間違可申達事
（延享四年）卯十一月五日

ここでは、千本蓮台寺をはじめとした四ヶ所の火葬場が宛所として列挙されているが、阿弥陀ヶ峰は、近年では火葬をしていないが念のために申し伝えるとある。また、宝暦一二年（一七六二）刊の地誌『京町鑑』横町にも「天王辻子」の項に「此道筋の東に当りて昔火葬場有、此世に云阿弥陀峯の焼場也、中頃より廃す」とあり(96)、既に廃止されていたことがうかがえる。こうした書き方を見ると、享保一八年（一七三三）の青蓮院から火葬の停止を命じられて以降は、操業されなかったとみてよいであろう。

以上のように、良恩寺は無住になっていた享保一八年（一七三三）に、青蓮院から火屋の操業停止を命じられた。これは「京都物焼場」などと呼ばれ、多くの利用者があった火葬場を経営していた良恩寺にとって、経済基盤の喪失につながりかねない。このとき、住職は青蓮院門跡によって懐柔されていたようだが、火葬場からの収入が絶たれた寺院を経済的に支えねばならなかった檀家にとっては、経済的負担の増加をもたらすことになる。檀家たちは火屋の復活を望んでいたようだが、周辺地域の住民は元禄期のように良恩寺の火屋操業を支持することなく、結果

的に同所での火屋の操業継続は挫折することになったのである。

## おわりに

ここまで阿弥陀ヶ峰の火葬施設の動向を見てきた。そこから明らかになった点は次のとおりである。第一に村・墓地・火葬場と寺院の関係は一七世紀を通して変化してきたことである。一七世紀初頭の段階では村が共同で惣堂を管理し、墓地・火葬場も村が主として利用していた。この時点では、惣堂は無住でその維持については、村の経済に依存していた。ところが、一七世紀末から一八世紀にかけての元禄～享保期には、墓地の権利をめぐる訴訟のなかで、良恩寺が火屋を経営することが公儀権力によって公認される。このことは、寺院が火屋と一体化したことで独自の経営基盤を獲得し、村から相対的に自立することを意味する。なお、元禄五年（一六九二）には幕府による寺院調査が行われていき、この時点で公的にも独立した寺院として認められることになる。そして享保一八年（一七三三）以降の火屋操業停止を迎える。地域社会から相対的に自立していた良恩寺の火葬場経営について、地域の支持は得られなかった。檀家は他所で火葬され、寺院境内墓地に石塔を建立するようになる。新谷尚紀がかつて指摘したような、テラ・ハカ・ムラの吸引力と反発力[97]が作用するなかで、社会的・経済的条件や環境の変化などの影響をうけながら、三者は複雑な動きを見せていた。

第二に、一七世紀末～一八世紀における良恩寺の火屋需要を支えたのは檀家よりも都市住民であったことである。単身で流入する都市民や一七世紀の経済構造の変化によって、中世以来の商家が退転し新興商人が勃興するなど、都市の住民構成が変容していく。都市内部には、身寄りがなく経済力を持たない無縁予備軍が増加していく。イエから離れて寺檀制度の埒外にあった存在は、貧困のために洛中の屋敷近隣に死体を埋葬したり、放置することもあった。こうした都市下層民は宗教的救済のための互助組織として念仏講を組織し、良恩寺火屋と関係を取り結んでいった。粟田口の地縁的な共同墓地は都市京都の発展とともに葬送施設の需要が増大すると、幅広く受け入れることで宗教的需要に応えようとする。早くから都市化が進み、近郊村落と都市が近接するようになっていた京都では、江戸のように村落と寺檀関係を持たない寺と火葬施設が、通過儀礼の実施に相応しい周縁地域に新たに成立することはなかった。近郊の既存宗教施設が、都市の多様な宗教的需要に対応するように変容してきたといえる。(98)

第三に、火屋の操業は権力の判断によって停止することができたことである。阿弥陀ヶ峰の火屋は、享保一八年（一七三三）に領主の青蓮院門跡の「思召」によって廃止された。これはひとり青蓮院門跡だけの方針ではなく、ほぼ同じ頃の享保四年（一七一九）一〇月には、京都の西郊外にあった西土居の火屋が京都町奉行によって操業を停止させられ、所属していた「隠亡」が、洛南の金光寺が経営する火屋に移っている。(99)一七世紀に都市が発展していき人口が増加していくなか、火葬施設の需要が増大していくと都市インフラとして公儀権力も認識していく。一方で不特定多数の利用者が増加することで、都市近郊では「村」の施設から公共施設へと地域社会の意識も変化し、次第に地域の財産から迷惑施設ととらえられてくる。すると、一八世紀には都市行政の一環として権力による選択・再編が行われ、地域もそれを受け入れるようになっていく。都市における火屋のありようは、地域社会の意向を完全に無視することはないにしても、都市をどのように維持していくかという権力の意思も、大きく反映していると考えざるを得ない。(100)周縁に所在すると指摘された江戸における火葬場についても、「周縁」とは朱引・墨引という公儀が設定する線によって規定された空間である。こうした点からも、近世の公儀権力の意志を軽視することはできない。

第四に阿弥陀ヶ峰火屋の重層性である。阿弥陀ヶ峰火屋と呼ばれる火葬施設は、①不特定多数の人びとを対象とする鳥辺野阿弥陀ヶ峰の火屋が、知恩院に寄進されて慶長期に華頂山に移動し、知恩院が専有化したものと、②洛外粟田口にあった村墓が華頂山に移動し、良恩寺によって管理され、檀家のみならず不特定多数の人びとに開放されたものの二つによって成っていた。ここで注意を喚起しておきたいのは、二つの火屋の性格が変化していることである。①知恩院専有の火屋はかつて不特定多数の人びとが使用する鳥辺野のもので、②近世に不特定多数の人びとに開放されていた良恩寺の火屋は、むしろ粟田口村中のものであった。こうしてみると、火屋・墓地の利用形態について、排他的─開放的なあり方は決して単線的な一方通行の変化ではないようだ。寺院・檀家・村・町の相互関係と需要、経済効果などといった歴史的な諸条件に規定され、排他的利用から開放、あるいは逆に開放から専有へと選択されていくものであった。

京都における葬送のありようは、故人の経済的条件や地域、わずか一世紀程度の時代差によっても異なっていた。「近畿地方の諸事例」の歴史的事情を、平安貴族の思想などにあてはめて一般化することには慎重でなければならないだろう。(101)

## 註

（1）柳田國男『先祖の話』（『定本柳田國男集』第一〇巻、筑摩書房、一九六九年）。
（2）細川涼一『中世の律宗寺院と民衆』（吉川弘文館、一九八七年）。
（3）細川涼一編『三昧聖の研究』（碩文社、二〇〇一年）。
（4）中世墓資料集成研究会編『中世墓資料集成』全一四巻（中世墓資料集成研究会、二〇〇三〜〇八年）。
（5）民俗学の霊魂観・祖先観に大きな影響を与えている柳田國男『先祖の話』においても、「都市が勃興し人の来住の多くなつたのは、三百年以上の昔からであるが、もう其頃から我々の葬法は、乱雑になりかけて居たのである。しかしそれから以後でも空地のまだ多い田舎だけは、なほ現世生活の最後の名残を、静かに消滅せしめる方法は備はつていた」とあり、柳田國男が古い葬法が残るのは都市ではなく「田舎」であると考えていたことを示唆している。なお、「空地のまだ多い田舎」と記しているように、柳田は都市における葬法を変化させる圧力となったのは空閑地の少なさであると考えていたことがうかがえる。

（6）東京都公文書館編・西木浩一全文執筆『都史紀要　三七　江戸の葬送墓制』（東京都政策情報室都民の声情報公開室、一九九九年）。

（7）野尻かおる「近世都市江戸における火葬場の成立と変容――小塚原「火葬寺」を中心として――」（地方史研究協議会編『江戸・東京近郊の史的空間』雄山閣、二〇〇三年）。

（8）福田アジオ『時間の民俗学・空間の民俗学』（木耳社、一九八九年、一七八頁）。

（9）例えば、宮田登は「都市民の日常生活意識は、衛生的に考えて、死者に対する穢れや、死そのものに対する観念が敏感になる。したがって都市化地域では、火葬を比較的早く取り入れたのではないかと考えられている」と述べている（宮田登『宮田登日本を語る　七　霊魂と旅のフォークロア』吉川弘文館、二〇〇六年、六〇頁）。こうした一般的理解は事実に即した再検討が必要である。

（10）前掲東京都公文書館編著。

（11）林英一「死と葬法」（八木透編著『新・民俗学を学ぶ――現代を知るために――』昭和堂、二〇一三年、一〇六頁）。

（12）新谷尚紀『両墓制と他界観』（吉川弘文館、一九九一年）、同『柳田民俗学の継承と発展』（吉川弘文館、二〇〇五年、九二頁）、関沢まゆみ「民俗研究映像「盆行事とその地域差」」（関沢まゆみ・国立歴史民俗博物館編『盆行事と葬送墓制』吉川弘文館、二〇一五年、二七頁）。

（13）高田陽介「戦国期京都に見る葬送墓制の変容」（『日本史研究』四〇九号、一九九六年九月）。

（14）山田邦和「京都の都市空間と墓地」（『日本史研究』四〇九号、一九九六年九月、のち同『京都都市史の研究』吉川弘文館、二〇〇九年に所収)。
(15) 山田邦和「考古学からみた近世京都の墓地」(前掲山田書所収)。
(16) 前掲高田論文。
(17) ここでいう「共同墓地」とは不特定多数が共同利用する墓地という意味合いで使われており、別の論文では「利用が一つの村落に限られない入会的墓地」を「中世的共同墓地」と勝田は呼んでいる(勝田至『日本中世の墓と葬送』吉川弘文館、二〇〇六年、三一一頁)。一方で高田陽介は「地縁的共同体を基盤とする共同墓地」という表現を使っており(前掲高田論文、三九頁)、惣墓のような限定的な構成員によって排他的に利用される墓地の意味で「共同墓地」の語を使用している。同じ雑誌の特集記事でありながら、こうした分析概念の内容に論者によって不一致があることが学際的研究の難しさを物語っている。
(18) 勝田至「「京師五三昧」考」(『日本史研究』四〇九号、一九九六年九月、のち大幅に加筆して同『日本中世の墓と葬送』吉川弘文館、二〇〇六年)。
(19) 前掲勝田書、二六九頁。
(20) 前掲勝田書、三一一頁。
(21) 前掲高田論文、前掲勝田書。
(22) 幡鎌一弘「中近世移行期における寺院と墓」(同『寺社史料と近世社会』法藏館、二〇一五年)。
(23) 前掲勝田書、二七一頁。
(24) 岸妙子「近世京都における常設火屋の様相」(村井康彦・大山喬平編『長楽寺蔵七条道場金光寺文書の研究』法藏館、二〇一二年)。
(25) 後述するように阿弥陀ヶ峰火屋は近世中期段階で操業を停止していたため、現存しておらず、その正確な場所や景観については不明である。なお、史料には「阿弥陀峯」「阿弥陀峰」「阿弥陀ヶ峰」などの表記があるが、本章では史料上の文言を除き「阿弥陀ヶ峰」に統一する。
(26) 前掲福田書。

(27) 本篇、附録を合わせて二〇九巻に及び、享和三年（一八〇三）の序があるが、記事は天保五年（一八三四）まで続いており、長期間にわたって編纂が続けられたとみられている。一部が『大日本仏教全書』、『天台宗全書』に翻刻されているが、全文にわたる翻刻はなされていない。以下、『華頂要略』について、特に記載のないものはすべて京都府立京都学・歴彩館蔵本の写真帳による。

(28) 以後、浄清を「開基」として主に浄土宗西山派の僧侶が住持として入寺していくが、「青蓮院門主ノ境内ナルカ故ニ門主ノ支配ノ内トナリヌ」（『近畿歴覧記』）と青蓮院門跡が支配していく。とはいえ、当の青蓮院側の史料である『華頂要略』巻五六に「不及本寺之沙汰、自然地頭支配而已」としているように、「本寺」としてではなく、あくまでも「地頭」としての支配であった。『寺院明細帳』（京都府庁文書、京都府立京都学・歴彩館蔵）によると明治六年（一八七三）に青蓮院から離れて浄土宗西山派となっている。

(29) 前掲勝田書。

(30) 山路興造「村堂論ノート——ケガレと救済の民俗をめぐって——」（『京都民俗』二三号、二〇〇七年三月）。

(31) 新修京都叢書刊行会編『新修京都叢書』第一二巻（臨川書店、一九七一年、一三九〜四〇頁）。

(32) 『華頂要略』巻五九。

(33) 典拠となっている史料が訴訟に関わって作成されたものであり、個々の主張や事実関係については検討の必要はある。また、固有名詞などで若干の混乱もあって全く問題がないわけではない。しかし、この記事の後ろには『華頂要略』の編者である進藤為善が、「前後不審候様も有之候得共、古書之侭認置」と付記している。『華頂要略』は後年の編纂物であるが、「古書之侭」に記すとあることから、編纂時に伝来していた史料に基づいて記述したものであり、無理に辻褄を合わせるための改変などをしておらず、史料として信頼に足るものと考えられる。

(34) 『華頂要略』巻五九。

(35) 『華頂要略』巻五六。

(36) 泉滴は史料によっては「専的」とも書かれている。以下、史料上の文言を除き「泉滴」とする。

(37) 『華頂要略』附録巻一八。

(38)『華頂要略』巻五六。
(39)新修京都叢書刊行会編『新修京都叢書』第一二巻（臨川書店、一九七一年、一四〇頁）。
(40)『華頂要略』巻五六。
(41)『同右』。
(42)『華頂要略』巻四七によると、山岸家は平井・西村・小西・岡村・芝田家とともに粟田口の郷士でもあった（天台宗典刊行会編『天台宗全書　一四　華頂要略第二』天台宗典刊行会事務所・大蔵出版、一九三六年、八八四頁）。粟田口の郷士は、織豊期の「天下争乱」の際に門跡に伺候するものが散在してしまったため「晴儀行粧等之時」の「供奉之人数」に加えるようになり、後に庄屋としたという。
(43)前掲福田書。
(44)総本山知恩院史料編纂所編『知恩院史料集　日鑑・書翰篇六』（総本山知恩院史料編纂所、一九八七年）。以下の知恩院『日鑑』については、すべて同史料集による。
(45)『日鑑』享保元年七月一六日条。
(46)『日鑑』享保元年七月二五日条。
(47)『日鑑』享保元年八月一二日条。
(48)『日鑑』享保元年七月二七日条。
(49)新修京都叢書刊行会編『新修京都叢書』第一二巻（臨川書店、一九七一年、一四〇頁）。
(50)前掲勝田書、二一四頁。
(51)総本山知恩院史料編纂所編『知恩院史料集　日鑑・書翰篇六』（総本山知恩院史料編纂所、一九八七年、三二四頁）。
(52)享保一〇年（一七二五）には酒井忠次の子孫で出羽庄内藩主の酒井忠真が公用で京都に来た際に、知恩院に立ち寄っている。この時に「酒井左衛門尉殿、（中略）昨日申来候由、依之、前来出入有之阿弥陀峯当山火葬場ハ、此御先祖之御寄附之事故」（『日鑑』享保一〇年六月一二日条）と所司代に証言もしている。

(53) 大山喬平『日本中世農村史の研究』（岩波書店、一九七八年）、馬田綾子「中世京都における寺院と民衆」（『日本史研究』二三五号、一九八二年三月）、島津毅「中世後期の葬送と清水坂非人・三昧聖」（同『日本古代中世の葬送と社会』吉川弘文館、二〇一七年）。
(54) 「知恩院文書」坂奉行連署売券（水野恭一郎・中井真孝編『京都浄土宗寺院文書』同朋舎出版、一九八〇年、一六頁）。
(55) 新修京都叢書刊行会編『新修京都叢書』第二二巻（臨川書店、一九七一年、一四〇頁）。
(56) 『日鑑』享保元年九月七日条。
(57) 『日鑑』享保元年九月八日条。
(58) 『日鑑』享保元年九月一五日条。
(59) 『日鑑』享保五年九月一六日条。
(60) 『日鑑』享保六年五月一三日条。
(61) 『日鑑』享保七年二月一二日条。
(62) 総本山知恩院史料編纂所編『知恩院史料集　日鑑・書翰篇八』（総本山知恩院史料編纂所、一九八九年、四四一頁）。
(63) 『華頂要略』巻五六。
(64) 『同右』。
(65) 『日鑑』元文五年九月一三日条（『知恩院史料集　日鑑・書翰篇一九』総本山知恩院史料編纂所、二〇〇四年、四四九頁）。
(66) 京都町触研究会編『京都町触集成』第二巻（岩波書店、一九八四年、一九五頁）。
(67) 京都町触研究会編『京都町触集成』第一巻（岩波書店、一九八三年、六六頁）。
(68) 前掲山田書、二七七頁。山田邦和は居住地に近接した墓地（七条町型墓地）が中世に存在していたことを指摘しているが、近世にも公家屋敷の内部で墓地が営まれていたことが発掘事例から確認できるという（前掲山田書、二七六頁）。こうした発掘事例は、中世～近世の京都において貴族たちが近接した場所に死体の埋葬をすることを常に忌避していたわけではないことを示している。新谷尚紀による、京都の貴族による触穢思想を強調する議論（新谷尚紀『両墓制と他界観』吉川弘文館、一九九一年、二五八頁）なども実態に即した再考が必要であることを示唆している。

(69)　森銑三・北川博邦監修『続日本随筆大成　別巻　近世風俗見聞集3』（吉川弘文館、一九八二年、一三四頁）。なお、勝田至「中世後期の葬送儀礼」（前掲勝田書所収）において、一六世紀に京都周辺で念仏講が広がっていた可能性を指摘している。とはいえ、貧困層への浸透については、一七世紀まで下るであろう。

(70)　このような社会状況が宗教者の活動にも影響を与えたことを、木食正禅という木食僧について、拙著『近世勧進の研究――京都の民間宗教者――』（法藏館、二〇一一年）で論じた。木食正禅は「無縁」供養のために京都の五三昧を毎夜めぐる行をし、供養されない死者が眠る墓地や刑場に名号碑を建立した。

(71)　新修京都叢書刊行会編『新修京都叢書』第一二巻（臨川書店、一九七一年、一四〇頁）。

(72)　木下光生『近世三昧聖と葬送文化』（塙書房、二〇一〇年、一〇六頁）。

(73)　『月堂見聞集』（『近世風俗見聞集』第二、国書刊行会、一九一三年）巻一四、享保七年七月一八日条。

(74)　仏書刊行会『大日本仏教全書　第一二九冊　華頂要略門主伝第二』（名著普及会、一九八一年、五七五頁）。

(75)　『日鑑』享保一〇年一二月五日条。

(76)　『日鑑』享保一八年一一月一七日条に、青蓮院代官の発言として「阿弥陀峯良恩寺火穴之儀、兼々御門主御迷惑ニ思召候ニ付、先頃ゟ停止被仰付候、尤此節良恩寺住持替之事故、右之通被仰付候」とある。あきらかに青蓮院は良恩寺の住持交替のタイミングを見計らっての行動であることがわかる。

(77)　『華頂要略』巻五六。

(78)　『同右』。

(79)　『日鑑』享保一八年一一月四日条で、青蓮院から火葬場操業停止の「表向御願」をするのも差し障りがあるので、内々に申し入れて知恩院の意向を聞いている。

(80) 京都町触研究会編『京都町触集成』第二巻（岩波書店、一九八四年、一八四頁）。
(81) 仏書刊行会『大日本仏教全書　第一二九冊　華頂要略門主伝第二』。
(82) 『華頂要略』巻五六。
(83) 『同右』。
(84) 『同右』。
(85) この主張から火葬施設の周辺では、土葬などもなされていたことがうかがえる。
(86) 『日鑑』元文二年四月二七日条（『知恩院史料集　日鑑・書翰篇』一八、総本山知恩院史料編纂所、二〇〇三年）。
(87) 『日鑑』元文三年三月二六日条（『同右』）。
(88) 元文三年四月二六日書翰（『知恩院史料集　日鑑・書翰篇』一七、総本山知恩院史料編纂所、二〇〇二年）。ただし、ここでは茶毘所の移転先が未決定であり、「差当り難儀」のため、移転後には前例としない約束で「夜分密ニ茶毘」することを願っており、あくまでも緊急避難的な措置である。
(89) 『華頂要略』巻五六。
(90) 前掲京都市編著、八一頁。
(91) 『華頂要略』巻五六。
(92) 明治一二年（一八七九）の内務通達による京都府で作成した『寺院明細帳』（京都府庁文書、京都府立京都学・歴彩館蔵）によれば、当時の良恩寺檀徒は二九四人。ただし、檀徒総代として署名している三人のうち二人は粟田口の住人ではない。
(93) 前掲木下書。
(94) 前掲福田書。
(95) 京都町触研究会編『京都町触集成』第三巻（岩波書店、一九八四年、一二五頁）。
(96) 新修京都叢書刊行会編『新修京都叢書』第三巻（臨川書店、一九六九年、二六九頁）。
(97) 前掲新谷書『両墓制と他界観』一〇七頁。

（98）前掲福田書。
（99）佐藤文子「近世京都における金光寺火屋の操業とその従事者」（前掲村井・大山編著所収、四八六頁）。
（100）岸妙子が近世都市部において「庶民の火葬受容の広がりに伴い、火屋は恒久的に使用可能な」常設火屋が造られていくとする（前掲岸論文、五一一頁）。火屋の常設化が進んだのは、一八世紀に権力によって一部の火屋が操業を停止されたことで、使用可能な火屋が減少し、結果的に個々の火屋の稼働率が急増したためであろう。
（101）前掲新谷書『両墓制と他界観』、同『柳田民俗学の継承と発展』、前掲関沢論文。

# 第二章　近世京都における無縁墓地と村落・寺院

## はじめに

京都の墓地については都市論・考古学・歴史地理学などの視点からの学際的な研究が進み、古代から中世に関しては次第に全体像が明らかにされつつある[1]。しかしながら、近世の墓地については地誌・随筆に依拠して議論されることが多く、その実態はそれほど明らかではない。

前章では、鳥辺野と関わる火葬施設を具体的に見ていくなかで、不安定な都市において、貧困層や下層民などの火葬を低廉に行うための工夫があったことを明らかにした。しかしながら、火葬が無事に行われたとしても、その遺骨をどこに埋葬するかという問題が残る。檀那寺を持たなければ、下層民は寺院境内墓地への埋葬は期待することができない。こうした死者たちの埋葬場所の問題もまた、都市の抱える課題のひとつであろう。

そこで、本章では檀那寺を持たない「無縁」として死んだ者たちを埋葬する空間について、具体的に見ていくことにしたい。

京都では、元禄一二年（一六九九）四月に公儀権力によって無縁・「非人」の埋葬をするために五ヶ所の「無縁墓地」が設定されたが[2]、ここに見える近世京都の無縁墓地に関する個別研究は多いとはいえない。これらの五つの無縁墓地については、その位置関係から「中世の墓地」との関連を示唆する意見もあるが、少なくとも次章で詳しく論じる南無地蔵は、中世の鳥辺野との関係もさることながら、近世の公儀権力によって設定された墓地という側面も軽視できない[3]。中世との連続性を強調しすぎることは、却って近世におけるこれらの墓地の性格を見誤ることにもなりかねないだろう。

また、これら五つの墓地は、おそらく成立の経過もそれぞれ異なるであろう。それ故、近世の京都における無縁墓地を考えるうえでは、前提として個々の墓地について具体的に明らかにしておく必要があると考えられる。そこで、本章では元禄一二年（一六九九）の法令に見えている「無縁墓地」のうち、冒頭に見える「七條高瀬川之側ニ壱ケ所　字白蓮寺」について、詳しくその実態を見ていくことにしたい。まず、手がかりとなるのは「白蓮寺」という所在である。七条高瀬川に近接する東塩小路村には、白蓮寺という寺院があった。この寺院と墓地との関係にも留意しながら、近世京都における無縁墓地について検討していきたい[4]。

なお、寺院としての白蓮寺には従来まとまった研究がないので、まず最初に寺院そのものの構造、運営を確認したい。その後、寺と墓地との関係、葬送と墓地について見ていくこととしたい。

## 一　近世における白蓮寺

白蓮寺は、近世には東塩小路村（現・京都市下京区）に所在した寺院である。白蓮寺の所在する東塩小路村は、古来より交通の要衝として栄え、平安期には少なからぬ貴族の別業もあった。近世には御土居が成立したため、東塩小路村は御土居に接するかたちで展開していった。洛中に隣接する農村という位置にあり、雑色松尾左兵衛の支配を受けており、[5]妙法院領・佛光寺領・清水寺領等が錯綜する相給地であった。白蓮寺はこの東塩小路村の西南端にあり、御土居に接していた。北側には東塩小路村の庄屋である若山家の氏寺、正行院があり、後述するように近世京都の火葬場を持つ寺としてよく知られる、時宗寺院の七条道場金光寺にも近かった。

白蓮寺と関係があると思われる寺院が、最初に史料に登場するのは『太平記』巻八の「持明院殿行幸六波羅事」で、「塩小路の道場」と見えている。[6]しかし、寺が数度の退転を伝えていることを裏づけるように、それ以降の中世史料には塩小路道場・白蓮寺についての記録は見えない。おそらく、中世の塩小路道場は、道場としては非常に不安定な存在であったとみられる。

そうした道場が寺院として景観を整えるのは、寺伝によれば文明九年（一四七七）のこととされており、嘉永六年（一八五三）の書き上げに次のように記されている。

一、白蓮寺之儀者、文明九丁酉年ニ建立、当嘉永六丑年迄三百七拾七年ニ成ル、

時宗開基　喜阿弥[7]

文明年中に霊山の喜阿弥によって建立されたと伝えているが、開基とされる喜阿弥については、白蓮寺関係の史料では確認できないので、詳細は不明とせざるをえない。ただ、ほぼ同じ頃に「喜阿弥」という人物が、東寺三昧の地蔵院にいたことが知られている。[8]その後、確実な史料に白蓮寺が見えてくるのは、以下のような慶長一〇年（一六〇五）の京都所司代板倉勝重の奉書案である。

当村従寺々毎年上竹拾弐束之事被赦免訖、可令存知之旨依仰執達如件

慶長拾年

九月廿二日　勝重判

洛中之内
　塩小路村
　　正行院
　　白蓮寺
　　蔵春庵
　右三ヶ寺中[9]

こうして東塩小路村の中の正行院等とともに竹の上納を免除された白蓮寺は、それ以降、東塩小路村内の寺院として安定していくようである。なお、この頃の白蓮寺について知ることのできる貴重な史料が、「慶長九年願書」として宝暦一四年（一七六四）の清水寺の争論に関わる「寺格記録幷願書」に引用されている。すなわち、そこには清水寺本願の成就院を批判する論拠として、本願成就院開基である願阿弥の出自について「七条白蓮寺之坊主」と非難しているのである。[10]願阿弥に関するこの批判は事実と異なっているのだが、[11]「白蓮寺之坊主」であることが批判の一つの根拠となっていることから、当時の白蓮寺が寺院としては、相対的には低い位置にあるものとの認識があったことが知られる。

そして、元禄一二年（一六九九）には、「白蓮寺」の称は京都の無縁の死体を埋葬する「洛外五ケ所無縁墓地」の一つとして、「七條高瀬川之側ニ壱ケ所　字白蓮寺」と記載される。[12]

正徳六年（一七一六）の「東塩小路村家数人別改帳」[13]によれば、この寺院は、長四五間・横三一間の境内を持ち、梁行二間・桁行二間半の建物が一棟建っていたことがわかる。しかし、この寺院は京都の人びとからはあまり意識されない存在であったのか、近世の板行絵図にはほとんど描かれず、近世の地誌にも登場しない。わずかに、『山城名跡巡行志』第一に「〇白蓮寺塩小路道場在東洞院塩小路[14]」と見える程度で、多くの地図や地誌に無縁墓地として登場する、鳥辺野の南無地蔵とは大きな違いがある。

宗旨については、先の史料に開基の喜阿弥について「時宗」とあったように時宗であった。享和三年（一八〇三）の書き上げには「時宗衆洛東霊山正法寺末[15]」とあり、時宗寺院の正法寺末であったことが確認できる。また、「無住之節」は「寺役等者本寺正法寺より相勤被申候事」と本寺正法寺が管理するとあるが、既に正徳六年（一七一六）の段階には「先住心光去ル午三月ゟ本寺へ被差上被申上候、当分無住ニ付諸事本寺ゟ支配」とある。早くも無住となり、本山の正法寺の役人が同寺を管理していたようである。[16]

それ以降の白蓮寺歴代について、諸史料から確認できたものを一覧にしたのが二〇七頁の**表1**である。正徳六年（一七一六）以降、しばらく住持について確認できないが、この表から、宝暦頃に白蓮寺に居た「僧阿弥」を最後として、それ以後は阿弥号を持たない者が住持として居住するようになっていく。

そして、安永九年（一七八〇）までには、白蓮寺は同じ時宗の荘厳寺が「所持」していたようだが、白蓮寺が所在する東塩小路村と相談の結果、安永九年（一七八〇）一〇月に、白蓮寺は村に譲渡されることになった。[17]その後も正法寺との関係は続いていたようだが、文化一〇年（一八一三）に正法寺から境内指図等とともに本願寺へ差し出された「口上覚」には、

口上覚

一当山末寺白蓮寺儀此度双方納得之上、其御方江致改宗候ニ付、右寺跡建物等今日御立会之上御引渡候、然ル上者何事ニよらす其御方ゟ御支配如何様共御取斗可致成候、右ニ付於当山聊も中分無御座候、為念仍而書附如斯ニ御座候、以上

文化十年酉六月十一日

霊鷲山

正法寺役者

往生院（印）

清林庵（印）

東本願寺御内

福岡佐右衛門殿[18]

とあり、この時に白蓮寺が本願寺に「引渡」され、本願寺末となっていったことが確認できる。[19]この後、安政二年（一八五五）に寺院の取調べが行われた際にも、「東本願寺末」として届けられており、[20]幕末期に刊行された京都の案内記『花洛羽津根』巻七でも「本願寺末寺東六条」として「東洞院塩小路村　白蓮寺」が見え、[21]この頃には既に東本願寺末として広く認知されていたことが知られる。

しかしながら、本願寺による支配は続くものの、実態としては本願寺の僧も白蓮寺には居住しなくなる。安政二年（一八五五）八月には本願寺・雑色の承認を得て、村が寺を預かることとなり、[22]寺には「留守居」が住むようになっている。[23]留守居には公的に寺を代表する権利はなく、公儀への公式の届けの際には、あくまでも「無住」として、庄屋・年寄が判を捺していた。[24]

なお、この寺院は「無縁無旦」とあり、檀家を持たなかった。[25]そこで、寺院の維持費を捻出するためか、宝暦元年（一七五一）までには境内の一部を耕地化し、細々と農業をしていたことも確認できる。[26]また、東塩小路村を天保の飢饉が襲ってから一七年を経た嘉永六年（一八五三）、村の死者の追善のための「施餓鬼」を実施した際も、借家にまで帳面をまわし、布施を集めることで辛うじて執り行われていることが、以下の記事から知られる。

一先日白蓮寺より此度混きう《（困窮）》年十七年ニ相当り候、右ニ付亡れい《（霊）》のため施餓鬼相勤申度、尤無縁無旦之寺御座候事故、村内志之程多少ニかきらす施物之儀被頼出候ニ付、村内借家人迄帳面相廻し候処、則弐貫九百八拾弐文寄銭有之、外ニ村方より寸志として金五拾疋及取計、今朝持参いたし置候、尤施餓鬼日限之義ハ、来ル廿六日ニ相勤候趣ニ有之候事(27)

このように、白蓮寺は檀家を持たない寺院であったため、経営基盤は比較的脆弱で、維持には少なからぬ困難が

**表1　白蓮寺歴代表**

| 名前 | 肩書 | 在職 | 出典 |
| --- | --- | --- | --- |
| 喜阿弥 | 開基（?） | 文明九（?）～ | 高 |
| 心光 | | ～正徳四・三 | 東 |
| 盛阿弥（無住） | 本山（正法寺）役者 | 正徳四・三～正徳六以降 | 東 |
| 僧阿弥 | | ～宝暦元・一一以前 | 高 |
| 智観 | 白蓮寺当住 | ～宝暦元・一一～ | 高 |
| 旭栄 | 白蓮寺主 | ～明和二・一一～ | 若 |
| 圭空 | | ～享和三・七～ | 東 |
| 都山 | | ～嘉永五 | 日記 |
| 菊芳 | 留守居 | ～嘉永七・一一・八～ | 日記 |
| 無住、村方預 | | 安政二・八・九～安政二・九・一一 | 日記 |
| お紺（改名し知光） | 留守居 | 安政二・九・一一～ | 日記 |
| （無住） | | （安政三・二・一二） | 日記 |
| 知光 | 留守居 | ～安政五・五・七～ | 日記 |
| 某 | 和尚 | ～安政六・一一・四 | 日記 |

※出典：東＝「東塩小路村文書」、高＝「高橋一男氏所蔵若山家文書」、若＝「若山家文書」、日記＝『若山要助日記』

あったといえそうである。

以上、ここでは簡単に近世の白蓮寺について見てきたが、次節では白蓮寺と墓地・葬送について見ていくこととしよう。

## 二　白蓮寺と葬送

白蓮寺の付近には、先の元禄一二年（一六九九）の史料にあるように、近世には無縁の死体を埋葬する墓地として公儀に設定された「無縁墓地」があった。そこで、白蓮寺とこの墓地の関係が問題となろう。ただし、「無縁墓地」について「字白蓮寺」とあることから、「白蓮寺」とは寺院の白蓮寺ではなく、「字」――すなわち白蓮寺近辺の地名であろう。少なくとも寺院境内墓地ではない可能性がある。

東塩小路村近辺の墓地については、元禄に大工頭中井家によって制作された地図[28]と、明治五年（一八七二）の絵図[29]を見ると、白蓮寺の境内墓地[30]とともに白蓮寺の東側、御土居外の側にも墓地が確認できる。では、無縁の死体を埋葬していた墓地はどこにあったのだろうか。

まず東塩小路の村の墓地について確認しておく。安政六年（一八五九）の書き上げを見ると、東西一〇間、南北一七間の一七〇坪に及ぶ「村方惣墓」があったことがわかる[31]。問題はその所在だが、次の「白蓮寺井筋」に関する史料を見ると、

一札

一此度、其御村白蓮寺井筋之儀水車出来候ニ付、近来要助殿拝借　御土居際追々破損相成候ニ付、御拝借地中

程ゟ御公儀様御支配境迄其御村惣墓地之内南北拾間幅六尺新井筋堀割之儀御入魂申出候処、御一統御承知被成下忝存候、尤古井筋之儀者其侭ニ差置可申候、若御勝手悪敷候節者、何時ニ而も如元相直シ可申様約定之事ニ候、且水車請負方之もの共かさつ之義無之様兼而厳敷申付置候へ共、自然洗場於左右心得違不埒之義有之候ハヽ、其段年番役前江御申聞可被申候、依而為後年差入申一札如件

東九条村

嘉永七寅年十月　　　年番

庄屋　吉左衛門（印）

同　孫左衛門（印）

同　伊　作（印）

東塩小路村

庄屋要助殿[32]

とあり、「白蓮寺井筋」が東塩小路の「惣墓地」を通っていたことがわかる。このことから、「惣墓地」は御土居内にある正行院や白蓮寺等の境内墓地とは考えられず、高瀬川から流れる水路と御土居の間にある墓地であろう。

なお、惣墓として村の住人の野辺送りが行われた場所について、「外之白蓮寺[33]」という表現が使われている。この「外之白蓮寺」という表現は、おそらく白蓮寺境内にあった墓地を意識して、それとは別の〝御土居の外〟にある墓地を含意したものであろう。さらに、行き倒れで「非人」と認定された者の死体も「外白蓮寺へほゝむり[34]」という表現をしている。これらのことから、無縁墓地として認定されていた「字白蓮寺」と呼ばれる墓地は、御土居外にあった東塩小路村の惣墓にほかならないということになるだろう。

ここで、安永九年（一七八〇）に白蓮寺が時宗の荘厳寺所持から村持ちになった際に、村から出された一札を見よう。

証札

一当村領之内白蓮寺、貴寺御所持之処、此度御応対之上、私共江譲リ請申処実正也、就夫白蓮寺裏ニ在之候村持之墓所、此後取立可申哉と御不審之段御尤ニ存候、此儀者古来ゟ惣百姓持ニ候間、新規ニ取立申候儀、難相成候ニ付、已来墓所取立候儀、毛頭致間敷候、為後日、仍而証札如件

安永九年子十月

若山正蔵　印
若山用介　印

荘厳寺
貴師[35]

ここでは、荘厳寺から東塩小路村が白蓮寺を譲渡されるにあたって、荘厳寺が、白蓮寺の裏にあった「村持之墓所」を今後「取立」るのではないかと「不審」を持っていたので、「新規ニ取立」はしないとしている。既に「古来」から「百姓持」の墓地は運営されていたので、ここで荘厳寺が懸念している墓地「取立」とは、不特定多数の人びとが利用できるようにした墓地の経営ではなかろうか。

村持ちの墓地でありながら、それが「白蓮寺裏」にあったが故に、白蓮寺を村持ちとしたことを契機に、村が白蓮寺の墓地であるかのように一体で運営していくのではないかと「不審」がられたのであろう。こうした経緯からは、白蓮寺と「外白蓮寺」にあった村持ちの墓の関係は、もともと希薄であったことを示唆していよう[36]。

また、白蓮寺からそれほど遠くないところには七条道場金光寺があり、同寺が火屋を持っていたことはよく知ら

れているが、[37]「外白蓮寺」も墓地のみならず「火葬場」を持っていたことが、次の文政四年（一八二一）に、東塩小路村の若山庄蔵と用助から金光寺にあてた史料により明らかである。

奉願上口書

一従往古　御公儀様拝領仕罷有候塩小路村領字外白蓮寺火葬場之儀ニ付、自然外方ゟ頼来リ、右之場所江火屋等相建候儀有之候而者、貴院様之御差支ニ相成候ニ付、以来何方ゟ如何躰之儀頼出候とも、古来之通村方限之致火葬場置候様、拙者共取計意呉候様御頼ニ付、承知仕罷在候[38]（下略）

ここから、東塩小路村にある「字外白蓮寺」の火葬場について、他所が火葬施設を設置するようなことがあれば、金光寺の「差支」になるので、外白蓮寺の火葬場使用は東塩小路村の「村方限」とし、外部からの使用は認めていないことがわかる。省略した部分には、その「取計」にあたって若山庄蔵らに、米五斗が金光寺から支払われていたことが記されている。これは、金光寺の経営する火葬場と競合しないよう、東塩小路村の火葬場においては村内での利用に限定していることを示している。[39]

「外白蓮寺火葬場」について「従往古　御公儀様拝領仕罷有」とあり、[40]東塩小路村の側では、公儀から認められた村持ちの火葬場であるとして認識していたことは間違いない。安政二年（一八五五）の天皇行幸にともなって火葬場の使用停止が命じられ、村から「請書」を雑色に提出している。[41]結果的に藪蛇になったようで、「火葬場儀はいつ頃より出来候哉」と問いただされてはいるが、特に問題になった様子は見られない。村が請書を出していることからも、火葬場が村のものであるという認識が看取できよう。

それ故、火葬場の使用にあたっては村が許認可権を持っていたようで、嘉永五年（一八五二）に東塩小路会所用人竹蔵の孫が死亡したために、竹蔵が「白蓮寺火葬場借用」を願った際には、[42]それを「聞届」たのは庄屋の若山要助であった[43]。

このような村墓の運営について、荘厳寺や金光寺がことさらに懸念を示していたのは何故か。実は、共同体で利用していた火葬施設が、多様なサービスによって外部の人びとの利用を誘致している事例は、別に論じた粟田口の阿弥陀ヶ峰で確認することができる[44]。東塩小路村が墓地を村外に開放し、火葬場の使用も広く受け入れるようになることはあり得ないことではなかった。だからこそ、常設の火葬施設を経営して、少なからぬ利益をあげていた金光寺にとって、隣接する村持ちの火葬場は脅威だったであろう。荘厳寺もまた、寺院境内の墓地経営をするうえで東塩小路村の墓地がどのように使用されるかを気にかけていた。

さて、村墓とともに無縁墓地があったことは元禄の史料から確認済みだが、それでは無縁墓地は実際に東塩小路村でどのように使われていたであろうか。元禄一二年（一六九九）の法令では、行き倒れ等の無縁の「非人」を埋葬するように規定している。確かに「外白蓮寺」の墓地には、こうした行き倒れ「非人」が埋葬されていた。嘉永五年（一八五二）八月、村内で行き倒れがあり、しばらく「非人番」が預かり面倒を見ていたが、ついに息を引き取った死体について、

一、（上略）併無滞非人ニ而相済、引取候後直様長八へ申付、外白蓮寺へほゝむり候也[45]（下略）

とあり、「外白蓮寺」の墓地に埋葬されたことが見えている。ここで注意しなければならないのは、埋葬を「長八へ申付」とあることであろう。この長八とは、別の箇所に「番人長八」[46]とあり、悲田院の支配の下にある「番非人」であることが知られる[47]。すなわち、埋葬作業には「非人」が関与していたのである。なお、この「番非人」の小屋は、白蓮寺とは道を隔ててほぼ正面の御土居の外側にあった。

既に元禄一四年（一七〇一）には「白蓮寺辺」に「非人小屋」があり、おそらくかなり早い時期から「非人小

屋」は同地付近に存在していたと考えられる[48]。また、東塩小路村としても、当初は「指極り候番人無御座候」という状態だったが、元文三年（一七三八）には「行倒者・捨子等」が多いので、「非人番」を決めて番小屋を設置することを申請している[49]。

東塩小路村の前は、京都から伏見へ向かう竹田街道が通る交通の要衝であったこともあり、行き倒れや捨て子は後を絶たなかった。早い時期から、少なくとも行き倒れなどに関しては悲田院の検視の後、「非人」によって「片付け」が行われていたと見て大過ないであろう。そのための場所として、村の共同墓地がある「外白蓮寺」の一角に無縁墓地を設けて利用してきたものだろう。元禄の公儀による無縁墓地設定は、こうした行き倒れの死体処理などに、既に使用されてきた場所を指定したものと思われる。

## おわりに

これまで近世の白蓮寺とその墓地について見てきた。ここで明らかになったこととして、以下のような点が挙げられよう。時宗寺院の白蓮寺は、檀家を持たず経済的な基盤は脆弱であった。公儀によって、設定された無縁墓地のひとつ、「七條高瀬川之側ニ壱ケ所　字白蓮寺」は、「外之白蓮寺」と呼ばれる御土居の外側にある墓地であり、「白蓮寺」の称は地点表記として使われたもので、寺院と直接関わるものではなかった。この墓地は東塩小路村の構成員が使用する墓地であり、火葬施設も存在していた。どうやらその墓地の一角が、無縁墓地として身元不明者の死体処理に使用されていたものと思われる。

こうした経緯からは、公儀が設定した無縁墓地について、以下のようなことがいえるだろう。新たに東塩小路村の惣墓とともに無縁墓地を開設するとは考えにくいから、一七世紀時点で既に使用されていた東塩小路村が使用する墓地の一角、あるいはその付近を公儀権力が「無縁墓」として設定したのであろう。

ここで、幡鎌一弘による中近世移行期における奈良の墓地についての研究を参照すると、惣墓について二重の意味があったことが明らかにされている。奈良の西方寺には、有縁の者（檀家）の「寺内惣墓」があり、寺外に「無縁墓」がある。惣墓というと共同体によって排他的に利用される有縁の者の墓として理解されるが、無縁の者でも埋葬・供養が可能な墓地も含んでいる。そこで幡鎌は、墓地分割が進んだ時点から議論をするのではなく、閉鎖的な「惣墓」以前に、「他に開かれた状態」があったことを念頭に置いて論じることの必要性を提起している(50)。

本章で論じた東塩小路村の「惣墓」についても、あるいはそれ以前から営まれていた、不特定多数の人びとの死体を埋葬する場が先行していたのかもしれない。近くの七条町周辺には、都市民の居住地に混在して存在する墓地が広く中世に形成されている(51)。また、鴨川の河川敷にも近い。近世に東塩小路村となる地域の周辺に、中世段階で広く埋葬空間が形成されていたとしても不思議はない。そこに白蓮寺の前身となる塩小路道場の関与する葬地が存在していた可能性も否定はできない。しかし、近世になると白蓮寺と墓地との関係はほとんど見られない。中世末から近世になって、その埋葬空間の一部分が、東塩小路村によって村の墓地として排他的に使用されるようになってからも、墓域の周囲には不特定多数の死者を対象とした埋葬空間が残存していた可能性は否定できないだろう。

ここで、隣接する寺院の金光寺が火葬場を操業しており、金光寺からの要請で、東塩小路村の村墓では火葬場使用を村方に限定していたことを想起されたい。「無縁墓」が、東塩小路村の村墓形成よりも先行していたとすれば、東塩小路村の墓地が「他に開かれた状態」から閉鎖的な「惣墓」に移行するにあたって、元和七年（一六二一）から「七條河原口」に火屋を移し、東塩小路村に近接した場所で常設火屋の操業を本格化させた、金光寺の要請があ(52)

ったとは考えられないであろうか。金光寺が広く京都住民を対象とした火屋経営を本格化させるにあたっては、周辺に「他に開かれた」墓地があっては不都合だったはずだからである。

ただ、京都の周縁で無縁墓地として利用可能な空間があり、かつ伏見・奈良へと向かう京都の南玄関口で交通量の多さ故に、行き倒れも少なくない東塩小路村墓地の立地は公儀権力からは都合がよかっただろう。そこで永続的に「無縁」の者を埋葬する公認の場として白羽の矢が立てられた。無縁墓地は村の惣墓に準じて、村が維持管理することになった。ただし、実際の無縁「非人」の埋葬実務を「非人」身分が行っていた。

村の維持管理になるのなら、利益が期待できない「無縁」の者の埋葬であれば、火葬施設の経営を圧迫することもないので、金光寺も受け入れやすかったであろう。とはいえ、隣接する場所で火屋を経営していた金光寺は、村落構成員以外の死体も埋葬することになった東塩小路村の墓地のありように対しては、極めて神経をとがらせていたようだ。

村墓に無縁の者を受け入れている東塩小路村の墓地では、火屋もまた村落構成員以外の火葬に使用される可能性は排除されておらず、将来的に脅威となる可能性は否定できない。前章で見たように阿弥陀ヶ峰の火屋などが操業停止となり、享保期に京都で稼働する火葬場が減少している。結果的に、残る火屋の需要は一気に拡大していき、金光寺では火葬場の経営がひとつの産業となっていたのである。

## 註

（1）山田邦和「京都の都市空間と墓地」（同『京都都市史の研究』吉川弘文館、二〇〇九年）、高田陽介「戦国期京都に見る葬送墓制の変容」（『日本史研究』第四〇九号、一九九六年九月）、勝田至「「京師五三昧」考」（同『日本中世の墓と葬送』吉川弘文館、二〇〇六年）、同「鳥辺野考」（前掲勝田書）、土居浩「「京師五三昧」再考」（『桃山歴史・地理』第三四号、一九九九年一一月）、馬田綾子「中世京都における寺院と民衆」（『日本史研究』第二三五号、一九八二年三月）。

（2）岩生成一監修『京都御役所向大概覚書』（清文堂出版、一九七三年、二七四頁）、「洛外五ケ所無縁墓地之事」。

（3）拙稿「近世墓地「南無地蔵」考」（『世界人権問題研究センター研究紀要』第五号、二〇〇〇年三月、本書第Ⅱ部第三章）。

（4）本章の初出時は、寺院としての白蓮寺と墓地の所在を表す地名としての「字白蓮寺」を明確に区別することなく論じていたため、記述内容に混乱と誤認があった。旧稿では、白蓮寺と「字白蓮寺」の無縁墓地を一体であると理解したうえで、公儀権力が無縁墓地を「字白蓮寺」に設定しながら、寺院の白蓮寺の衰退を等閑視していたと論じた。しかし、寺院としての白蓮寺と無縁墓地は別で、「字白蓮寺」は地点表記にすぎないと現時点では考えており、訂正したい。旧稿で、無縁墓地と寺院が一体であったかのような「無縁寺院」という表現を、論題をはじめとして随所で使用してしまったのは正確さを著しく欠くものであった。寺院としての白蓮寺と「字白蓮寺」の墓地の関係については、旧稿での主張は撤回し、本章であらためて検討した。論旨も含めて旧稿と大きく内容が異なっている点については、お断りしておきたい。

（5）『京都市の地名』（平凡社、一九七九年）、木村礎校訂『旧高旧領取調帳』「近畿編」（近藤出版社、一九七五年）。

（6）「外様の勢二千余騎をば、塩小路の道場前へ差遣し、川野勢三百余騎、陶山が勢百五十余騎は引分て、蓮華王院の東へぞ、廻りける」（岡見正雄校注『太平記』第二巻、角川文庫、一九八二年）とある。

（7）「高橋一男氏所蔵若山家文書」（京都市編『史料京都の歴史』第一二巻「下京区」平凡社、一九八一年）。

（8）原宏一「東寺地蔵堂三昧について」（細川涼一編『三昧聖の研究』碩文社、二〇〇一年）が、文明四年（一四七一）以降、東寺地蔵堂の輿奉行として喜阿弥という人物が見えていることを明らかにしている。もしこの喜阿弥が、白蓮寺を建立したと伝えられる人物と同一であるとすれば、白蓮寺の建立の背景には葬送に関わる時衆の集団が想定できることになり、中世に白蓮寺の前身である塩小路道場が七条河原近辺での葬送に関わっていた可能性もある。

近世の開基伝承も何らかの事実を伝えている可能性も否定できないが、中世史料を欠く現状では保留したい。
（9）「高橋一男氏所蔵若山家文書」A1（京都市歴史資料館架蔵写真帳。以下、同史料は所蔵を略し、資料館による文書番号のみを記す）。
（10）「寺格記録幷願書」（清水寺史編纂委員会編『清水寺史』第三巻「史料」音羽山清水寺、二〇〇〇年）。本史料は下坂守氏の御教示による。
（11）願阿弥については、下坂守「中世的「勧進」の変質過程――清水寺における「本願」出現の契機をめぐって――」（同『描かれた日本の中世――絵図分析論――』法藏館、二〇〇三年）。
（12）前掲『京都御役所向大概覚書』。
（13）「東塩小路村文書」J3（京都市歴史資料館架蔵写真帳。以下、同史料は所蔵を略し、資料館による文書番号のみを記す）。
（14）新修京都叢書刊行会編『新修京都叢書』第二二巻（臨川書店、一九七六年）。他に、『山州名跡志』巻二一（新修京都叢書刊行会編『新修京都叢書』第二三巻、臨川書店、一九七六年）に「塩小路道場　無今　在塩小路東歟、出太平記巻八持明院殿行幸六波羅所、文云（下略）」と見えるが、ここでは塩小路道場と白蓮寺の関係が不明確にされている。
（15）「東塩小路村文書」D1。
（16）「東塩小路村文書」J3。
（17）東塩小路村持墓所取立一札（「金光寺文書」一八五号、村井康彦・大山喬平編『長楽寺蔵七条道場金光寺文書の研究』法藏館、二〇一二年。以下、「金光寺文書」は同書による）。
（18）「白蓮寺一件」（大谷大学図書館所蔵「粟津家記録」生函一〇号）。
（19）『京都坊目誌』「下京第三〇学区之部」（新修京都叢書刊行会編『新修京都叢書』第二一巻、臨川書店、一九七〇年）では「文化九年真宗東本願寺の僧此に住せしより。自然同派末寺の観を為す」とするが、この史料から白蓮寺が本願寺末となったのは文化一〇年（一八一三）であったことが明らかである。

(20)『若山要助日記』安政二年一一月二六日条（京都市歴史資料館編『叢書京都の史料　1　若山要助日記　上』京都市歴史資料館、一九九七年。以下、『若山要助日記』は同書、もしくは『叢書京都の史料　2　若山要助日記　下』〈京都市歴史資料館、一九九八年〉による）。
(21)新撰京都叢書刊行会編著『新撰京都叢書』第二巻（臨川書店、一九八六年）。
(22)『若山要助日記』安政二年八月九日、八月一一日条。
(23)『若山要助日記』安政二年九月一一日条。
(24)『若山要助日記』安政三年二月二二日条。
(25)『若山要助日記』嘉永六年六月二二日条。
(26)「高橋一男氏所蔵若山家文書」BⅡ-15。
(27)『若山要助日記』嘉永六年六月二二日条。
(28)「元禄十四年實測大絵図（後補書題）」（大塚隆編『慶長昭和京都地図集成――一六一一（慶長一六）年～一九四〇（昭和一五）年――』柏書房、一九九四年）。
(29)明治五年東塩小路村絵図（京都市歴史資料館編『叢書京都の史料　2　若山要助日記　下』〈京都市歴史資料館、一九九八年〉に口絵として掲載される）。
(30)白蓮寺境内墓地については、「昨夜白蓮寺墓ニ非人倒居候段、長八より申出候ニ付見改候処」（『若山要助日記』安政五年正月二〇日条）とあることからも存在は確認できる。正行院の墓地はおそらく若山家を中心とした限られた家だけで使用され、「惣墓」といった開放的なものではなかったと思われる。
(31)『若山要助日記』安政六年九月一一日条。
(32)「高橋一男氏所蔵若山家文書」C44。
(33)『若山要助日記』嘉永五年正月六日条。
(34)『若山要助日記』嘉永五年八月二五日条。
(35)東塩小路村持墓所取立一札（「金光寺文書」一八五号）。

(36) 旧稿では、白蓮寺が村墓も経営していたと考えていたため、「無縁墓地」が幕府に設定されたにもかかわらず、幕府が寺院の維持に対して無関心であったことや、「無縁墓地」での埋葬に白蓮寺が関わらないことを問題にしていた。しかし、寺院と墓地が無関係だったとすれば、こうした議論自体が的外れであったといえる。また、「白蓮寺は無縁墓地・村墓の管理はしていたようである」とした結論も明確な根拠を欠くもので誤りであった。ここで撤回し、訂正したい。

(37) 佐藤文子「近世京都における金光寺火屋の操業とその従事者」（前掲村井・大山編著所収）。

(38) 若山庄蔵・用助銀子拝借願書（「金光寺文書」一九四号）。

(39) 菅原憲二は「白蓮寺、南無地蔵は鳥辺野の後継地であり」、近世に無縁墓として指定された場所は「いずれも中世以来の五三昧の系譜をひく場所である」（菅原憲二「近世前期京都の非人――悲田院年寄支配を中心に――」〈部落問題研究所編『京都の部落問題　1　前近代京都の部落史』部落問題研究所、一九八七年〉）としているが、外白蓮寺の火屋と鳥辺野赤築地から移転した金光寺の火屋を混同したもので、この指摘は誤りである。

(40) 若山庄蔵・用助銀子拝借願書（「金光寺文書」一九四号）。

(41) 『若山要助日記』安政二年一一月一二日条。

(42) 竹蔵は、村に抱えられていた存在であり、正式な村落構成員と見なされなかったため、火葬場の使用にあたっては村の許可が必要だったのであろう。「会所用人」については、菅原憲二「近世京都の町と用人」（高橋康夫・吉田伸之編『日本都市史入門』第三巻「人」東京大学出版会、一九九〇年）を参照。

(43) 『若山要助日記』嘉永五年八月二一日条。

(44) 拙稿「近世京都の火屋・寺・町――阿弥陀ヶ峰の火葬施設をめぐって――」（『日本民俗学』第二八七号、二〇一六年八月、本書第Ⅱ部第一章）。

(45) 『若山要助日記』嘉永五年八月二五日条。

(46) 『若山要助日記』安政四年閏五月一一日条等。

(47) 『若山要助日記』安政六年七月二五日条に、長八母の死亡の届けについて、「番人之事故、悲田院より届ニ相成候ヘハ二重之事ニ候間、村方より届ケニ不及申候」と、村方ではなく悲田院から行うとしていることからも、長八が悲田院の支配下にあったことが知られる。

(48) 前掲菅原論文「近世前期京都の非人」。なお、中井家作成の「元禄十四年實測大絵図（後補書題）」（前掲）には、白蓮寺の南西に「非人小屋」が描かれている。

(49) 東塩小路村諸事差出証文書留帳（「東塩小路村文書」D4）、井上清ほか編『京都の部落史』第四巻「史料近世1」阿吽社、一九八六年、二六一頁。

(50) 幡鎌一弘「中近世移行期における寺院と墓」（同『寺社史料と近世社会』法藏館、二〇一四年）。

(51) 前掲山田論文。

(52) 「金光寺文書」一五〇～一号。

# 第三章　無縁墓地「南無地蔵」考

## はじめに

南無地蔵とは、現在の京都市東山区に所在し、近世には蓮台野・中山・狐塚・最勝河原などとともに、京都の「五三昧」のひとつに数えられていた無縁墓地である。南無地蔵は松原通（旧・五条通）を通って鳥辺山へ向かう途中にあり、古代・中世に京都最大の葬送の地として知られていた、鳥辺野の一画であったとみられている。

墓地については身分制・部落史の視点から三昧聖の研究がすすみ注目され始めた[1]。また、鎌倉・京都・江戸など都市における墓地の位置づけなどをめぐり、中世考古学・都市論の立場からも関心を集めつつある[2]。墓地に関する個別研究はまだ緒についたばかりであるが、南無地蔵は鳥辺野との関係からか、比較的先行研究に恵まれており[3]、地理学的視点からも言及がなされている[4]。

しかしながら、古代以来の葬地という印象のためか、従来の南無地蔵についての研究では、その近世以降の歴史的変遷についての関心は、やや希薄であるといえる。

人口が集中する都市において、住人の死にともなう死体の処理は、重要な都市機能のひとつであったはずである。とりわけ、飢饉や疫病、災害などによって大量死が生じた場合には、事態はさらに深刻さを増したであろう。例え

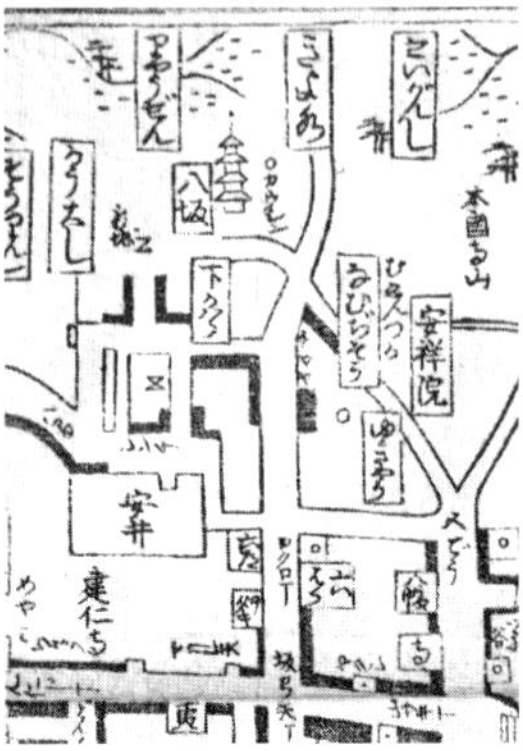


図１　「東嬰子筆京都図」に見える「なむぢそう」と「むゑんつか」

図２　五条坂の南無地蔵

ば、延宝三年（一六七五）に全国的な飢饉が起こった際、京都でも少なからぬ被害が出ていたが、そうしたなか上京の妙覚寺では、死体処理の需要に応えるために境内での火葬を計画している。それに対して、隣接する町が臭気や火気を理由に忌避して実現には至らなかった[5]。都市を維持するために求められる、不特定多数の死体を処理することの難しさを象徴する事件であるといえよう。

　京都において、こうした死体の処理を安定して行うためにとられた方法は、どのようなものだったのか。本章では南無地蔵について、無縁墓地の「成立」期である元禄期を中心とし、無縁墓地を必要とした歴史的背景を明らかにしていきたい。

## 一　前史（中世～近世初頭）

　この付近は、古くより鳥辺野と呼ばれる京都最大の葬地であった。『徒然草』（第七段）にも「あだし野の露消ゆる時なく、鳥辺山の煙立ち去らでのみ住み果つる習ひならば、いかにもののあはれもなからん」とある如く、鳥辺野（山）といえば、当時の人々は即座に火葬の煙を想起し、世の無常と人の儚さを連想させていたのである。実際、中世後期までの鳥辺野は『八坂法観寺塔参詣曼荼羅』などの絵画資料を見ると、石塔や卒塔婆が並ぶほかには何もないような寒々とした荒れ野であったようである。

近世はじめの鳥辺野の火葬場については、貞享元年（一六八四）成立の『雍州府志』[6]に以下のような記事がある。

在鳥戸山麓六波羅蜜寺東南古葬人之場也、豊臣秀頼公為秀吉公被建豊国神廟於鳥部山于時火葬之臭気通社頭、依之厭不浄移葬場於建仁禅寺前鶴林、今六体石地蔵残焉、土人斯処称南無地蔵、（下略）

すなわち、かつて鳥辺野の火葬施設であった「火屋」は、慶長三年（一五九八）に没した豊臣秀吉を祀るための豊国神社が、翌慶長四年（一五九九）に成立した際、火葬の際に生じる煙と臭気が忌まれ、建仁寺門前に移転させられたようだ[7]。跡地の「古葬人之場」に六体の地蔵があったことから、「南無地蔵」と称されたことが知られる。

そこには一四世紀に「鳥部野道場」と称されていた宝福寺という時宗の寺院があったが[8]、貞享頃には「宝福寺」について「遺址鳥部野今有石地蔵、土人不称寺名直称南無地蔵」とあり[9]、既に退転しており、その「遺址」が南無地蔵と呼ばれる場所となっていたことがわかる。

当時の南無地蔵の景観については、先の『雍州府志』とほぼ同じ時期に成立した地誌『菟藝泥赴』[10]（貞享元年）に「南無地蔵と云所也、鳥部山の北鳥部野に有、今は寺なくて竹林四方にめぐれる内に石地蔵有」とある。黒川道祐による随筆『遠碧軒記』には「今法国寺の北に竹をうゑまはして南無地蔵と云処あり」[11]とあり、元禄二年（一六八九）の『京羽二重織留』巻五には「他阿弥塔」が「鳥部野保福寺の跡にあり」と見えている[12]。こうした地誌類の記述から、一七世紀後半の南無地蔵が竹林に四方を囲まれて、石塔や石地蔵が立ち並ぶような状態であったことが知られる。

南無地蔵は元禄一二年（一六九九）に、大きな転機を迎えることになる。以下、詳しく見ていきたい。

## 二　元禄一二年の無縁塚制定

非常に著名な史料で、京都の墓地や南無地蔵について語る際にはしばしば引用されるものではあるが、『雍州府志』成立から一五年後の元禄一二年（一六九九）に、南無地蔵をはじめとした墓地を対象として発せられた法令を見ておこう。享保二年（一七一七）に京都町奉行所周辺で編纂されたとみられる『京都御役所向大概覚書』という書物の巻二に収録された、以下のような法令(13)である。

「六十四」洛外五ケ所無縁墓地之事

一七條高瀬川之側ニ壱ケ所　字白蓮寺
一清水境内成就院支配所壱ケ所　字南無地蔵
一真如堂山壱ケ所　字中山
一西之藪土居外三條ヲ上ル所山之内村・西院村、両村之無縁墓地壱ケ所
一同西之京領下立売通紙屋川側壱ケ所　字宿寺
右之墓地古来ゟ除地ニ而有之
外ニ
三條通土居之内塵捨場ニ壱ケ所有之、是ハ向後相止、支配致来候おん坊作場ニ申付、右之通元禄十二卯四月申付ル、於洛中洛外、無縁之者・非人行倒候者、高野川原・賀茂川筋埋置不埒ニ付、向後無縁之倒もの等、右五ケ所之墓所江取片付候様ニ非田院年寄共ニ申付、墓所支配々々江も申付置候、

この元禄一二年（一六九九）の法令によって、「無縁之者」や行き倒れの「非人」を高野川・鴨川の河原に埋めることが禁じられ、南無地蔵をはじめとした五ヶ所の無縁墓地に埋葬するよう命じられたのである。ここに見える悲田院とは寛永期に岡崎村内に成立し、承応三年（一六五四）の「非人」への施行を契機として、京都周辺の「非人」の支配を命じられ、周辺の小屋に住む「非人」身分を統括していたとされる悲田院村のことである。[14]ここでいう「無縁之者」「無縁之倒もの」は、縁者がおらず引き取り手のない死者、「行倒」の「非人」とは、さまざまな事情で共同体から逸脱し、京都の路上で死亡した者のことである。[15]

それまでは行き倒れが出れば、原則としては死人が出た町がそれぞれで責任を持って処理をしていた（無論その実務には「非人」が関与していた）が、この法令以降は悲田院年寄が管轄し、悲田院によって死体の確認がなされ、服装などから「非人」であると判断されれば、「非人」によって無縁塚に埋葬される。また「非人」でなく身元がわかれば親族に死体は引き渡されるが、身元がわからなければ、身元確認のために死体は晒され、それでも身元がわからない場合は、数日後に埋葬される。

先の法令では、

（1）　行き倒れ「非人」の埋葬場所の限定（鴨川等不特定の場から五三昧に限定）

（2）　行き倒れ「非人」埋葬担当者の確定（従来の各町毎の管理から悲田院に一本化）

という側面が見えてくる。

こうして、鳥辺野の火屋が移転した後の南無地蔵は、本法令以降は、身元不明の無縁の者や行き倒れ「非人」を埋葬する場所（「無縁墓地」）として利用されていくこととなるのである。[16]

ところで、先の法令の発せられた経過は従来明らかでなかったが、南無地蔵を「支配」していた清水寺の成就院によって記された日記である『成就院日記』に、先の法令と関係があるとみられる以下のような記事がある。

一御公儀川筋普請方御役人渡辺甚五左衛門殿・加納武助殿、昨十一日ニ御出候而、藤林孫九郎御呼出し被仰聞候趣者、加茂川筋へ無縁之者埋捨候ニ付、川筋江死骨流出見苦敷候ニ付、左様之者捨候場所旁方相改候処ニ当寺境内ニ六波羅野之内、遊行之北ニ無縁塚有之候、此塚之間尺畝数ハ何程有之場所ニ候哉、知行水帳印可有之候間、委細承度由被申聞候ニ付、其趣吟味致し候へ共、此方水帳ニも見へ不申候、慈心院方へも様子相尋候へ共知レ不申候故、其通申入候処ニ、左候ハヽ、塚之廻り畑之分絵図ニ仕、水帳之畝数書付差越候様ニと被申付候故、塚之廻り畑畝数地主江相尋、水帳之畝数幷只今見へ来候地面之畝数絵図弐枚ニ相認、右之役人中江今日孫九郎持参仕候、則此方ニ留写有之候、安藤駿河守・瀧川丹後守殿御代之御事

卯四月十二日(17)

「無縁塚」とは「六波羅野之内、遊行之北」とあるように、その位置からも南無地蔵であることは疑いないであろう。先の法令で無縁塚設定の理由について「無縁之者非人行倒候者高野川原・賀茂川筋埋置不埒ニ付」としかなかったところが、ここではさらに詳しく、河原に「埋捨」られた無縁の人びとの死体のため「川筋江死骨流出見苦敷候」と、事情が明確にされている。『成就院日記』の記事によれば、そのため公儀川筋普請役人渡辺甚五左衛門が「左様之者捨候場所」を探していたところ、清水寺領の「無縁塚」に白羽の矢が立ったというのである。

この史料から、元禄一二年（一六九九）の段階において問題となっていたのは、それまで「無縁之者・非人行倒」はしばしば高野川・鴨川の河原に埋められていたため、流水により時折その遺骨が川へ流れていたことであったという事実が明らかになる。その後、無縁塚について四月一四日の日記の記事に、

一御公儀ゟ御用之儀有之候間、地方役人召連、安藤駿河守殿御屋敷江、今日成就院罷出候様ニ、松尾左兵衛方

ゟ申来候ニ付、被参候処ニ、渡辺甚五左衛門・加納武助被申渡候趣、無縁塚廻り相改候絵図之趣、委細申上候処ニ、水帳ニ之畝数ニ多キ分塚之地ニ入候様ニ被申候、多キ分塚ニ入、当分垣を致置候様に被申候、慈心院江も右之通御申渡し可有由被申渡候、以上[18]

とあり、清水寺の役人が京都町奉行安藤駿河守次行のもとで、渡辺甚五左衛門らと対面したことがわかる。川筋普請役人の渡辺甚五左衛門等が京都町奉行の命で行動していたらしいことが推察できよう。

なお、ここで注意を喚起しておきたいのは『成就院日記』に「遊行之北ニ無縁塚有之候」とあるように、地域社会において既に、無縁の者を埋葬する塚として利用されていたことである。『雍州府志』には南無地蔵について「古葬人之場」とあり、人を埋葬することについては、「古」のことのように記されていたが、火葬場の跡地であった同所は、火葬場が移転した後も、身寄りのない死者を埋葬する「無縁塚」として利用されていたと考えられる。[19]

従前から存在していた無縁塚、南無地蔵が、こうして「無縁之非人」を埋葬する場として公儀によって設定された。続いて問題となったのは無縁塚の「畝数」であった。前述のように四月一二日に、その具体的な数字について下問がなされたため、清水寺の成就院・慈心院らは、早速調査を行ったが「水帳」には南無地蔵が見えず、やむなく塚の周囲の畑の畝数を調べ、残りを南無地蔵の領域とすることにした。しかし、南無地蔵周辺の畑の面積を調査した結果、今度は南無地蔵周辺の畑地が墓地を侵食して拡大していたためか、検地帳と実際の畑の面積に誤差が生じている。そこで、一四日に雑色松尾佐兵衛から命じられた成就院役人が安藤駿河守屋敷へ赴くと、渡辺甚五左衛門、加納武助から無縁塚廻りの「畝数ニ多キ分」について「多キ分塚ニ入、当分垣を致置候様に被申候」[20]と申し渡しがなされた。誤差の「多キ分」を南無地蔵の地に繰り込み、南無地蔵の周りを垣で囲い、周囲の畑との境界を明確化することで一応の解決を図ったのである。

二日後の一六日の日記には、

一無縁塚廻り畑之儀、慈心院へも申遣し立合、畝数相改候処ニ、成就院分壱ケ所畝数拾七歩、慈心院分弐ケ所畝数弐拾弐歩半、右合壱畝九歩半、水帳畝数ニ多候ニ付、塚之地ニ入、当分垣を致し置候、則多キ分絵図ニ朱引仕、右之御役人両人方江壱枚ツヽ、今日遣し候事、成就院地方役人井上清兵衛・吉沢利兵衛・前田彦十郎・浜忠兵衛、右四人也、慈心院ゟハ長谷川小兵衛・清閑房并六助と申者立合改、右之絵図三枚并水帳畝数之目録壱枚、右御公儀江上ヶ候分留有之候、外ニ慈心院ゟ参候水帳之写壱枚、印判候無之候得共本紙也、此方ニ留置候、長谷川小兵衛儀者慈心院親類故此度被頼候ニ付罷出候由、以上(21)

とあり、奉行所での決定を慈心院にも伝え、無縁塚の面積の問題についての解決がつけられた。そこで、清水寺成就院は「壱畝九歩半、水帳畝数ニ多候」分を「塚之地ニ入、当分垣を致し置(22)」ことを確認し、後のために絵図を作成し相互に取り交わしたのである。

その後、南無地蔵は、無縁墓地として身元不明者の埋葬に使用されていくようになる。事例には枚挙に暇がないが、清水寺では元禄一二年（一六九九）の無縁塚運用が定められた年に、宮川筋五丁目の「非人行たおれ」を「南無地蔵」に埋めている(23)。後の史料では、牢死者の死体も南無地蔵に「取片付」されていたこともうかがえる(24)。

また、災害や飢饉などで大量の身元不明の死者が出た際には、死体の埋葬に使われていた。『翁草』には天明八年（一七八八）の大火の焼死者が実否不明ながら「千有余人」も出たといわれ、その死体は最寄りの野に積み上げられ、「其跡は南無地蔵へ埋しとやらん噂」であったという(25)。天保八年（一八三七）の飢饉にあっても、餓死者を南無地蔵に葬り、死者一〇〇〇人ごとに「一本之塔波（婆）」を立てたところ、一五本になったと伝えられている(26)。幕末の元治元年（一八六四）七月、禁門の変にともなう兵火で死亡した人も、ここに葬られたという(27)。

無縁の死者を葬る地として運用されるようになった南無地蔵の様子について、『京師巡見記』(28)明和四年（一七六七）閏九月に「鳥部野左の方乞食小屋有之、右小屋の後に南無地蔵と云穴有之由、是は当所にて心中にて果、或は行倒者など打込候穴也由」とあり、乞食小屋の存在と、心中者・行き倒れなどの死体を「穴」に「打込」んでいたことが知られる。穴の規模については、寛政八年（一七九六）頃の情報が書かれている京都町奉行所の執務マニュアル「所司代戸田因幡守殿御役中、町奉行丸毛和泉守殿ゟ被差出候いろは帳」に次のようにある。

一六波羅野ニ在之候小屋下預中相果候もの、無宿其外行倒非人死骸取捨場

惣坪地百拾九坪、但、南無地蔵与俗ニ唱

内、取捨場深サ弐間、巾八尺四方

構高掃表込六間

右之外古穴在之、折々穴堀《ママ》替候ニ付、深サ巾数等時々増減在之(29)

「八尺四方」という巨大な穴に、おそらくは次々と死体が投げ込まれ、随時「堀替」していたことがうかがえる。近代になってからの古老の回想によれば、南無地蔵は「大サ三畳敷位ニテ、深弐間余」の穴を「簀ノ木蓋」で覆って錠をかけていたという。穴は三つあって周囲を「木柵ヲ繞ラシ入口ニハ錠ヲ付ス、柵内ハ竹藪ニテ平地ヨリ約一間位高」かったらしい(30)。おそらく、身元不明の死体が出る度に穴の蓋を開けて死体を投げ込み、そこが満杯になったら新しい穴を掘っていたのだろう。幕末頃までに、穴は三つになっていたようだ。

## 三　河原の死体と悲田院

前節では、元禄一二年（一六九九）に南無地蔵をはじめとした、五ヶ所の無縁墓地が幕府によって設定されるにあたり、川筋普請方役人が主として調整にあたっていたことが『成就院日記』から明らかになった。古代から死体が河原に遺棄されてきたことは既に知られているが[31]、この時期になぜ、川筋普請役人によって無縁墓地の設定がなされたのであろうか。

川筋普請役人という点に注目すれば、当然ながら当時の京都における河川の問題に関わってくるであろう。鴨川では元禄一二年（一六九九）の法令に先立つ寛文一一年（一六七一）に、寛文新堤と称される堤が公儀によって造られた。それまでは、鴨川東岸は京都の町を洪水から守るための遊水池となっており、五条河原のあたりは建仁寺の創建時に境内の西側に設けられた土手まで、広大な河原が広がっていた。この河原を幕府が建仁寺から取り上げて築いた、鴨川で初めての本格的な堤防が寛文新堤である。寛文新堤の誕生によって、四条から五条河原の景観は大きく変容を遂げることになる[32]。

しかし、新堤では十分に洪水を防ぐことはできなかったといわれている。堤防を造ったことで鴨川の河道が従来より狭くなり、鴨川は土砂の堆積が著しくなったことで、却って河川が氾濫しやすくなったのである[33]。水害を防ぐために公儀権力は塵芥の処理・河川への投棄を繰り返し禁止し[34]、鴨川の水位の維持をはかった。先の法令に先立つ元禄八年（一六九五）にも河川に塵芥を捨てることを禁じる触が出ている。このように治水に関わって、次第に鴨川への塵芥投棄が禁止されるようになると、まして死体の投棄など、見逃されようはずがないであろう[35]。

もうひとつ看過できないのが、寛永期から繰り返し京都を襲った飢饉である。寛文新堤完成の直前にあたる寛文九年（一六六九）に飢饉が起きているが、この時には「諸国の貧人を、北野七本松と四条河原にあつめ、粥を煮て、すくひ給ふ」とあるように、(36)四条河原が施行の場となり、多くの「貧人」が集まっている。同様に延宝三年（一六七五）に全国を襲った飢饉でも、北野七本松と四条河原で施行が行われている。四条河原では四月九日からの二八日間で、延べ三五万四二三八人もの受施者がいた(37)。

さらに、天和年間にも飢饉があり各地で施行が行われたが、天和二年（一六八二）正月には四条河原に近接した場所にある、寺町の大雲院でも高誉上人によって施行が行われている(38)。この時は、三九日間で延べ二六万六〇二九人が施行を受けた(39)。

図3　大雲院高誉顕彰碑

寛文新堤が完成し河道が狭くなった鴨川の河原に、飢饉ともなると厖大な数の貧窮民が施行を求めて集まるのだから、力尽きて命を落とす者も少なくなかったであろう。延宝三年（一六七五）の飢饉では、四条河原に餓死する者は「幾千人」(40)であったという。天和の飢饉を描いた仮名草子の『犬方丈記』では、河原のありようを次のように記している。

> 所も河原に、非人もおほかれど、いにしへ見し非人ハ、二三十人が中に、わずかに、ひとりふたり也、あしたに死し、ゆふべにかつゆる非人、たゞ、道のはたに充たりける(41)

と述べている。こうして路上で死んだ者のうち、「宿所しれたる死人ハ、所より宿所におくり、宿所しれざる死人ハ、悲田院のものどもの、わざとして、河原にすてぬ、河原などにハ、馬車のゆきちがふ道だにもなし」という状態であったという[42]。

延宝三年（一六七五）の飢饉では、こうした状況をうけて「公儀ヨリ貧人ニ仰テ、死骨死人ヲ拾ヒ捨サセ、四条川原ノ上下ニアル貧人ヲ他所ヘ払ヒ遣テ[43]」とあり、公儀が命じて河川敷の死体を「貧人」（「非人」）に捨てさせ、周辺に徘徊していた「貧人」を追い払っている。ここで公儀の命を受けている「貧人」は悲田院の「非人」であり、追い払われる「非人」は施行を求めて集まった貧窮民のことであろう。

とはいえ、「死骨死人」が完全になくなったわけではなかったであろうから、鴨川が増水して「洪水、地ヲホリ流シ」「大雨洗地」ような事態ともなれば、上流にあたる祇園社では「汚穢ハ去ヌ」と喜ぶこともできたであろうが[44]、下流では「川筋江死骨流出見苦敷候[45]」ということになったのである。

寛文新堤によって、一七世紀の鴨川の河川敷は市街地化され遊興・芸能の場として活用が可能となり、納涼床なども催されるようになるが[46]、飢饉のたびに累々たる屍が広がる場所でもあったのである。

寛文期までは、治水は河原を境内とする近隣寺社に委ねられていたが、寛文九年（一六六九）以降は幕府が治水に乗り出すことになる[47]。鴨川の洪水対策として、河床の上昇につながるような塵芥投棄の禁止を幕府が繰り返し命じるなか、飢饉が起こるたびに河川敷に厖大な数の死体が投棄されることは、決して望ましいことではなかったはずである。そこで、川筋普請役人が、飢饉などの際に大量に現れる身元不明の死体を受け入れるために、河川敷に代わって利用可能な場所をさがすことに奔走することとなったのであろう。

ここで、あらためて元禄一二年（一六九九）の法令を見ると、「無縁之者非人行倒候者高野川原・賀茂川筋埋置不埒ニ付、向後無縁之倒もの等、右五ケ所之墓所江取片付候様ニ非田院年寄共ニ申付、墓所支配々々江も申付置候」

（傍点は村上）とあることに気づく。河川敷に身元不明者の死体を埋めていたのは、「非人行倒」などの死体処理を担っていた悲田院の「非人」たちにほかならない。ここでは無縁墓地を領有している「支配々々」にも通知されてはいるが、主に「悲田院年寄」に向けて、今後は河川敷に死体を埋めるような「不埒」なことはせず、南無地蔵をはじめとした五ヶ所の無縁墓地へ埋葬をすることを徹底するよう命じているものであることが明らかである。[48]

ところで、先に挙げた元禄一二年（一六九九）の『成就院日記』に、無縁塚を垣で囲い、境界を「朱引」した絵図が作成されたことに触れていた。この絵図とみられるものが、「清水寺文書」に残されている。絵図には元禄一二年（一六九九）四月の端裏書きがあり、無縁塚の周囲の畑地の面積が記され、日記のとおりに塚の周りに「朱引」がされている。

先に『成就院日記』の記事で見たように、無縁塚の設定にあたっては、その畝数が問題となっており、範囲を確定するために周囲に隣接する畑の面積が調査されていた。本図でも、無縁塚の四方にある畑地について名請人と面積が詳しく記載されており、このことからもこの図が無縁塚として、南無地蔵が設定される際に作成された絵図であることが確かめられる（図4）。

ここで注意したいのは、囲い込まれた垣の内側にある「乞食小屋」である。先に見た『京師巡見記』では「鳥部野左の方乞食小屋有之、右小屋の後に南無地蔵と云穴有之由[49]」とあるが、この「乞食小屋」がそれであろう。

南無地蔵が無縁・「非人」の埋葬場所として設定され、領域を確定するにあたって、その中に存在していた「乞食小屋」について全く問題にされることなく、垣によって無縁塚に囲い込まれている。

詳細を語る史料にはめぐまれないが、元禄一二年（一六九九）以前から、同じ場所に無縁墓地があったことをふまえれば、墓地の維持管理や死体の埋葬などに、「乞食小屋」にいた「乞食」が携わっていたことは想像に難くあ

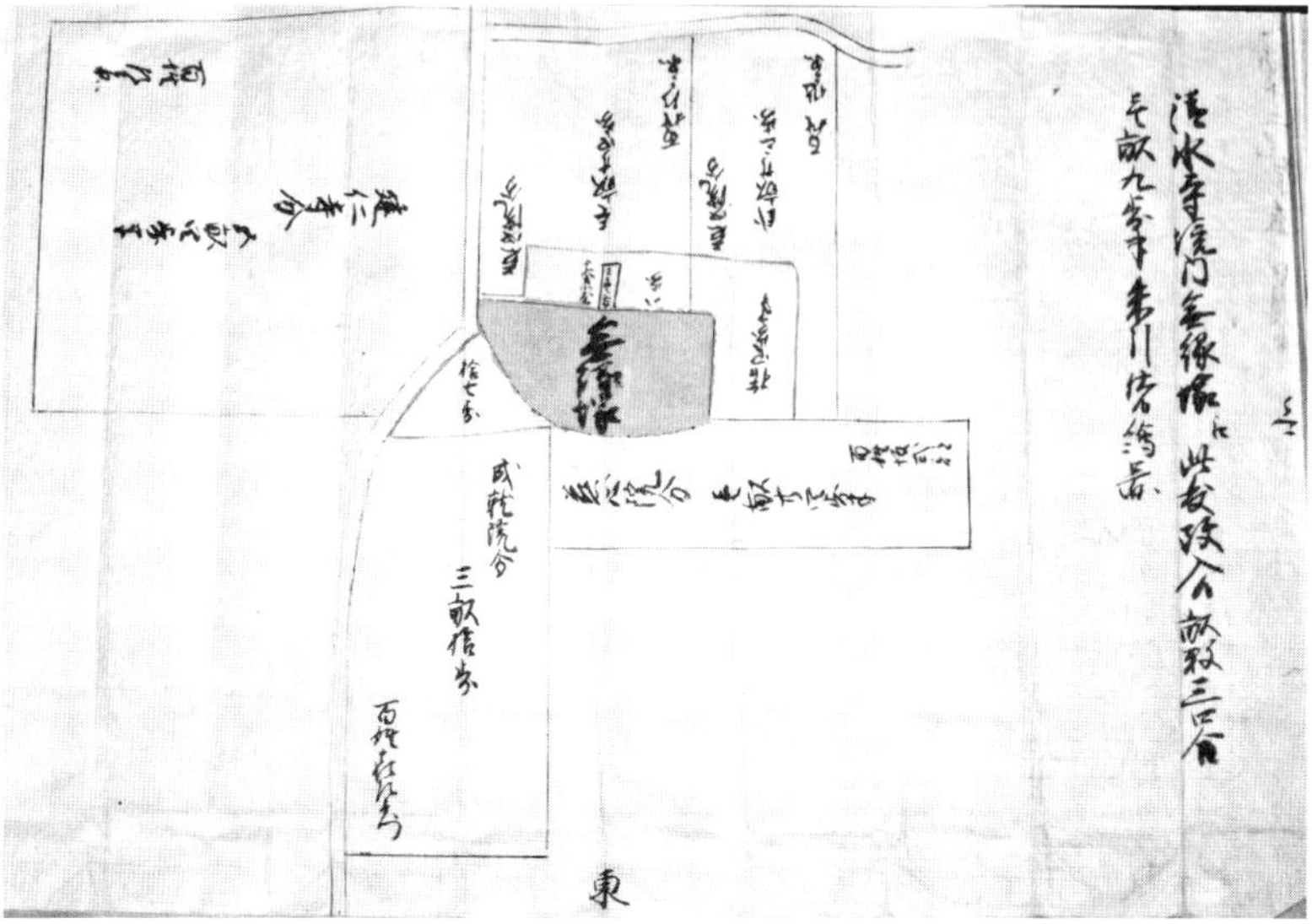

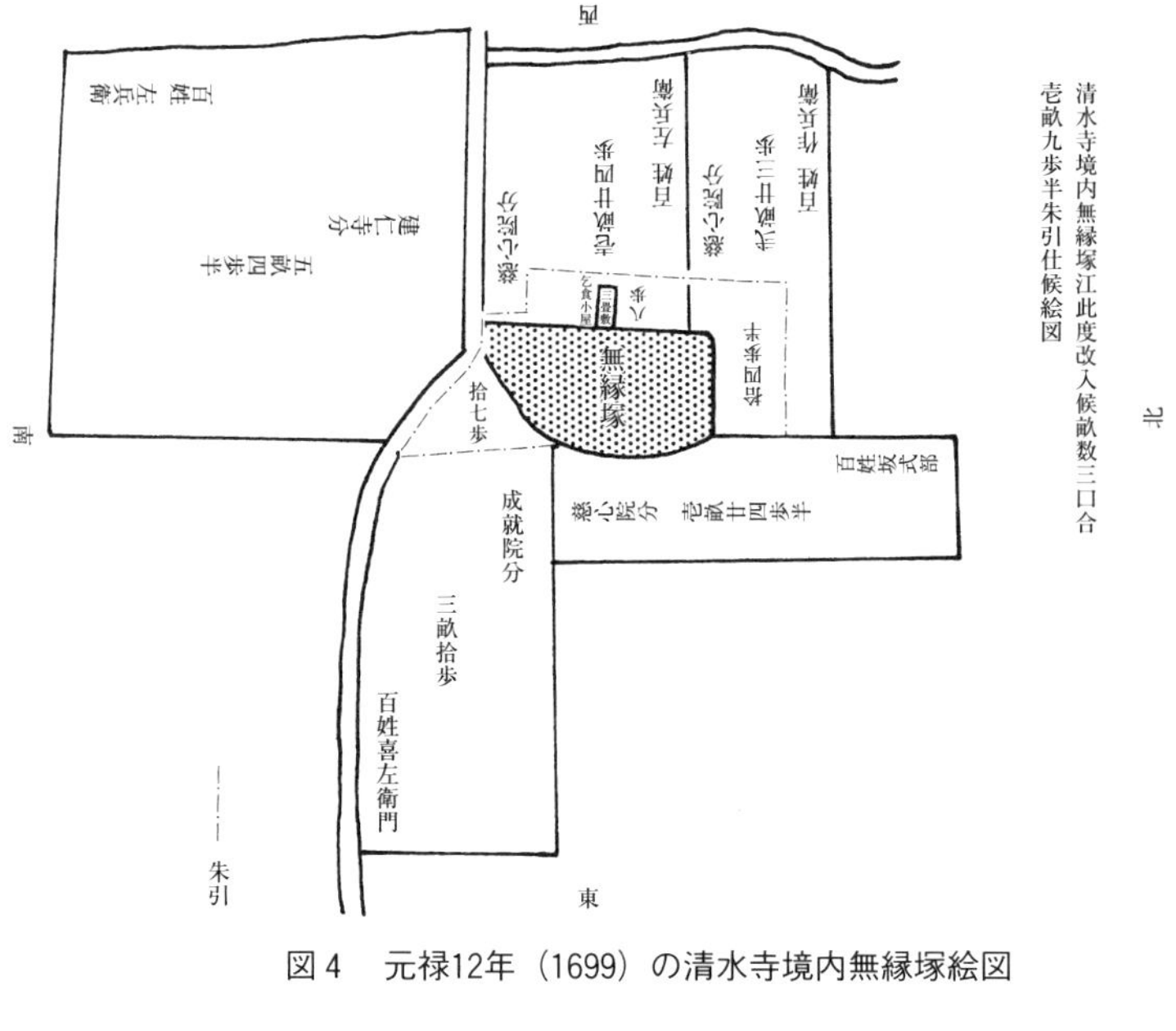


図４　元禄12年（1699）の清水寺境内無縁塚絵図

るまい。

無縁塚は「非人」の埋葬を通じて悲田院と深く関わるが、ちょうどこの頃、近世の京都では「非人」の統制が進められ、悲田院による支配がなされるのである。おそらく同所でも無縁・「非人」の埋葬を悲田院が管理するようになったことを契機に、自然発生的に墓地内に成立していた「乞食小屋」も、悲田院の影響力に無関係ではいられないようになったのであろう(50)。

間もなく、南無地蔵では悲田院に預けられていた罪人の処刑も行われるようになった。『諸式留帳』には享保九年（一七二四）のこととして、心中を試みたが果たせなかったため、傷が癒えるまで悲田院に預けられていた者が処刑されたことが見える。その人物は、南無地蔵で「首を被打、其所にて死骸埋申候(51)」とあり、断罪の後、死体を南無地蔵に埋められている。また、七年後の享保一六年（一七三一）には、「御牢屋敷」で処刑された者の、「右死骸首とも南无地蔵へ取捨、埋候様に被為仰付候(52)」とあり、同所で処刑、刑死者の死体の埋葬が行われたことが見える。このような刑死した人びとの死体の処理は、「非人小屋」の「非人」が行っていた可能性が高い。

こうした悲田院のもとでの役負担を通じ、無縁塚にあった「乞食小屋」は悲田院の支配下に組み込まれ、次第に拡大・整備されていき、南無地蔵に隣接する「非人小屋」となるのではないだろうか。南無地蔵に関する限り、無縁塚成立時の「乞食小屋」囲い込みが、悲田院の「非人小屋」支配のひとつの契機となったものと思われる。

時代は下るが、弘化三年（一八四六）に囚人が牢屋敷を抜け出し、京都町奉行が「非人」などを動員して捜索にあたらせるのであるが、その際の史料に「鳥部野小屋」頭として出てくる「非人小屋」があり(53)、絵図にもしばしば南無地蔵に隣接するかたちで「非人小屋」が描かれている(54)。

また、近代になってからの回想によれば、南無地蔵周囲の柵には錠がかけられ、鍵は「小屋頭」が保管していたというから、南無地蔵の実質的な管理は隣接する「非人小屋」の頭が行っていたのであろう[55]。

## 四　元禄という時代

ここまで、南無地蔵にとって大きな転機となった元禄一二年（一六九九）の法令について考察した。続いて、本節では先の法令の出された元禄という時代について見ていき、この公儀による無縁塚の設定がいかなる意義を持っていたのかを検討したい。

元禄といえば、いうまでもなく「生類憐れみの令」といわれるような、「生類」をめぐるさまざまな法令が出されていた時期である。この「生類憐れみの令」については、武装解除・かぶきもの取締という指摘とともに、行き倒れ・捨て子の保護・管理を目的とした人身統制策であるという評価[56]、中世以来の殺伐とした風潮を改めさせ仁心を涵養しようとする「精神改造計画」などの評価[57]がある。即ち、一連の「生類憐れみの令」を通じて、「戦場において敵将兵を殺傷する行為に価値を置く武威の論理と対極の価値観が、社会に浸透することになった[58]」のである。

いずれにせよ、この政策によって「憐れみ」の対象は人間、特に社会的な弱者にも向けられ「捨子捨病人」の禁止がなされ、江戸では予防のための監視の強化、妊婦の登録制などの政策がなされ、京都でも町での捨子養育などについての触が出された[59]。こうしたなか、おそらく死者へのまなざしも変わってきているものと考えられる。

葬送儀礼についていえば、考古学の山田邦和は、平安時代以来の身分や共同体に立脚しない不特定多数の死者を対象とした大規模複合的葬地であった鳥辺野は、桃山時代に寺院が経営する小墓地の集合体に変質するという[60]。当然ながら、そうした場合に排除されていくのは、特定の寺院と結びつきを持たない、都市下層民や労働などで都市に流入した人びとである。一七世紀の鳥辺野に誕生した無縁墓地は、こうした寺院が経営する墓地に埋葬されることのない、身寄りのない死者の受け皿であったといえよう。そして、かかる無縁墓地の存在がクローズアップされるのが、飢饉や災害などで大量の引き取り手のない死者が生じるときであろう。

しかし、無縁墓地は死体の片付けをする場にすぎない。山田邦和が、墓とは死体処理とともに霊魂祭祀のバランス（比重）によって、多様なあらわれかたを見せ[61]、近世には寺院境内墓地が営まれるようになると次第に墓塔が偏重され、霊魂祭祀が肥大化すると指摘している[62]。こうした近世の葬送傾向に鑑みれば、供養をともなわないで死体を埋葬する場が特異なものと認識されていたことは想像に難くあるまい。

いずれにせよ、権力によって公に設定されて運用されるようになった「無縁塚」は次第に人びとの意識にのぼってくるようになる。公認直後の元禄一四年（一七〇一）、中井家によって作成された絵図「元禄十四年實測大絵図」[63]には未だ南無地蔵は描かれておらず、当該地付近は畑地として描かれているのみであるが、その少し後の正徳から享保頃に同じ中井家によって作成された「京明細大絵図」[64]には、既に南無地蔵が描かれているのである。それ以降に作成される殆どの絵図にも南無地蔵が描かれるようになる。

そもそも南無地蔵などの無縁墓地は、河川敷にあった大量の身元不明の死者を埋葬する場として設定されたものであったから、近世京都の人びとにとっては、供養されざる大量の死者の記憶と深く結びついた場でもあったであろう。

こうした供養されざる死者の影響について、『犬方丈記』では「餓死亡魂の気、疫癘となり、人につき」災いをもたらすとしている[65]。死体の埋葬は悲田院の「非人」たちが担うとしても、「餓鬼亡魂」の供養までは期待できない[66]。いわば、都市は「疫癘」をもたらす供養されざる「餓死亡魂の気」を常に抱え込んでいるといえるのである。

それ故、無縁墓地の周辺は宗教者が活動する場ともなるのである。宝永七年（一七一〇）には、松原通河原の淳識という僧が、夏の間に一〇〇日間にわたって行った「石写経」を「六波羅野無縁塚」（南無地蔵）に納めて、その上に「石地蔵」を立てたいと公儀に届け出ている。[67] 寛文九年（一六六九）の飢饉から四〇年目にあたることからみて、こうした行為が死者供養にあることは疑いあるまい。[68]

西日本に大きな被害をもたらした享保一七年（一七三二）の「享保の大飢饉」から七年になる元文四年（一七三九）には、「南無地蔵之南ニ無縁塔」を建立したいという申し出があり、許可されている。[69] これも、「無縁」の死者を供養するためのものであろう。

また、正徳四年（一七一四）から、木食正禅が南無地蔵をはじめとした七墓五三昧を寒夜に巡る修行を始め、南無地蔵を含む墓地に名号碑を建立している。[70] その後、南無地蔵からもそれほど離れていない五条坂に「一切群類」結縁のために安祥院を建立した。[71] 他にも、近世には鉢叩きなどの宗教者がこれらの墓地を巡っていた。こうした宗教者は、いわば供養する者が不在の死者、疫病などを都市にもたらしかねない「餓鬼亡魂」を、縁者や公儀権力になりかわって供養することが期待されていたのであろう。

## おわりに

ここまで見てきたように、近世の南無地蔵をはじめとした無縁墓地は、寛文新堤建設以降、鴨川の治水を公権が担うようになった一七世紀後半に、飢饉によって「無縁」「行き倒れ」といった身元不明の死者が急増し、河川に大量の死体が投棄・埋葬される事態への対策として公定されたものである。身元不明の死者の死体処理を悲田院の

「非人」たちが請け負っていたこともあり、無縁墓地に悲田院が関わるようになると、南無地蔵では、そこにあった「乞食小屋」が悲田院の配下に組み込まれるようになってくる。こうした南無地蔵の状況は、中世の鳥辺野の延長というよりは、すぐれて政治的性格を持つ近世的な埋葬施設であったというほうが妥当であろう。

こうして運用が始まった無縁墓地は、大量死の影を多くの人びとに想起させた。都市生活の不安定さのなかで、無縁墓地では供養されざる死者を、人びとに代わって供養する宗教者が活躍することになる。

このような近世の無縁墓地、南無地蔵も近代を迎える。明治二年（一八六九）二月には埋葬が厳禁され、明治四年（一八七一）に「非人小屋」とともに下京二八番組の町組に組み込まれる。(72) 驚くことに明治五年（一八七二）四月には、京都府の舎密局が解剖人身理学研究のため、五条坂無縁墓地に露出する骨の利用を知事に請願し、認可されている。(73)

なお、「解放令」後、同所の「非人小屋」に居住していた「非人」は「之を解散せしめ。無宿の者は新に戸籍に記入し。故郷ある者は其本国に送還せしむ。(74)」とあるように、近代の戸籍制度によって把握されていくのであるが、同所は依然として「乞食」が集住し、さまざまな芸能を行っているような「別天地」であった。(75) 明治三三年（一九〇〇）には新道が開かれて景観が変わっていったが、(76) 南無地蔵は明治三五年（一九〇二）の地図でも確認できる。(77) そして、かつては南無地蔵周辺は「累々た」る「埋屍場」の間に「僅に耕地」があるような状態であったが、明治四三年（一九一〇）に駆黴院を前身とする八阪病院が、南無地蔵跡地に新たに建設されることになる。工事の際には大量の人骨が掘り出されたという。(78)

大正元年（一九一二）には道路を拡幅して電車が通った。(79) こうして南無地蔵の付近は「戸口充満し、全く市街の形状を為す」ようになっていた。二〇世紀には南無地蔵はその役割を終えて、次第に忘れられていったのである。(80)

## 註

（1）三昧聖については、細川涼一編『三昧聖の研究』（碩文社、二〇〇一年）、木下光生『近世三昧聖と葬送文化』（塙書房、二〇一〇年）、吉井克信「近世畿内三昧聖の宗教的側面と信仰」（『部落問題研究』第一四四輯、一九九八年六月）、藤本清二郎「近世の聖おんぼう身分と村落――紀ノ川筋・泉南地域――」（『部落問題研究』第一四四輯、一九九八年六月）、吉井敏幸「中世〜近世の三昧聖の組織と村落――大和国の場合――」（『部落問題研究』第一四五輯、一九九八年一二月）などがある。

（2）江戸の事例については、西木浩一による『都史紀要　三七　江戸の葬送・墓制』（東京都公文書館編集・東京都政策報道室都民の声情報公開室発行、一九九九年）を参照。

（3）山田邦和「京都の都市空間と墓地」（同『京都都市史の研究』吉川弘文館、二〇〇九年）、高田陽介「戦国期京都に見る葬送墓制の変容」（『日本史研究』第四〇九号、一九九六年九月）、勝田至「「京師五三昧」考」（同『日本中世の墓と葬送』吉川弘文館、二〇〇六年）、勝田至「鳥辺野考」（前掲勝田書所収）。

（4）土居浩「「京師五三昧」再考」（『桃山歴史・地理』第三四号、一九九九年一一月）。

（5）「町代日記」（京都府立京都学・歴彩館蔵「古久保家文書」）延宝三年閏四月三日条には次のようにある。

　一妙覚之内ニてかんせん堂ヲ立、死人ヲやき申度出入ニ付、妙覚之役者御断被申上出入りニ付

　一妙覚寺後扇子町御よひ被成候様子御尋被成候へハ、死人ヤき被申候用意慥ニ御座候、見届参候由申上候、扨又ヤき被申候へハ近辺にを《（ママ・臭い）》可仕候、其上火用心悪敷御座候へハとかくニ扇町中之めいわく仕事に御座候由申候へハ、尤と被仰付候、又寺ゟ被申上候ハ、尤新法なから弐拾以前ニ寺之にわニてヤき申れいも御座候由申上候へハ、然ハ廿年以来御ヤき不申只今俄ヤき事不届ニ被思召候ニ付、則検使被遣候、松田茂左衛門様御出し候

（6）新修京都叢書刊行会編『新修京都叢書』第一〇巻（臨川書店、一九六八年）。

（7）前掲勝田論文「鳥辺野考」。この火屋は、元和初年頃の制作とされる舟木本洛中洛外図屏風に「つるのはやし」として描かれている。板行地図では、承応三年（一六五四）刊の「新板平安城東西南北幷洛外之図」（大塚隆編

『慶長昭和京都地図集成――一六一一（慶長一六）年～一九四〇（昭和一五）年――』柏書房、一九九四年）には建仁寺門前の鴨河原に移転した火屋が描かれている。舟木本洛中洛外図屏風の作者といわれる岩佐又兵衛による寛永一四年（一六三七）の紀行文『廻国道の記』には、建仁寺前の「鶴の林といひてむかし今にいたりて人とぶらふ所」の存在が書き留められており、「地蔵観音も同座ありて、御前には空也上人の木像あり」と見えている。最勝河原移転前の建仁寺前にあった火葬場の様子をうかがうことのできる貴重な記録である（鈴木廣之「研究資料　廻国道の記　二」『美術研究』第三二九号、一九八四年）。この火屋は、従来の研究では寛文年間に西三条に移転したと見られていた。享保八年（一七二三）の建仁寺周辺の調査記録である「境内並近隣之古記」には「五十年已前迄火屋有之」とあり、「花屋宗悦」という「灰かきの頭」が火葬に従事する者を支配していたことが見えている（下坂守「霊洞院蔵「境内並近隣之古記」――（参考資料）建仁寺蔵の五点の古絵図――」〈『学叢』第三七号、二〇一五年〉）。享保八年（一七二三）から「五十年已前」となれば、寛文一四年（一六七四）頃にあたる。おそらく、寛文一一年（一六七一）に鴨川に寛文新堤が建設され、河原周辺の開発が進んで遊興地として整備されているなかで、火葬場は移転を余儀なくされたのであろう。

（8）前掲高田論文。なお、「金蓮寺文書」の永徳元年「検非違使庁別当宣案」（高野修編『白金叢書　時宗中世文書史料集』白金叢書刊行会、一九九一年、四三一号）に「金蓮寺末東山宝福寺」、永徳元年「検非違使庁下文」（『同上』四三二号）に金蓮寺「末寺東山宝福寺」とあり、永徳元年（一三八一）には四条道場とも呼ばれていた時宗寺院金蓮寺の末寺であったことがわかる。

（9）『雍州府志』巻四「寺院門上」（新修京都叢書刊行会編『新修京都叢書』第一〇巻、臨川書店、一九六八年）。

（10）新修京都叢書刊行会編『新修京都叢書』第一二巻（臨川書店、一九七一年）。

（11）日本随筆大成編輯部編『日本随筆大成』第一期第一〇巻（吉川弘文館、一九七五年、一四頁）。

（12）新修京都叢書刊行会編『新修京都叢書』第二巻（臨川書店、一九七六年）。正徳元年（一七一一）刊『山州名跡志』巻二〇（『大日本地誌大系　山州名跡志』第二巻、雄山閣、一九七一年）によれば、金蓮寺の境内に祀られていた「親恋地蔵」は「東山保《ママ》福寺」にあったもので、同寺が荒廃したために、宝福寺が金蓮寺の別院であった縁で移されたものという。
(13) 岩生成一監修『京都御役所向大概覚書』（清文堂出版、一九七三年）。
(14) 近世京都の「非人」身分については、菅原憲二「近世前期京都の非人――悲田院年寄支配を中心に――」（部落問題研究所編『京都の部落問題　1　前近代京都の部落史』部落問題研究所、一九八七年）、同「近世京都の非人――与次郎をめぐって――」（『日本史研究』一八一号、一九七七年九月）、内田九州男「近世非人論」（部落問題研究所編『部落史の研究　前近代篇』部落問題研究所、一九七八年）、朝尾直弘「悲田院と近江の非人番」（『朝尾直弘著作集』第七巻「身分制社会論」、岩波書店、二〇〇四年）、拙稿「一七世紀京都における悲田院　試論」（世界人権問題研究センター編『中近世の被差別民像――非人・河原者・散所――』公益財団法人世界人権問題研究センター、二〇一八年）がある。
(15) 行き倒れが「非人」か否かは、悲田院から派遣された与次郎・年寄が検分のうえで判断する。一七世紀の行き倒れと悲田院については、前掲菅原論文「近世京都の非人」を参照。
(16) 前掲土居論文。
(17) 『成就院日記』元禄一二年四月一二日条（清水寺史編纂委員会編『清水寺成就院日記』第一巻、法藏館、二〇一五年。以下、『成就院日記』の記述は本書による）。なお、傍線は村上。
(18) 『同右』元禄一二年四月一二日条。
(19) 一般には「無縁塚」といえば、寺院の境内墓地の一画にある、次第に弔う者のいなくなった墓標を集めた場所を想起するが、ここで「無縁塚」とされているのは、そのようなものではなく当初から「無縁」として埋葬される人のみを対象とした埋葬空間であり、それ故に空間全域が「無縁塚」と呼ばれていた。
(20) 『成就院日記』元禄一二年四月一二日条。
(21) 『同右』元禄一二年四月一四日条。
(22) 『同右』元禄一二年四月一六日条。無縁塚の面積が問題となったのは、「墓処ノ年貢ハ穢モノナレバ、公儀地頭へ可納コトニ非ズ」とし、「墓所・損馬捨馬ヲ高ノ内、地所ニハ不致、ミステ地ト致スベシ」（大石慎三郎校訂『地方凡例録』上「墓所・損馬捨場之事」近藤出版、一九六九年）という見解のため、除地となる無縁塚と年貢地（畑）とを明確にする必要があったためであろう。

（23）『成就院日記』元禄一二年一一月九日条。元禄一三年には一〇月一五日条、一〇月二九日条。翌年以降も事例は多数にわたる。

（24）たとえば、『小島氏留書』嘉永元年八月二八日条、九月七日条、一〇月一〇日条など（京都大学文学部日本史研究室編『京都大学史料叢書　8　京都雑色記録二　小島氏留書二』思文閣出版、二〇〇三年）。

（25）『翁草』巻之一三七（日本随筆大成編輯部編『日本随筆大成』第三期第二三巻「翁草〈5〉」吉川弘文館、一九七八年、九五頁）。

（26）「東村弥治郎書留飢饉記録」（田辺町近代誌編さん委員会編『田辺町近世近代資料集』京都府田辺町、一九八七年、一二六号）。

（27）『京都坊目誌』「下京第一一学区之部」（新修京都叢書刊行会編『新修京都叢書』第二一巻、臨川書店、一九七〇年）。

（28）駒敏郎ほか編『史料京都見聞記』第二巻（法藏館、一九九一年）。

（29）「所司代戸田因幡守殿御役中、町奉行丸毛和泉守殿ゟ被差出候いろは帳」（京都町触研究会編『京都町触集成』別巻三、岩波書店、二〇一七年、七二頁）。

（30）明治四三年「八阪病院建築綴」（京都府立京都学・歴彩館蔵「京都府庁文書」明治四三―〇〇九〇）。明治四三年（一九一〇）当時六七歳だった「山田音吉古老ノ談話」による。

（31）勝田至「中世民衆の葬制と死穢」（前掲勝田書所収）。

（32）一七世紀における四条〜五条河原の景観については、下坂守「中世「四条河原」再考」（『奈良史学』第三三号、二〇一六年一月）によった。

（33）吉越昭久「鴨川の景観変遷と水文環境」（平成八・九年度文部省科学研究費補助金基盤研究（C）研究成果報告書『河川景観とイメージの形成に関する歴史地理学的研究』一九九八年）。

(34) 塵芥の問題については、山崎達雄『洛中塵捨場今昔』(臨川選書、一九九九年) 参照。
(35) 朝尾直弘「元禄期京都の町代触と町代」(『朝尾直弘著作集』第六巻「近世都市論」、岩波書店、二〇〇四年) では、元禄八年 (一六九五) の塵捨場指定と元禄一二年 (一六九九) の無縁墓地設定は一連のものとして理解し、従来の「河原」が持っていた塵芥処理の機能消失は、中世的風景から決別して近世的都市景観へと確立させる画期と評価する。
(36) 『犬方丈記』(朝倉治彦編『仮名草子集成』第四巻、東京堂出版、一九八三年)。
(37) 前掲菅原論文。
(38) 『犬方丈記』。
(39) 大雲院境内にある天和二年 (一六八二) 三月の大雲院光誉貞龍による高誉顕彰碑。
(40) 「祇園社本縁雑録」(八坂神社文書編纂委員会編『新編八坂神社記録』臨川書店、二〇一六年、二八九頁)。
(41) 『犬方丈記』。
(42) 『同右』。
(43) 「祇園社本縁雑録」二八九頁。
(44) 「同右」。
(45) 『成就院日記』元禄一二年四月一二日。
(46) 川嶋將生「鴨川の歴史的景観——中・近世の文化史的側面から——」(同『「洛中洛外」の社会史』思文閣出版、一九九九年)。
(47) 前掲下坂論文「中世「四条河原」再考」。
(48) 四条河原とともに一七世紀に施行が行われていた北野七本松についても、同様の事態が発生していたものと思われる。「西之京領下立売通紙屋川側壱ケ所　字宿寺」などが死体を埋葬する場として使用されていたのではないだろうか。
(49) 前掲註(24)参照。

(50) 前掲菅原論文「近世前期京都の非人」には、「無縁墓地の近くには、ほとんど全てえた部落、または非人小屋、あるいはその両方があり」、「悲田院年寄は非人小屋の非人たちに死体の埋葬を命じたのであろう」(一九六頁)とする。しかし、本事例を見る限りでは、無縁墓地に死体の埋葬をさせるために悲田院が「非人小屋」を設置したのではなく、既存の「乞食小屋」が無縁墓地として確定する過程で、悲田院の影響下に組み込まれていったと考えられる。

(51)『諸式留帳』(原田伴彦ほか編『日本庶民生活史料集成』第一四巻「部落」三一書房、一九七一年)。

(52)『同右』。

(53)「牢抜一条ニ付所々張其外御用人足高」(辻ミチ子「『荻野家文書』牢抜一件記録」『京都部落史研究所紀要』第一一号、一九九二年一一月)。

(54) 京都町触研究会編『京都町触集成』第一三巻(岩波書店、一九八七年)、一五一六号(明治四年)に付された図には「ナムジゾウ」に「ヒ人ゴヤ」が書かれている。また、慶応四年(一八六八)刊『改正京町絵図細見大成』(前掲大塚編著所収)には南無地蔵の南西に「ヒニン小ヤ」が記されている。

(55)「山田音吉古老ノ談話」(明治四三年「八阪病院建築綴」京都府立京都学・歴彩館蔵「京都府庁文書」明治四三―〇〇九〇)。

(56) 塚本学『生類をめぐる政治――元禄のフォークロア――』(平凡社選書、一九八三年)。

(57) 山室恭子『黄門さまと犬公方』(文春新書、一九九八年)。

(58) 高埜利彦「一八世紀前半の日本――泰平のなかの転換――」(『岩波講座日本通史　第一三巻　近世三』岩波書店、一九九四年)。

(59) 京都町触研究会編『京都町触集成』別巻二(岩波書店、一九九五年)、六三三号、貞享四年の町触など。なお生類憐れみ政策と京都の捨て子については、菅原憲二「近世京都の町と捨子」(『歴史評論』第四二二号、一九八五年)を参照。

(60) 前掲山田論文。

(61) 山田邦和「平安京の葬送地」(前掲山田書所収)。
(62) 山田邦和「考古学からみた近世京都の墓地」(前掲山田書所収)。
(63) 前掲大塚編著。
(64) 伊東宗裕編『別冊太陽　京都古地図散歩』(平凡社、一九九四年)の六六頁に、当該地付近の写真が掲載されている。
(65) 『犬方丈記』。
(66) 『犬方丈記』には、「施行場の非人ハ、悲田院の与次郎らが支配なれバ、餓死亡魂の疫鬼も、与次郎を見てハ、おそれをなす」とし、「唵悲田院、与次郎卒婆呵」という呪文や「与次ら宿」と書いて門柱に貼る疫病除けの呪いを紹介する。こうした事実があったか否かは未確認だが、悲田院への呪術的な期待をうかがうことができる点で興味深い。とはいえ、これは亡魂を抑圧することを悲田院の与次郎らに期待したものであり、死者供養についてのものではない。
(67) 『成就院日記』宝永七年七月三日条。
(68) 前掲、明治四三年「八阪病院建築綴」所収の「山田音吉古老ノ談話」によれば、三つの穴の傍らに「大壱個・小弐個」の「石地蔵三基」が建立されていたらしい。そのなかには「享保十二丁未年」の銘があったという。こうした供養のための石造物は、さまざまな人びとによって折に触れて建立されていたと思われる。
(69) 『成就院日記』元文四年九月二四日条(清水寺史編纂委員会編『清水寺成就院日記』第三巻、法藏館、二〇一七年)。
(70) 木食正禅については、柴田実『安祥院と木食養阿上人』(日限安祥院、一九五五年)、拙稿「近世京都の宗教者と社会——木食正禅から見る——」(拙著『近世勧進の研究——京都の民間宗教者——』法藏館、二〇一一年)など。
(71) 「清水寺文書」(清水寺史編纂委員会編『清水寺史』第三巻「史料」音羽山清水寺、二〇〇〇年、一九六頁)。
(72) 京都町触研究会編『京都町触集成』第一三巻(岩波書店、一九八七年)一五一六号。
(73) 京都府立総合資料館編『京都府百年の年表　五　教育』(京都府、一九七〇年)。

（74）『京都坊目誌』「下京第二一学区之部」（新修京都叢書刊行会編『新修京都叢書』第二一巻、臨川書店、一九七〇年）。
（75）『同右』。なお南無地蔵で行われていた春駒などの芸能については、山路興造「春駒」（京都部落史研究所編『近世の民衆と芸能』阿吽社、一九八九年）を参照されたい。
（76）『京都坊目誌』「下京第二一学区之部」（新修京都叢書刊行会編『新修京都叢書』第二一巻、臨川書店、一九七〇年）。
（77）明治三五年（一九〇二）の「京都市実地測量地図」（前掲大塚編著所収）。
（78）明治四三年「八阪病院建築綴」（京都府立京都学・歴彩館蔵「京都府庁文書」明治四三―〇〇九〇）。掘り出された人骨は地蔵山墓地に埋葬した（前掲「八阪病院建築綴」）。八阪病院と南無地蔵については、永利満雄・藤本文朗・渋谷光美「京都東山の洛東病院の歴史を探る――語られなかった歴史的事実にせまる――」（東山の福祉と革新の源流を探る会編『京都東山福祉の源流を探る』宮帯出版社、二〇一一年）で言及されている。
（79）『京都坊目誌』「下京第二一学区之部」（新修京都叢書刊行会編『新修京都叢書』第二一巻、臨川書店、一九七〇年）。
（80）大正一四年に八阪病院の敷地に接して消防署を建設していた際、大量の白骨が発見されている。この白骨は、明治四三年に八阪病院建設の際に見つかった遺骨を埋めた地蔵山に合葬された（大正一三年「八坂消防分署建築綴」（京都府立京都学・歴彩館蔵「京都府庁文書」大正一三―〇〇八四）。

# 第四章　空也堂・鉢叩きの大坂

## はじめに

「鉢叩《はちたた》き」とは、瓢箪を叩きながら和讃を唱えて歩く宗教者であり、空也の流れを汲む念仏聖であるといわれる。その姿は中世の『七十一番職人歌合』にも見えている。

近世には、京都にある空也堂極楽院に集住し、歳末に寒行と称して、南無地蔵など京都の七墓五三昧と呼ばれる墓地をめぐり歩いて廻向をするとともに、茶筅を販売していたことが多くの地誌に記されるようになる。前章で見た、供養する者が不在の死者、疫病などを都市にもたらしかねない「餓鬼亡魂」を供養することを担っていた宗教者でもあった。

空也堂は、諸国の「鉢屋」などと呼ばれる人びとを末派として組織していた。空也堂や「鉢叩き」については、

図１　空也堂

図２　空也堂踊念仏

早くから民俗学や歴史学、芸能史から関心を呼び、多くの研究がなされてきた。民俗学では柳田國男以来、堀一郎や五来重らにより、「聖」としての側面が明らかにされた[1]。

近年では、森田竜雄が、中世には遊行的な念仏宗教者であった「鉢叩き」が京都という都市において、空也堂を建立し寺院化していくなかで「歓喜踊躍念仏の総本山」として自己形成を遂げ、末派の編成をすることで集団化していく過程を整理し[2]、菅根幸裕は空也堂の史料や地方文書を丹念に発掘し、各地の「末派」の実態や近世から近代にかけての空也堂の具体像を次々と明らかにしている。とりわけ、維新期以降の空也堂が禁裏との関係を前面に出し、六十六部や秘事法門と呼ばれる宗教の受け皿となってきたことなど、新しい事実も知られるようになった[3]。

また、近世には京都の六斎念仏の本山として許状を発行するようになっていくことについて、芸能史の視点から研究がなされている。当初六斎念仏を支配していた光福寺（千菜寺）が、芸能化が進んだ六斎念仏に難色を示したため、一九世紀以降は空也堂が積極的に京都近郊の六斎念仏を編成してきたことが論じられている。[4]

本章では、こうした先行研究をふまえ、空也堂が大坂で行った勧進と「歓喜踊躍念仏」について検討したい。森田竜雄は、「末派」の組織化とともに大坂への進出を、天明の大火で復興が危ぶまれるほどの被害をうけた空也堂が、再建のために行った「新機軸」と評価している。[5]しかし、森田は「末派」組織について詳しく検討する一方で、大坂進出についてては事実の指摘にとどまっている。初めて大坂の源光寺で空也堂が「歓喜踊躍念仏」を執行したのが、天明八年（一七八八）の大火から間もない寛政四年（一七九二）という時期だった事実から見て、森田がいうように、天明の大火からの復興を目論んだ空也堂の戦略には違いないだろう。

だが、京都という中世以来の活動の場を離れ、大坂という新しい町で何故「歓喜踊躍念仏」が受け入れられたのか。大坂にも山伏・六斎念仏・熊野比丘尼・願人・道心者など多様な宗教者が存在し、集団化を遂げていたことが塚田孝によって既に明らかにされている。[6]そのような大坂に、空也堂が参入することは決して容易なことではなかったであろう。空也堂が、なぜ敢えて大坂という新天地への進出を目論んだのか、そして成功する見込みはあったのかを明らかにしなければ、「新機軸」として評価することはできないだろう。そこで本章では、大坂の状況にも着目しながら、空也堂の大坂進出について検討していきたい。

## 一　寛政四年の歓喜踊躍念仏執行

寛政四年（一七九二）、大坂の北郊外にある源光寺で、空也堂による「歓喜踊躍念仏」が執行された。このときには、大坂市中に高札が掲げられ、広く周知されていたことが『年代記』という書物に見えており[7]、歓喜踊躍念仏執行興行の事実については、先行研究でも指摘されていた。しかし、その具体的なありようや背景までは言及されてこなかった。

この「歓喜踊躍念仏」執行については、源光寺側に次のような史料が残されており、源光寺側の事情を知ることができる。

【史料1】[8]

乍恐奉願候口上書之覚

一当寺本尊其外建物、去ル申年類焼仕、無檀之貧寺ニ而再建難叶自力候ニ付、御当地町方・在方通一遍の修行仕度旨、去申年御願奉申上候処、御聞届ケ被成下難有奉存候、依之其砌修行仕、少々施物受候、志之回向之於当寺相勤可申処、未再建も得不仕候、右回向相勤申し候場所無御座候ニ付、今般御当地西成郡南浜村源光寺義者、開山上人法縁之寺ニ而御座候得者、右源光寺境内借用申、来ル三月十日ゟ同廿九日迄、日数廿日之間、右為回向、当寺伝来之歓喜踊躍之念仏修行仕度奉存候ニ付、右之段京都御役所江御願奉申上候処、御聞済之上、御添簡頂戴仕候而、今日奉指上候、右願之通り、御聞済被成下候ハヽ、難有奉存候、以上

寛政四子年　　　　京都蛸薬師通堀川東へ入ル処

閏二月廿三日　　　　無本堂

極楽院

空也堂住持

光阿

代
勝覚
役者
勝阿

この願書から、寛政四年（一七九二）に初めて大坂で行われた「歓喜踊躍念仏」は、先行研究で指摘されていたとおり、天明の大火によって焼失した本堂再建のためであったことが明らかとなった。さらに、「去申年」、つまり大火があった天明八年（一七八八）に寺院再建のために大坂の「町方・在方」で「通一遍の修行」をし、その奉志に対する廻向をするための場所として、本来であれば「当寺」（空也堂）において行うべきところだが、いまだ再建がならないために、「開山上人」の空也にゆかりがある「西成郡南浜村源光寺」の境内を借りて執行するという。

京都では、天明八年（一七八八）六月に「類焼之寺院」に対して「再建之儀勝手次第」と通達されているのだが[9]、「未曾有之火災[10]」といわれた大火災の後とあっては、特定の檀家を持たない空也堂の再建は、容易なことではなかったと思われる。皇族の信仰があつく、かつ皇族葬儀の際は焼香を勤めているなど朝廷との深い関係があったこともあり、後に空也堂が火災に遭った際には、朝廷から再建費用の寄進がなされている。しかし、内裏さえもが焼失し、天皇が聖護院に移っているような状態では、皇室からの支援も期待することはできない。かかる状況にあって、近隣の商都大坂が勧化先として選ばれたのであろう。

ここで「通一遍の修行」としているのは、後掲【史料5】にあるように、

尤当院托鉢修行之儀ハ市中往来筋鉦を扣空也上人御自作之和讃を唱ひ罷通り信心之輩ゟ施物差出候処ニ而立止り回向仕、若又別段信心之方ゟ請待仕候処ニ而ハ内仏回向仕候而已ニ而、市中軒別ニ立止り施物を乞候修行ニ而

者無之、勿論配札勧化等紛敷義一切不仕、真之通り一遍之托鉢修行ニ御座候[11]、

というものであった。

【史料1】を文言通りに読めば、源光寺での歓喜踊躍念仏執行は、施物を差し出した「信心之輩」の志に対して、廻向をするために、依然として再建がならない本堂に代えて源光寺境内を借りるという、偶発的な事態への対処ととれる。しかし、天明八年（一七八八）から三年間にわたって大坂の「町方・在方」を托鉢し、空也堂の存在を十分に周知せしめ、満を持しての興行というように見ることも可能であろう。仮に、この大坂での歓喜踊躍念仏が、森田がいうように「新機軸」として打ち出されたものであるなら、きわめて綿密な準備のもとに実行されたものであるといえる。

## 二　源光寺の事情

ところで、受け入れ側の源光寺もまた「再建中」であった。大坂の町奉行所から、空也堂の歓喜踊躍念仏の執行が「願之通被仰付」られると、源光寺も十一面観世音菩薩・出世観世音菩薩・毘沙門天像などの「霊仏」開帳を願い出ている。

【史料2】[12]

乍恐口上書を以奉願上候

羽倉権九郎殿御代官所
摂州西成郡南浜村　浄土大念仏宗　本山源光寺

一今般京都空也堂歓喜念仏修行中、当寺本堂用立遣し候ニ付、当寺茂再建中ニ御座候得者、為助力、内仏檀ニ安置仕候霊仏、参詣信仰之面々江拝礼為致度奉存候、右之段御聞済被下、願之通被為仰付被下候ハヽ、難有奉存候、以上

寛政四子年閏二月廿九日

南浜村　本山源光寺
役者　証　蓮
同村　庄屋　茂右衛門
同　年寄　善　蔵

御奉行所

このように、源光寺の側も再建のための資金集めの機会として、空也堂の歓喜踊躍念仏の執行は好都合だったといえ、両者の利害が一致したということができるだろう。

大坂の町からもさほど離れていない場所にあり、源光寺では明和七年（一七七〇）に勝尾寺、安永九年（一七八〇）に三河国の伊賀八幡宮などの開帳を既に行っていた。興行などのノウハウを持っていたことも源光寺が選ばれた理由のひとつであろう。

ただ、空也堂が源光寺を会場として選択した理由は、それだけではないだろう。【史料1】に「開山上人法縁之寺」とあるように、源光寺は空也と所縁の寺であると考えられていた。この源光寺は、大坂にある主要な墓地、七墓のひとつである「浜墓所」にきわめて近い場所にある。そのため、近世初頭には「三昧院」と称していたらしい。この「浜墓所」は空也ではなく、行基の開創と伝えられているのだが、三昧・墓地の開創そのものに空也が関わっていたという伝承もあり、墓地を介して両者が繋がったとみていいであろう。また、京都の鉢叩きが、歳末に京都

の周囲に存在する墓地、五三昧を巡っていたことを想起すれば、大坂の七墓のひとつである「浜墓所」は、空也堂の歓喜踊躍念仏執行の場として相応しいといえるだろう。

また、注意を喚起しておきたいのは、源光寺が現在は浄土宗知恩院派に属しているが、融通念仏系の寺院として展開し、近世は浄土宗寺院から住持を招請するなど浄土宗に接近しながらも、一貫して「無本寺」であったことである。[13] このようにある面で宗派性を超えた存在であったことは、近世を通じて本末関係も曖昧であったとされる空也堂とも親和性が高かったということができる。これ以降、空也堂が大坂で歓喜踊躍念仏を執行する場として選んだ阿弥陀ヶ池和光寺や下寺町の遊行寺も庶民信仰の寺院であった。

## 三　大坂の宗教者をとりまく状況――京都・大坂の六斎念仏――

ここまで空也堂による大坂進出を見てきたが、その頃の大坂における宗教者をとりまく状況について検討しておきたい。

塚田孝が明らかにしているように、大坂では多様な宗教者が活動をし、次第に集団化を遂げていた。そして、都市での宗教者の「不如法」が規制されていく。[14] やや後になるが寛政一〇年（一七九八）には、大坂の町屋に僧が居住していた場合は、鞍馬大蔵院配下の願人か、西方寺・念仏寺組下の六斎念仏の配下となるか、俗体に改めるかのいずれかにするよう命じた触が出されている。

こうした状況下にあっては、空也僧なども本来なら統制の対象となるはずであった。空也僧が大坂で活動しえたのは、おそらく天明の大火にともなう寺院復興のための勧化を公儀が公認していたからであろう。また、京都の鞍馬にいたこともあるとされている空也を祖とあおぐ空也堂に対しては、鞍馬寺配下の願人も手を出しかねたという側面もあったであろう。

ところで、空也堂が天明の大火による類焼を契機に、「新機軸[15]」として大坂進出をしたのと同じ寛政四年（一七九二）、京都の六斎念仏もまた大坂で活動をしていた。

文政四年（一八二一）と嘉永二年（一八四九）に、京都の六斎念仏が大坂で活動していたことについては、既に本多健一が注目し、本拠地の京都では民俗行事として存在していたが、本拠を離れた大坂では「社会的コンテクストを離脱し」て「見世物的興行」を実施すると指摘する。そして、二大都市で異なる行動をとった六斎念仏講中は「非常に複雑な「戦術」」を有していたと評価する[16]。また、嘉永二年（一八四九）には六斎念仏が空也堂の歓喜踊躍念仏と一緒に行われていたことから、六斎講中の「興行」は空也堂の傘下に入ったことで、早くから鳥目をとっていた空也堂の歓喜踊躍念仏の影響をうけたものではないかと推測している。傾聴に値する重要な指摘であると思われる。

しかしながら、本多は、嘉永二年（一八四九）の興行に先行する、寛政四年（一七九二）に大坂で行われていた六斎念仏については触れていない。空也堂と京都六斎念仏の大坂進出が同じ年であったことは、容易に看過できない事実である。それまで六斎念仏を傘下におさめていた干菜寺が難色を示した、六斎の芸能化を規制する町触が出されるのが寛政一二年（一八〇〇）であり、山路興造が空也堂と六斎念仏の接近を天明（一七八一～八九）頃のことと示唆している[17]。こうした点を想起すれば、寛政四年（一七九二）という時期に、空也堂と京都の六斎念仏が、同じ年に相次いで大坂に進出した事実は重いといわざるをえない。歓喜踊躍念仏の影響をうけて六斎念仏が「見世物興行化」する「戦術」という評価を検証するうえで、本事例の重要性はいうまでもないであろう。

また、先に言及した寛政一〇年（一七九八）の触において、大坂の町に住む僧を取り込もうとした西方寺・念仏寺組下の「六斎念仏」は、融通念仏宗大本山の大念仏寺末であり、京都の六斎念仏とは異なる集団である。そして、この西方寺組など大坂の六斎念仏は「他所之六斎念仏坊主」が大坂に入ることを認めていなかった[18]。とすれば、京都の六斎念仏の指向だけでなく、大坂という芸能市場に、京都の六斎念仏が進出することを可能ならしめた背景を明らかにしなければ、事の一面を見ただけにとどまってしまうだろう。

さて、寛政四年（一七九二）に大坂で六斎念仏が行われたのは、千日前の竹林寺であった[19]。「享保十六丑年飢死人」の供養として竹林寺本堂で法事が営まれるにあたり、「由縁御座候而、京西八条六斎念仏講中参り相勤申度」というもので、享保の飢饉にともなう死者供養を名目とし、公儀に実施の許可を求めて届け出た[20]。

この時、大坂の奉行所は、前例の有無とともに三十三回忌・五十回忌ならぬ六一年目に法要をするような事例があるのか不審がり、「飢死人回向之義、先年相勤候義幷六十一年目ニ相当り供養相勤被申義有之哉、得与相糺可被申出」と調査を命じている。これに対して竹林寺は「古記等茂焼失」しているが、「飢死之節茂別而無縁之非人共数多取置仕候、夫故其節之住持ゟ申伝」として、「六拾壱ヶ年ニ相成候へ者、飢死追善別格ニ相勤可申様代々之住持へ申伝候義御座候」と答えている。結果的には無事に実施が認められるのだが、経緯から見て六一年目の廻向というのは当時にあってもあまり馴染みのないもので、寛政四年（一七九二）に行われる必然性は、必ずしもなかったということができよう。となれば六斎念仏執行も、当初から計画されていた法要というよりも、不断念仏の千日廻向で知られていた竹林寺が臨時に打ち出した宗教的行事であり、「享保十六丑年飢死人」供養は、後づけの理由と見たほうがいいであろう。

さて、ここで空也堂と大坂竹林寺で行われた京都六斎念仏執行に繫がりがあったか否かが問題となる。この時に竹林寺で六斎念仏を執行した西八条の講中が、空也堂の傘下にあったかどうかは明らかではなく、これまでの研究では両者の間を直接に結びつけている史料を見出すことはできていなかった。

しかし、空也堂が歓喜踊躍念仏を執行した大念仏宗の源光寺を媒介とすることで、両者を結ぶ糸が浮かび上がってくる。竹林寺は一心寺末の浄土宗寺院であり、大念仏宗として独判が認められた源光寺とは直接関係はなさそうに見える。しかし、後年の史料だが安政六年（一八五九）に「不如法」をしでかした源光寺末の北野村西念寺禅誉は、「道頓堀之竹林寺者、西念寺禅誉之師匠与兄弟坊主」であった[21]。また、六斎念仏が竹林寺で執行された年の前年、寛政三年（一七九一）に前住真察のあとを引き継いで住持となった「巌誉」[22]は、急速に融通念仏宗に接近していく。例えば、文化五年（一八〇八）・文化一三年（一八一六）には、源光寺とともに融通念仏宗寺院として独判が認められていた佐太来迎寺方丈の市中托鉢の宿寺などとして竹林寺を提供しており[23]、文化一二年（一八一五）には佐太来迎寺方丈を迎え、竹林寺で説法を行っている[24]。

明確な史料を提示できない現状では、推測にとどめざるをえないが、融通念仏宗と竹林寺の関係を見ると、源光寺と竹林寺で歓喜踊躍念仏と京都の六斎念仏が相次いで執行された背景には、融通念仏宗の関与があった可能性が高いのではないかと思われる。そう考えれば、大坂において融通念仏宗に所属する西方寺らが、他所の六斎念仏を排除していたにもかかわらず[25]、京都の六斎念仏が進出することに成功したのも納得できるであろう。

## 四　幕末維新期の大坂と空也堂

話を空也堂に戻そう。寛政四年（一七九二）に空也堂が大坂で歓喜踊躍念仏を行ったのは、天明の大火で類焼してしまったからであった。勧化の成果により、空也堂は無事に再建が成ったが、その後も元治元年（一八六四）・明治三年（一八七〇）と相次いで火災に遭っている。元治元年（一八六四）の火災は、禁門の変にともなうもので「堂舎不残焼失」するほどの被害に遭った。[26]

空也上人の九百回忌を目前に控え、一刻も早い再建を望んでいた空也堂は、元治の火災から間もなく動き始めた。執奏の坊城家を通じて朝廷にはたらきかけ、慶応二年（一八六六）には白銀三〇枚の寄付を受け、翌年には金子五〇〇両を借り受けている。また、慶応四年（一八六八）には再建助成のため、六斎講中や末派のもとへ勧化を求めるために役人を派遣している。[27]

こうした再建に向けての動きのなかで、今回も大坂で托鉢を行った。そのことを伝えるのが次の町触である。

【史料3[28]】

京都蛸薬師通堀川東江入町
空也堂極楽院住持
空　忍

右極楽院境内不残去子七月出火之節致シ焼失、再建難及自力候ニ付、為助成、来ル九日ゟ日数十日之間、大坂三郷町中托鉢巡行いたし、信心之輩ゟ志次第之施物相請申度、勿論諸人ヲ相勧メ、勧化致候儀者決而不仕旨願出候ニ付、取調之上、托鉢巡行一ト通之義、御聞済相成候事

（慶応元年）
丑五月

大坂では慶応四年（一八六八）に大坂鎮台が設置され、後に大坂裁判所になり、京都も大政奉還後は京都府が設置されるなど、幕末から明治初年にかけての大坂・京都を取りまく状況は目まぐるしく変わっていく。菅根幸裕に

よれば、空也堂は成立して間もない京都府にはたらきかけ、慶応四年（一八六八）、諸国での托鉢修行を新政府に認めさせ、他国へ住職が下向の際には京都府が添翰を出すことなど、宗教活動をするうえでの特権を認めさせることに成功したという。[29]

慶応元年（一八六五）には【史料3】に見るように、わずか一〇日間の托鉢を認められたにすぎなかった空也堂だが、明治三年（一八七〇）には次のように、新政府に認められた特権を梃子に再び大坂、そして堺に托鉢を行おうとしたようだ。

【史料4】[30]

奉歎願口上書

此度当寺本堂再建為助成之住職空忍役僧共召連大坂表幷ニ堺市中通り一遍托鉢修行ニ罷下リ度奉存候ニ付、大
坂
御政府江御添翰被　仰付候様奉願候処、格別之御慈悲を以
御添翰頂戴被　仰付候段、難有仕合奉存候、則去ル八日役者西岸庵代田村左十郎幷ニ大坂北野西念寺村役人附
添江彼地
御政府江出願仕候処、右者御沙汰ニ不被及候趣被　仰渡候而、別紙願書御渡しニ相成申候ニ付、此段奉畏候而御
返翰之義奉窺候処、右者大坂ゟ御直ニ御沙汰ニ相成候様被　仰渡候而、御返翰御渡しニ不相成候間、此段御届ケ
中上候、乍恐当山儀者無禄無檀寺ニ而常日托鉢修行仕信心之輩ゟ志ヲ受寺勢相続仕来り候処、当地斗之修行ニ而
者行届不申ニ付、多分諸国江も下り修行仕志之施物ヲ受寺務仕候処、右様御添翰等頂戴仕罷下り候而も通り一
遍之托鉢修行も不相成候而者、誠ニ以極々難渋仕候間、此上之御願奉恐入候得共、托鉢修行之義御許容ニ相成

候様、大坂表ニ今一応再願仕度候間、何卒格別之御慈悲を以宜敷御沙汰被　仰付候様偏ニ奉願上候、以上

本山空也堂
極楽院役者
西岸庵（印）

明治三年午三月十日
京都
御政府

しかし、「大坂ゟ御直ニ御沙汰ニ相成候様被　仰渡候」ということで容易に運ばなかった。おそらく、度重なる維新政府の組織改編により、当初の約束されていた方針が引き継がれなかったのであろう。そこで、改めて大坂へ次のような願書を提出することになった。ここでは、空也以来の皇室との関係を強調して理解を求めている。

【史料5】(31)

奉願口上書
当寺開山空也上人与奉申者忝茂
人皇六十代醍醐天皇第二之宮為渡給ふ御祖師ニ而御由緒有之御相殿ニ
寛平法皇様御尊牌
醍醐天皇様御尊牌
朱雀天皇様御尊牌
東福門院様御尊牌
恭礼門院様御尊牌

安置奉守護候霊場ニ候処、開山上人仍御遺告、御朱印等頂戴不仕無禄無檀寺ニ而、当地幷ニ諸国在町日鉢修行仕信心之輩ゟ志之施物を請寺務相続仕来り候儀、開山已来之仕来ニ御座候、然ル処去ル子年大火之砌境内不残焼失仕、其後再建等行届不申候処、来ル未年開山上人九百回御聖忌被為当候ニ付、此度本堂始坊舎再建仕度右為助成之住職空忍役僧共召連御当地西成郡北野西念寺ニ止宿仕、市中通り一遍之托鉢修行仕度奉存候間、此段御許容被

仰付候様、奉願上候、尤当院托鉢修行之儀ハ市中往来筋鉦を扣空也上人御自作之和讃を唱ひ罷通り信心之輩ゟ施物差出候処ニ而立止り回向仕、若又別段信心之方ゟ請待仕候処ニ而ハ内仏回向仕候而已ニ而、市中軒別ニ立止り施物を乞候修行ニ而者無之、勿論配札勧化等紛敷義一切不仕、真之通り一遍之托鉢修行ニ御座候、乍恐京都従

御政府添翰頂戴仕奉差上候間、何卒格別之御慈悲を以、願之通り御聞済被成下候ハヽ、難有仕合ニ奉存候、以上

但シ堺縣江も本文之通書付差上可申候

京都本山空也堂

極楽院役者

西岸庵（印）

明治三年午三月

大坂

御政府

この托鉢にあたっては、【史料4】に「役者西岸庵代田村左十郎幷ニ大坂北野西念寺村役人附添」で大坂へ出願したとあるように、大坂側の受け皿となったのは北野西念寺という寺院であった。この西念寺は、前節で述べたよ

うに空也堂が初めて大坂で歓喜踊躍念仏を行った、源光寺の末寺であった。そして、西念寺は単なる「附添」にとどまらず、【史料5】によれば「止宿」の場ともなる予定であった。

この要請が認められたか否かは、明らかにできなかった。しかし、二ヶ月後の明治三年（一八七〇）五月、空也堂極楽院役者西岸庵が明治政府に対して、空也堂の由緒を届けて「寺務相続出来候様」にと願い出ており[32]、存亡が危ぶまれる状態となっていたことがわかる。おそらく、空也堂の願いは聞き入れられなかったのであろう。

さらに、同年一二月にはようやく再建が成った堂舎が再び類焼[33]。ここに追い打ちをかけるように、同じ月に明治政府から「無禄無檀」寺院の統廃合の方針が出された[34]。従来、空也堂は皇室との関係を強調しつつ、【史料1】【史料4】【史料5】のように近世から一貫して、「無檀」故の自力再建困難を理由に托鉢の許可を求めてきていたのである。それまで、托鉢を正当化していく論理であった「無禄無檀」という空也堂の状況は、一転して寺院統廃合の危機をもたらすものとなった。さらに、それまで朝廷と空也堂を仲介していた公家の執奏である坊城家も、明治二年（一八六九）の東京奠都により、東京へ移住する。

こうして空也堂は、本堂焼失という経済的危機に加えて、法的・政治的にも存続の危機に陥っていたのである。

## おわりに

近代初頭に危機を迎えた空也堂が存続のためにとった手段は、菅根幸裕によれば「貴種」としての空也を前面に出し、近世以来の禁裏との関係を強調していくことに加え、それまで地域社会で差別されることの少なくなかった「鉢屋」「茶筅」などと呼ばれた「末派」の人びとを維新直後の混乱のなかで被差別民から切り離し、教団として再編成していくことであった。[35]

こうした動向のなかにあって、それまで何度も危機を救ってきた大坂と空也堂との関係は希薄になっていった。その理由として、一つは、新政府が彼らが大坂で行っていた托鉢という行為自体を否定していったことである。これにより、大坂で空也僧が活動する意義の過半は失われたといえよう。二つ目に、近世に空也堂と大坂の仲介役となっていた融通念仏宗の解体があったと思われる。近代初頭に融通念仏宗が宗派としての独立を否定されると、源光寺は浄土宗寺院となる。一方、空也堂は天台宗や時宗と接近していくことになる。結果的に、空也堂と源光寺との関係は疎遠にならざるをえなかったであろう。

そして三つ目に、大坂では六斎念仏とあわせて空也堂の歓喜踊躍念仏も宗教行為としてよりも、興行として受容されていた側面があり、大坂の芸能市場では淘汰されてしまったということも挙げられるであろう。本多健一の表現を借りれば、「社会的コンテクストを離脱し」て「見世物的興行」となっていたが故に、「興行」として飽きられた大坂では、後が続かなかったのである。一方で京都市中では、明治二五年（一八九二）の時点においても、「市中葬儀ノ節」に有志から招待されて念仏を執行しており、[36]鉢叩きの念仏への信仰が持続していたことがうかがえる。興行として受け入れられた大坂と異なり、宗教行為としての根を維持していた京都においては、存続しえたということになるだろうか。

こうして見たとき、空也堂と大坂の関係は、①堂舎焼失にともなう募財という空也堂の事情、②六斎念仏や歓喜踊躍念仏を新しい「芸能」として受容した大坂という芸能市場の事情、そして③両者を繋いだ融通念仏宗寺院の存在という三要素が、複合して成立したということができる。とすれば、近世後期の諸条件のなかでのみ保持されていた歴史的現象ということができるだろう。

また、空也僧らの社会的な位置やありようは、近世・近代という時代のみならず、京都・大坂という地域との関係性によって相違する部分がある。古くから関係を持っていた京都と、目新しい存在として受け入れた大坂。大坂では、新しさが彼らを受け入れる契機ともなったが、結果的に長期的な関係性を構築することにはならなかった。そこで、京都で皇室との関係を強調して存続をはかりつつ、他地域の「鉢屋」「茶筅」などと呼ばれていた人びとを「末派」として取り込むことで、教団として再編成をしていった。

「空也」という由緒を、「資源」として活用しながらさまざまな存在と連携し、時代状況や地域の需要に応じて強調すべき重心を変えていくことこそが、空也堂が生き残るための「戦略」であったということができるだろう。

**註**

（1）柳田國男「毛坊主考」（『定本柳田國男集』第九巻、筑摩書房、一九六九年）、堀一郎『我が国民間信仰史の研究』第二巻「宗教史編」（創元社、一九五三年）、五来重『踊り念仏』（平凡社選書、一九八八年）。ほかに大森恵子『踊り念仏の風流化と勧進聖』（岩田書院、二〇一一年）など。
（2）森田竜雄「鉢叩」（横田冬彦編『シリーズ近世の身分的周縁　2　芸能・文化の世界』吉川弘文館、二〇〇〇年）。
（3）菅根幸裕「明治新政府の宗教政策と「聖」の対応――鉢叩念仏弘通流本山京都空也堂の史料から――」（『日本近代仏教史研究』第三号、一九九六年三月）、同「近代社会と聖――利用された「空也」――」（圭室文雄編『日本人の宗教と庶民信仰』吉川弘文館、二〇〇六年）。
（4）山路興造「六斎念仏考」（同『京都　芸能と民俗の文化史』思文閣出版、二〇〇九年）、拙著『まちかどの芸能史』（解放出版社、二〇一三年）。
（5）前掲森田論文。
（6）塚田孝「勧進宗教者の併存と競合」（同『近世大坂の非人と身分的周縁』部落問題研究所、二〇〇七年）。

（7）大阪市史編纂所編『大阪市史史料第三十一輯　年代記・明和の春――明和―享和大坂世相見聞集――』（大阪市史編纂所、一九九一年）。
（8）「開帳万日諸願公用記録」（平祐史・西本幸嗣編『摂津国南浜村　源光寺文書』佛教大学文学部史学科平祐史研究室、二〇〇二年。以下、同書からの引用は出典を『源光寺文書』と略記する）。
（9）京都町触研究会編『京都町触集成』巻六（岩波書店、一九八五年）一六五一号。
（10）『同右』一五四〇号。
（11）「庚午九月改　旧吏理事」（京都府立京都学・歴彩館蔵「京都府庁文書」明一―二六）。
（12）「開帳万日諸願公用記録」（『源光寺文書』）。
（13）西本幸嗣「源光寺の概要――源光寺文書の研究――」（前掲平・西本編著所収）。
（14）前掲塚田論文。
（15）前掲森田論文。
（16）本多健一「近世六斎念仏再考」（同『中近世京都の祭礼と空間構造――御霊祭・今宮祭・六斎念仏――』吉川弘文館、二〇一三年）。
（17）前掲山路論文。
（18）塚田孝「六斎念仏と西方寺」（前掲塚田書所収）。
（19）竹林寺については、岡本良一「千日竹林寺の開発由緒」（同『乱・一揆・非人』柏書房、一九八三年）、拙稿「大坂千日前「竹林寺」の創建について」（『藝能史研究』二〇三号、二〇一三年一〇月）。
（20）「浄土宗竹林寺一件留」寛政四年条（岡本良一・内田九州男『道頓堀非人関係文書』上巻、清文堂出版、一九七四年）。以下、本件についてはすべて同史料による。
（21）「御公用諸記録」（『源光寺文書』一四七頁）。
（22）「浄土宗竹林寺一件留」寛政三年条（『道頓堀非人関係文書』上巻、七四二頁）。
（23）「同右」寛政三年条・文化五年条・文化一三年条（『道頓堀非人関係文書』上巻）。

(24)「同右」文化一二年条（『道頓堀非人関係文書』上巻）。
(25)塚田孝「六斎念仏と西方寺」（前掲塚田書所収）。
(26)京都府立京都学・歴彩館蔵『寺院明細帳』。
(27)前掲菅根論文「近代社会と聖」。
(28)「大坂口達」二七一五（『大阪市史』第四巻下）。
(29)前掲菅根論文「明治新政府の宗教政策と「聖」の対応」。
(30)「庚午九月改　旧吏理事」（京都府立京都学・歴彩館蔵「京都府庁文書」明一―二六）。
(31)「同右」。
(32)「庚午閏十月改　古文旧記類」（京都府立京都学・歴彩館蔵「京都府庁文書」明三―四二）。
(33)京都府立京都学・歴彩館蔵『寺院明細帳』。
(34)宮地正人編「宗教関係法令一覧」（『日本近代思想体系　五　宗教と国家』岩波書店、一九八八年）、京都府立総合資料館編『京都府百年の資料』第六巻「宗教編」（京都府、一九七二年、二六五頁）。
(35)前掲菅根論文「明治新政府の宗教政策と「聖」の対応」。
(36)『京都府寺誌稿』第三巻「明治廿五年三月　光勝寺空也堂志稿」（京都府立京都学・歴彩館蔵）には、この葬儀の際に招かれて行う念仏執行で、年間九三円八三銭の収入を得ていたことが記されている。

# 補論　清水坂の「坂の者」と愛宕念仏寺

## はじめに

かつて祇園会の御輿が出る際に、甲冑に身を包み、棒を持って行列の先導をする役を清水坂の者が勤めていた⑴。中世の清水坂にいた「坂の者」と呼ばれた人びとは、祇園社の支配をうける「犬神人」として、比叡山の検断に関わっていた。後には京の町で弓の弦を売って歩くようになり、「弦召《つるめそ》」などとも呼ばれ、彼らの居住地は弓矢町といわれるようになっていく⑵。

清水坂、犬神人については、戦前には研究者の関心を呼んでおり、喜田貞吉の古典的な研究があった⑶。黒田俊雄らによって「非人」を中心に据えた中世の被差別民について論じられるようになると⑷、清水坂の「非人」宿の組織や生業などについての研究が相次ぎ⑸、さらに絵画史料論などを巻き込んで活発な議論がなされた⑹。中世史研究者の間で身分制への関心が後退し、犬神人や清水坂についての論文も近年は次第に少なくなってきている⑺。だが、寺院史・都市史などの視点から新しい研究も見られるようになってきた⑻。さらに二〇〇〇年以降、犬神人や祇園社に関連する新たな史料の公刊が相次いでなされ⑼、新しい研究の登場も期待できる環境になっている。

こうした状況にあって、すべての論点を網羅することはできないが、葬送をめぐる権益を軸に中世・近世移行期における清水坂の「坂の者」[10]の動向を概観したい。

## 一　「坂の者」と葬送

馬田綾子は主に「東寺百合文書」をもとに、中世後期の清水坂非人が京都の葬送に関わる権利を独占していたことを指摘した。一五世紀までの東寺は、葬儀を外部の寺院に委託していたが、文安二年（一四四五）に「地蔵三昧方」という組織をつくり、自ら葬儀を執り行うようになった。その際に、京都の葬送を独占していた清水坂から免状を受けていたとした。

一連の史料を分析した馬田は、清水坂では、国名を名乗る「奉行」らによって構成された「坂惣衆」という組織を持ち、意思決定機関としての「坂之沙汰所」や文書発行などを担う「公文所」という機関がある整然とした集団であったことを明らかにし、中世の清水坂研究を大きく前進させた[11]。この成果をうけ、細川涼一は「坂惣衆」について、村落史の成果をふまえ、「職能の分化にともなう特権集団として」組織されたものであり、「惣衆の自主的な結合や葬送得分権をめぐっての所有関係」から、清水坂に集まってきていた「癩者」などを排除するかたちで分化していったという見通しを示している[12]。「公文所」については、三枝暁子が山門と祇園社の本末関係が変化していくなかで「山門の命を受けて「犬神人」を動員する」ためにつくられた機関であったとした[13]。

近年では、島津毅が坂非人の葬送にかかる権利について再検討を加え、坂非人が葬送権を独占していたという馬田らの見解を批判し、葬送の実務には関わっておらず、葬送にかかわる得分を取得していたとしている[14]。

今や、清水坂「坂の者」の墓地支配について論じるにあたっては、組織や意思決定機関についても目配りしたう

図１　祇園会の弓矢町年寄

えで、その具体的な活動内容について論じることが必要な段階になったといえよう。

坂による墓地支配について、非常に興味深い史料が東山長楽寺に所蔵される「七条道場金光寺文書」に含まれている。その一部は紹介されていたのだが、[15]長く待たれた『長楽寺蔵七条道場金光寺文書の研究』（法藏館、二〇一二年、以下、『金光寺文書の研究』）が刊行されたことで、ようやくその全貌が明らかになった。ここからは、清水寺領「赤築地」という場所にあった「荼毘所」の様子が、中世から近世にかけて長期にわたってうかがうことができるのである。既に『金光寺文書の研究』には大山喬平・佐藤文子による詳しい解説・論考が[16]掲載されている。以下、大山らの解説によりながら、概略を紹介しよう。

応安五年（一三七二）に善阿という人物から時阿を経て金光寺に売却された東山赤築地にあった「たミ《（荼毘）》所」（『金光寺文書の研究』八二号、八三号）。[17]京都の葬送を「坂の者」が掌握していた時代にあっては、すべてを金光寺が差配するというわけにはいかなかったようで、正長元年（一四二八）段階では、葬送にあたって「引馬」があった場合などは、「壱貫文」を「坂公文所」に出すことになっていた（『金光寺文書の研究』一一五号）。また、棺桶を載せる蓮台を使用する場合も、大永三年（一五二三）までは「百疋」の支払が必要だった（『金光寺文書の研究』一三二号）。このように、火葬場は七条道場金光寺の所有となっていたが、葬送に関する一定の権益を「坂の者」は保持し続けていたのである。しかし、「坂の者」の権利は次第に後退していく。大永三年（一五二三）に「従七条道場預御合力候条」というから、経済的な支援を七条道場金光寺からうけた「坂の者」は、それまで「百疋」だった役銭を「参拾疋」に減額しているのである（『金光寺文書の研究』一三二号）。

そして、元和七年（一六二一）のこと、東山赤築地から「七条河原口」に墓地を移動した際、それまでは「にないこし　五升也」「板こし　壱斗也」など、葬送で使用される道具ごとに細かく使用料が決まっており、葬送ごとに規模に応じて金光寺から坂へ米銭が支払われていたところが、墓地の移動を機に一切合切をまとめて「毎年ニ三石五斗ニ永代相定事」となった（『金光寺文書の研究』一五〇号、一五一号、一五二号）。

その後、宝永元年（一七〇四）には、この金光寺が経営する七条火屋は、年に三〇～五〇両の収益をあげていたが、そのなかから「米三石五斗」だけを清水坂の「紘召方」に渡すことになっていたという（『金光寺文書の研究』一六一号）。

佐藤文子は、この事態を「坂の葬送権が、しだいに形骸化弱体化していく過程」とし、大山喬平も、金光寺のみならず、浄福寺・知恩院・長香寺など複数の寺院で、近世以降の葬送の場における坂非人の影響力が、小さくなっている事実を指摘している。

こうした「坂の者」の影響力が縮小していく背景には、信長の焼き討ちにより、後ろ盾となっていた比叡山延暦寺が衰退したことも大きかったであろう。寺院と家を介して、権力が人を把握しようとするなかで整備が進められた寺檀制度の確立は、葬送の得分を第三者の「坂の者」が取得するようなあり方は認められなかったと思われる。ただし、こうした得分権の相次ぐ売却をもって、「衰亡」[18]、「形骸化」[19]ということができるのだろうか。天和四年（一六八四）の序文を持つ仮名草子『古今犬著聞集』巻二には、「東泰院御門主」（東本願寺一三代の宣如）が遷化した時というから、万治元年（一六五八）のこととして次のような話が載る[20]。

葬礼後に大雨で鴨川が増水したため、「前堂」や竹垣などが流れた。下流の「東福寺稲荷あたりの者とも」が、これを我先にと拾い集め、「坂の者」が「葬の場に出し雑物ハ、絃指か取古例なり」と主張しても、「河流のものハ拾ひかちや」と応じて返却しなかったという。これに対して「然らハ、向後、我等の役を渡し侍る、とて、赤襲と棒とを、持せ遣ハし」たところ、「是に迷惑し」て詫び言をし、拾得物を「絃指」（「坂の者」、弦召）にすべて渡して、かつ「礼ニとて白銀弐百両」を贈ったという。

無論、こうした文学作品の記述を、そのまま史実とするには慎重でなければならないだろう。また、葬送にかかる得分を「古例」として主張しても応じない人びとの存在は、既にその権利が形骸化しつつあることを示しているともいえるだろう。しかしながら、「向後、我等の役を渡し侍る」といって、「犬神人」のトレードマークである棒と柿色の衣を渡した点からは、万治元年（一六五八）の段階でも「我等の役」と「葬の場に出し雑物」がセットであるという認識を示していよう。

近世段階において、葬送に対する「坂の者」の権益が、完全に消えてしまったわけでもないところが興味深い。

## 二　赤築地と「坂の者」

ところで、大山も注意を向けている（『金光寺文書の研究』四二五頁）が、「赤築地」について、別の売券を見ると「延年寺あかつい地の地」（『金光寺文書の研究』八四号）という表現が見えている。大山は触れていないが、親鸞が荼毘に付された場所が「延仁寺」と呼ばれた地にある荼毘所である。親鸞火葬の地は忘れられ、現在の「延仁寺」は近世に考証が行われ、特定されて整備された場所である。また、清水寺の付近に「延年寺」と呼ばれる寺院も存在していたため、両者は混同されることも多い。「赤築地」は清水寺領ということなので、後者の清水寺近くにあった「延年寺」付近ということになるだろう。ただ、面白いのは親鸞葬送の地を比定するために伝承を蒐集した『宗祖荼毘所延仁寺聚説』という史料に、両者を混同したのか、次のように記しているのである。

一七条荼毘所ハ元鳥辺山ニあるよし、ツルメソ持居し所、宮へ差支之事有し故、ツルメソ売払しを遊行へ買取旨、于今ニ三石五斗宛、愛岩（宕）役人江遣ス旨、先方請取所ニ赤坂年寄ト書来よし、元鳥辺山赤坂と云所ニ有しト[21]

この史料は年代などを記していないが、近世後期のものだろう。この段階で、ツルメソ（「坂の者」）所持の荼毘所を遊行、すなわち七条道場金光寺が購入したという、一四世紀段階のできごとを伝えているのも興味をひくところだ。「赤坂」というのも「赤築地」と「坂」を混同したものであろう。特に注意しておきたいのは「三石五斗」を「今」も「愛岩（宕）役人」に渡しているとしている点である。「三石五斗」といえば、元和七年（一六二一）の金光寺と坂の間で取り決められた年間の支払高と一致している。つまり、本史料は「赤築地」に関わる近世後期の状況を記しているものと考えられるのだ。

佐藤文子は、『金光寺文書の研究』所載の解説で、天保四年（一八三三）に服部平左衛門という人物が「数年来請取来候」という金光寺からの「三石五斗」を「香具屋嘉兵衛」に売却している（『金光寺文書の研究』一九七号）ことをもって、服部平左衛門が赤築地にかかる三石五斗の年米を受けとる権利を入質し、香具屋嘉兵衛に流れたと推測している。このことから、「坂非人による葬送支配の記憶は徐々に遠ざかり、年米はより広く京都の都市民のなかで流転していくようになっていった」としている（『金光寺文書の研究』四八六頁）。

確かに服部平左衛門が「三石五斗」の年米を受けとる権利を手放したことは間違いない。ここで、気にかかるのは「服部平左衛門」という売却した人物の名前である。慶長六年（一六〇一）の愛宕念仏寺の請文で三昧輿の使用料について署名している「坂弓矢町念仏寺役人」のひとりが「服部新平」とある（『金光寺文書の研究』一四六号）。貞享二年（一六八五）刊の『京羽二重』には、市中の著名な諸職人を列記したなかに「弦指拵沓」の項があり、そこに「六はら坂」に「服部明石」と「同《服部》豊後」の名も見えている。[22]

一七世紀だと時代も離れすぎているが、『京羽二重』の文化年間の増補版である文化八年（一八一一）版の『京羽二重大全』巻三下にも、弓矢町に非常に近い「松原建仁寺町東へ入」の矢師として、「服部越前」が見えている（図2の一番右）。

このように、「服部」という苗字を持つ人物は近世を通じて坂弓矢町近在にいた。苗字の一致だけのわずかな根拠から断定することはできないが、仮に天保四年（一八三三）に年米三石五斗を取る権利を手放した「服部平左衛門」が弓矢町の服部氏であったとしたら、坂の葬送に関する得分が一九世紀までは保持されていたことになる。佐藤の「坂非人による葬送支配の記憶は徐々に遠ざかり、年米はより広く京都の都市民のなかで流転していた」とい

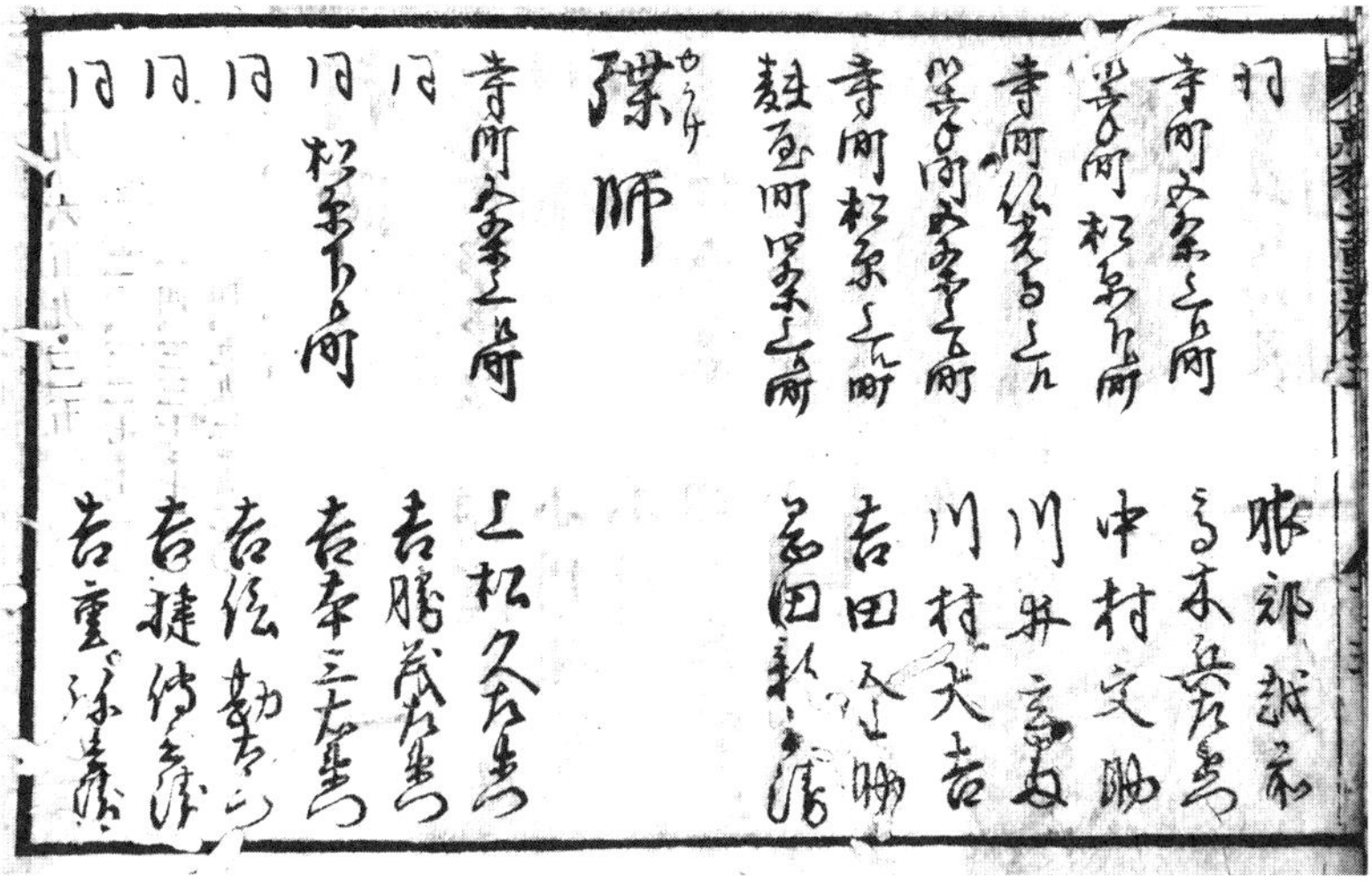

図２　『京羽二重大全』巻三下

う指摘は事実としても、いつからそのようになったのかについては、慎重に検討する必要があるのかもしれない。

佐藤の主張に疑義を呈するにはあまりにも頼りない根拠しかないのだが、天保段階まで清水坂に、墓地に関する権益が保持されているのではないかと考えるには、ひとつの理由がある。別稿[23]で詳しく紹介したが、清水坂に隣接する西御門町の一画が「坂領」といわれ、清水寺領であるにもかかわらず清水坂の者が「年貢」を取る権利を持っていたのである。[24]この「坂領」について、天保一四年（一八四三）に本来の領主である清水寺は、難色を示しつつも「法成寺」跡地で旧「はか地」の「不浄地」であるから、「坂之者へ遣」わして「今ハ坂へ年貢遣」わしていると認めているのである。

領主でもない者が「年貢」を受けとるというあり方が許容されていたのは、正規の権利というよりは慣習にすぎず、だからこそ天保一四年（一八四三）に根拠が問題になったわけなのだろう。とはいえ、この慣習が否定されることなく受け入れられたとすれば、一九世紀段階でもそれなりに尊重すべきものだったということになる。このような権益が天保期まで確実に存続していたことを想起すれば、荼毘所をめぐる権利も「坂の者」の経済的な特権として、保持されていた可能性もあろう。

## 三　愛宕念仏寺と「坂の者」

清水坂の者が「墓」に対して持っていた中世以来の権益が、わずかながらも近世に継承されていた可能性があることが明らかになった。それではなぜ、こうした中世以来の権利が、ことによると一九世紀まで「坂の者」の間で保持されていたのだろうか。

思い出していただきたいのが、先に紹介した江戸後期と思われる『宗祖荼毘所延仁寺聚説』の記事だ。ここでは、赤築地にかつて存在していたという火葬場にかかる年米は「ツルメソ」（「坂の者」）に支払われているとしながらも、一方で「愛岩（宕）役人」が受けとっていると記されていることだ。もうひとつの西御門町の「年貢」も、当時は「弓矢町江為相任有之候」という問題の土地の「地子年貢」は「弓矢町愛宕念仏寺」へ「持主ゟ夫々直納」していたという。つまり、いずれも「坂の者」の権利なのか、愛宕念仏寺のものかが混同しかねない実態があったことになる。どうやら、愛宕念仏寺の存在が鍵になりそうだ。

そこで、次に愛宕念仏寺について見ていこう。愛宕念仏寺は現在は嵯峨野にあるが、大正一一年（一九二二）に現在の場所に移転するまでは、清水坂の弓矢町のほぼ中心にあった。この愛宕念仏寺と清水坂はどのような関係にあったのだろうか。

貞享二年（一六八五）の序文がある『日次紀事』などによると、正月二日の夜に清水坂の「弦指」（弦召）が寺院客殿に集まって「宴飲」をし、この時に上座に座っている者は、「へぎ」という板で作った盆のようなものを手に舞うのがしきたりだったらしい。その様子は「麁豪ナリ」とあるから非常に荒々しいものだったようだ。酒宴の喧噪が、まるで天狗が酒盛をしているように見えたから、「天狗の酒盛」と呼ばれたともいわれている[25]。宴が終わると、「弦指」（弦召）たちは牛玉杖という棒で寺院の扉や床を激しく乱打し、法螺貝を吹き鳴らし、太鼓を打つ。

この行事自体は、寺院で毎年の正月に執行される修正会と見て大過ない。牛玉杖で激しく床や扉を打ち鳴らすという一見すると奇妙な行為も、修正会では必ずしも珍しいものではない。宗教民俗学者の五来重は、このような修正会を、「乱声型修正会」という一つの類型として捉えている。つまり、この愛宕念仏寺は弓矢町と深い関係があり、そこで行われる行事の重要な部分を「坂の者」（「弦召」）が担っていたことになる。

図3　愛宕寺

この「天狗の酒盛」について、寛政一一年（一七九九）に刊行された『奇遊談』という随筆には「評定初の式」とあり[26]、『大日本年中行事大全』には、この時に弦召は「祇園会の事を定む」としている[27]。「天狗の酒盛」は単なる地元住民による新年の大宴会などではなく、弓矢町の「弦召」と呼ばれた人びとにとって、一年間の始まりにもっとも重要なことについての決めごとをする機会でもあったのである。

では、なぜ愛宕念仏寺で弓矢町の「弦召」は重要な決めごとをしていたのだろうか。これについても、先に触れた

『奇遊談』が教えてくれる。愛宕念仏寺では、「此門前弓矢町の防長《しゆくろう》の年寄《としより》たるが、剃髪して住職となる」慣例があったという。

「清水寺文書」には「弓矢町年寄共愛宕役人相兼候様」とあり、弓矢町の年寄が愛宕念仏寺の「役人」と認識されていたのは、町の代表者であった年寄が寺院の運営とも深い関係にあったことが背景にあるだろう。弓矢町の年寄は、たんなる愛宕念仏寺の運営に関わる代表者ではなく、弓矢町全体の代表者であり、祇園会の「弓屋町法師武者」について「年寄分ヲ六人の棒の衆といふ」[28]とあるように、弓矢町の年寄が「棒の衆」として祇園会の神幸の先導なども行っていたのである。

清水坂の「坂の者」(「弦召」)と愛宕念仏寺の関係はいつから始まったのだろうか。それをうかがわせる史料が「知恩院文書」に残っている。坂の者が、「坂のがらん」建立のために慶長元年(一五九六)に、中世以来の葬送に関わる権利を知恩院に対して売却した[29]。この「坂のがらん」が戦乱の時代に衰微していた愛宕念仏寺だったとすれば、清水坂の人びとは少なくとも近世の初頭には、自らの大切な権利を手放してでも維持しなければならない場所だったということになろう。

こうして、近世弓矢町の「坂の者」を取り巻く特権は、愛宕念仏寺にも関わる権利と見なされるようになっていたと思われる。

少なくとも言説の世界に関していえば、明和六年(一七六九)に弓矢町の者が国名を名乗ってきた理由について調査が行われた際、「先祖右町内愛宕寺開基千観内供与申僧之家来」であったとされている[30]。中世期の史料や近世初頭の史料には、比叡山や祇園社との関係が強調されていた「犬神人」だったが、比叡山の影響力が後退するなかで、近世になり新たに町内にある愛宕念仏寺との関係を強調するようになっていったと考えられる。そして次第に弓矢町の「坂の者」は、自分たちが保持している権利を町内にある古刹との関わりを軸に理解するようになっていったのではないだろうか。

それを視覚化した儀礼が、実際に愛宕念仏寺と弓矢町が一体になって行っていた「天狗の酒盛」だったとすれば、比叡山の求心力がなくなった近世の弓矢町において、共同体の再編に愛宕念仏寺が果たした役割は決して小さなものではなかっただろう。

ただ、「犬神人」と愛宕念仏寺との関係がいつから始まったのか、中世まで遡りうる関係か[31]、それとも近世的な「由緒」[32]なのかという問題については、現段階では史料で明確に確認することができていないので、今後の課題としておきたい。

## おわりに

ここでは、『金光寺文書の研究』から垣間見える、中世から近世にかけての清水坂の葬送得分権と愛宕念仏寺について紹介をした。この貴重な史料が刊行され、多くの研究者が利用できるようになったことで、おそらく清水坂や京都の葬送に関する新たな研究が次々と世に問われることになるだろう。本章も『金光寺文書の研究』に刺激されて、ささやかな問題提起を行ってみた。その豊かな可能性と魅力に比べれば、実に貧しい成果しかあげることはできなかったが、これまでなされてきた中世の「犬神人」を中心とした研究からは見えてこなかった、新しい論点を少しは提示できたのではないかと考える。「犬神人」と愛宕念仏寺との関係については、史料のさらなる発掘と研究の深化を自身にとっても課題としたい。

愛宕念仏寺は、近世の京都では広く知られた寺院であったが、明治二年（一八六九）時点では一時は廃寺の扱いをうけていた。その後も紆余曲折を経て大正期には嵯峨野に移転。「天狗の酒盛」も昭和一五年（一九四〇）の『京都古習志』に「早く廃れ」ていたとあることから、少なくとも戦前には行われなくなっていたらしい。

**註**

（1）河内将芳「サントリー美術館蔵『日吉山王祇園祭礼図屏風』にみえる犬神人について」（『京都部落問題研究資料センター通信』第一〇号、二〇〇八年一月）。

（2）弓矢町の景観については、下坂守「中近世「坂」の領域と風景」（世界人権問題研究センター編『人権問題研究叢書　一七　中近世の被差別民像――非人・河原者・散所――』公益財団法人世界人権問題研究センター、二〇一八年）。

（3）喜田貞吉「つるめそ（犬神人）考」（『喜田貞吉著作集』第一〇巻「部落問題と社会史」平凡社、一九八二年、初出は一九二三年）。

（4）黒田俊雄「中世の身分制と卑賤観念」（『黒田俊雄著作集』第六巻「中世共同体論・身分制論」法藏館、一九九五年）ほか。

（5）大山喬平『日本中世農村史の研究』（岩波書店、一九七八年）、馬田綾子「中世京都における寺院と民衆」（『日本史研究』二三五号、一九八二年三月）、細川涼一『中世の身分制と非人』（日本エディタースクール出版部、一九九四年）、丹生谷哲一『身分・差別と中世社会』（塙書房、二〇〇五年）。

（6）黒田日出男「洛中洛外図上の犬神人」（同『境界の中世　象徴の中世』東京大学出版会、一九八六年）、河田光夫「中世被差別民の装い」（『河田光夫著作集』第二巻「中世被差別民の装い」明石書店、一九九五年）、下坂守『描かれた日本の中世――絵図分析論――』（法藏館、二〇〇三年）。

（7）近年の「犬神人」についての専論として、島津毅「中世京都における葬送と清水坂非人」（同『日本古代中世の葬送と社会』吉川弘文館、二〇一七年）、拙稿「一七世紀における清水坂「犬神人」の基礎的考察」（『世界人権問題研究センター研究紀要』第一九号、二〇一四年四月）。

（8）三枝暁子『比叡山と室町幕府――寺社と武家の京都支配――』（東京大学出版会、二〇一一年）、拙稿「近世「弦召」考」（『大阪人権博物館紀要』第三号、一九九九年）。

（9）京都市歴史資料館編『叢書京都の史料　4　八瀬童子会文書』（京都市歴史資料館、二〇〇〇年）、同編『「八瀬童子会文書」補遺・総目録』（京都市歴史資料館、二〇〇二年）、八坂神社文書編纂委員会編『新修八坂神社文書中世篇』（臨川書店、二〇〇二年）、村井康彦・大山喬平編『長楽寺蔵七条道場金光寺文書の研究』（法藏館、二〇一二年）。

（10）中世・近世の史料には、清水坂を舞台に活動した存在について、「犬神人」「坂非人」「弦召」「絃召」「弦指」など多様な呼称が登場する。それぞれ、時代や語の使用者の立場によって指し示す対象に振幅があるように思われる。中世・近世の比較的長期にわたる時代を対象とする本章では、史料上の文言を除き、清水坂・弓矢町に居住し、葬送得分権や神事への奉仕権などを持っていた存在を指し示す呼称として、「坂の者」を使用する。

（11）前掲馬田論文。

（12）前掲細川書。

（13）前掲三枝書。

（14）一七世紀後半の随筆『遠碧軒記』に「鳥部山の人焼の御坊は、華屋松ノ坊と云ものにて、今に六波羅の西の方北の御門と云所に住す」としている。この「松ノ坊」について、島津は鳥辺野赤築地の火屋を金光寺が引き払う際の史料に「松房」との名があることから、火屋を取り仕切っていた三昧聖であるとした（島津毅「中世後期の葬送と清水坂非人・三昧聖――葬送権益の実態を通して――」〈前掲島津書所収〉）。この三昧聖について、興味深い記事が、享保八年（一七二三）に記された建仁寺周辺についての回想記にある。ここでは、五〇年前にあったという鴨川河畔の火屋で火葬に従事した「北御門丁中程」の「灰かきの頭」を「花屋宗悦」としている（下坂守「霊洞院蔵「境内並近隣之古記」――（参考資料）建仁寺蔵の五点の古絵図――」〈『学叢』第三七号、二〇一五年〉）。記事によれば、「鳥辺野ニ居候助右衛門と申者も灰かきの内」だが、「惣而之支配」は「灰かきの頭」である「花屋宗悦」だという。北御門町という居住地と「花屋」という屋号の一致から、『遠碧軒記』のいう「華屋松ノ坊」のことである可能性が高い。島津が論じたように鳥辺野では三昧聖が荼毘を担っていたとすると、「坂の者」とは別に「花屋」を「頭」にいただく「灰かき」(三昧聖)組織が、遅くとも一七世紀半ば頃までには成立していたことになろう。

(15)　一部は、同朋舎出版事業部編『長楽寺千年・遊行歴代上人肖像彫刻並びに七条文書』(長楽寺、一九八二年)、『特別陳列旧七条道場金光寺開創七〇〇年記念　長楽寺の名宝』(京都国立博物館、二〇〇〇年)で紹介されていた。また、後述する元和七年の史料は、「清水坂奉行衆連署置文」として『日本歴史』第六一三号(一九九九年六月)に石川登志雄の解説とともに口絵写真として掲載され、そこには「平成十二年の旧金光寺開創七百年を記念して、金光寺文書の史料集を刊行する予定とのこと」と記されていた。以後、近世文書を含む全体像の翻刻刊行が期待されていたところであったが、『長楽寺蔵七条道場金光寺文書の研究』の刊行は二〇一二年まで待たねばならなかった。

(16)　大山喬平「清水坂非人の衰亡」、佐藤文子「近世京都における金光寺火屋の操業とその従事者」(いずれも『金光寺文書の研究』所収)。

(17)　『金光寺文書の研究』「史料編」所収の「金光寺文書」。以下、同書からの引用は『金光寺文書の研究』とのみ表記し、同書に付された資料番号を記す。

(18)　前掲大山論文。

(19)　前掲佐藤論文。

(20)　朝倉治彦・大久保順子編『仮名草子集成』第二七巻(東京堂出版、二〇〇〇年)。

(21)　「龍谷大学所蔵文書」(京都部落問題資料センター架蔵写真帳による)。

(22)　新修京都叢書刊行会編『新修京都叢書』第二巻(臨川書店、一九六九年)。

(23)　前掲拙稿「近世「弦召」考」。

(24) 前掲拙稿「近世「弦召」考」。以下、西御門町についてはすべて同論文による。
(25) 新修京都叢書刊行会編『新修京都叢書』第四巻（臨川書店、一九六八年）。
(26) 日本随筆大成編輯部編『日本随筆大成』第一期第二三巻（吉川弘文館、一九七六年）。
(27) 水谷類校訂・宮尾与男注解『諸国年中行事』（八坂書房、一九八一年）。
(28) 『増補祇園御料会細記』壱（神道大系編纂会編・宇野日出生校注『神道大系　神社編一〇　祇園』神道大系編纂会、一九九二年、三二三頁）。
(29) 「知恩院文書」四一号（水野恭一郎・中井真孝編『京都浄土宗寺院文書』同朋舎出版、一九八〇年）。
(30) 『陽明文庫』「諸職人町人共国名官名相名乗候者共且御触後国名官名等相止候者共名前帳」（井上清ほか編『京都の部落史』第四巻、京都部落史研究所、一九八四年、五六～七頁）。
(31) 一五・六世紀に西岡宿の塩売買の権利について訴えた「犬神人」が、その要脚で「当坂鎮守大伽藍仏供灯明」などに宛てていると主張している（網野善彦「非人と塩売」〈『網野善彦著作集』第一一巻「芸能・身分・女性」岩波書店、二〇〇八年〉、前掲『部落史史料選集』第一巻第三章）。この「当坂鎮守大伽藍」について、脇田晴子・加藤美恵子は「地主神社清水寺をさす」とする（『部落史史料選集』第一巻、二六八頁）が、下坂守は「愛宕寺を指す可能性も十分考えられる」とする（下坂守「参詣曼荼羅の空間構成」〈前掲下坂書所収〉一五二頁）。これが下坂が指摘するように愛宕寺であれば、坂の者は愛宕寺に対して、中世から仏供や灯明を献じるなどの関係を持っていたことになる。
(32) 久留島浩「村が「由緒」を語るとき」（久留島浩・吉田伸之編『近世の社会集団――由緒と言説――』山川出版社、一九九五年）。

# 終章　一八世紀京都の都市と宗教

## はじめに

本書では、洛中洛外の寺社が、人びととの関わりのなかで、どのようにして維持されてきたのかを具体的に明らかにしてきた。本書で取り上げた事例のほとんどは、広い氏子圏を持った神社や、多くの檀家を抱えた寺院ではない。神社であれば、数町程度の氏子を持つくらいの神社か、あるいはほとんど持たないような小規模な神社や祠である。寺院であっても、比較的小規模な寺院ということになる。

第Ⅰ部第一章では、一六世紀から一七世紀の南北二つの菅大臣社の動向を明らかにした。一七世紀に「天神」と呼ばれていた菅大臣〈北社〉に隣接する金剛院が〈北社〉の管理をし、「雨神」と呼ばれていた〈南社〉は曼殊院の管理下にあったが、ほとんど関心を払われていなかった。しかし、元禄の菅公八〇〇年祭を前に天神信仰が高揚すると、曼殊院は神社の名称を変更し、金剛院の出奔を機に〈南社〉を道真ゆかりの地として境内を整備した。

第二章では、その後の菅大臣社について、〈北社〉に隣接する常喜院と曼殊院の衝突を中心に見てきた。常喜院は一八世紀に『菅原伝授手習鑑』を想起させる「荒木天満宮」を境内に祀り、「北菅大臣社」と称して開帳などを実施し、集客につとめていた。こうした常喜院に曼殊院は反発をするが、奉行所の判断は元禄の寺院改めを根拠に常喜院を支持するものであった。

ここまでは、境内を「名所」化し、集客をはかっていく神社について見たが、第三、四章では、神社の側から積極的に配札をし金銭を集める勧化の実態と、その担い手が神社のなかでどのような位置にあったかを明らかにした。第三章の一八世紀段階の祇園社では、本願は弟子譲りも認められておらず、勧進組織である同宿は祇園社の社代に掌握されていた。社代が御免勧化も行っており、本願は修理料を管理する第三者的存在として外部から招聘された存在にすぎなかった。第四章では、日向神明社を取り上げた。寛政四年（一七九二）に神主が交替すると、一九世紀に神人が登場した。神人は苗字帯刀を許されていたが、彼らが取り扱ったのが伊勢神宮のものを思わせる大麻・お札であった。神社も伊勢神宮を彷彿とさせるようなものにすることで、大麻などの信頼性を担保していた。

此岸の現世利益に重点を置いた神社の動向を中心とした第Ⅰ部に対し、第Ⅱ部では死者の埋葬と供養――すなわち彼岸――の問題を中心に論じた。第Ⅱ部第一章では、近世における火屋・墓地と都市京都住民の関係に着目して、阿弥陀ヶ峰火屋と、それを管理していた寺院の良恩寺について検討した。もとは粟田口のムラの惣堂であった良恩寺が管理する墓地は、火葬施設支配を公認されると享保期に火葬施設の拡充を図り、隣接した場所に火葬場を持つ知恩院と対立する。都市京都の単身者や貧困層の利用を受け入れて需要が高まると、享保一八年（一七三三）に良恩寺が無住になった際に青蓮院門跡から火葬場の操業停止を命じられる。一八世紀初頭に寺・地域社会・檀家・墓などが分離し、火葬施設に対する地域社会の意識が変化したことで、地域社会は火葬施設の停止を受け入れた。

京都では、社会的・経済的条件や権力の意図などにより、火葬施設のありようは複雑な動きを見せていた。ここでは、寺檀制度の枠外にある都市下層民の火葬需要に応える工夫がなされていたが、その対象外だったのが身寄りのない者や行き倒れなど、死体の引き取り手のない者である。無縁の者の死体をどう処理するかは、時に飢饉や災害で大量の死者が発生する都市では、重要な問題となる。

続く第二章、第三章は、無縁墓地について論じた。東塩小路村の墓地を対象とした第二章では、惣墓が無縁の死体の埋葬地に設定されているが、墓地内にある火葬場の使用などについて、近隣で火葬場を経営する寺院が敏感になっていたことが明らかになった。第三章では、南無地蔵について、一七世紀後半に飢饉によって「無縁」「行倒れ」といった身元不明の死者が急増するなかで設定された、政治的性格を持つ近世的な埋葬施設であると指摘した。

こうして「無縁」の死者を埋葬する墓地が運営されるようになると、多くの人びとに、供養されざる大量死の影を想起させ、供養されざる死者を代わって供養する宗教者が登場し、都市生活者の支持を受けていく。第四章では、寒行と称して墓地での死者供養をすることで知られていた空也堂の鉢叩きについて見た。天明の大火以降、復興のために京都から大坂に活動の場を広げている。しかし、大坂では六斎念仏や歓喜踊躍念仏を宗教としてではなく、新しい「芸能」として発信していたため、芸能市場で淘汰されると近代には大坂からの撤退を余儀なくされた。

本書で対象とした事例はわずかな数にすぎず、葦の髄から天井を覗くようなものではあるが、あえて一般化するとすればどのような都市の信仰史が描けるであろうか。

## 一　寺社の生存戦略

慶長初年頃の成立といわれている仮名草子『犬枕』には、「したひ物」として「遊山見物」が挙げられ、「見たき物」としては「名所〳〵」が見えている。(1)一七世紀の初頭には、既に名所見物や遊山が行われていた。

室町期以降の京都における寺社参詣の大衆化については、野地秀俊が指摘している。(2)野地は、室町期には多くの人が寺社へ参詣をするようになり、織豊期には参詣作法も簡略化され、名所めぐりと区別がつかないようになってきているとしている。そして、寺社の名所化が進むなかで蓄積された名所情報が、近世には名所案内記として発信されるようになるという。

京都案内記は、明暦四年（一六五八）の『京童』以来、少なからぬ数が刊行されたが、貞享二年（一六八五）刊の『京羽二重』が画期をなす著作であるといわれている[3]。『京羽二重』は、従来の由緒来歴といった歴史的内容に加えて、幕吏や諸芸師匠・諸職名匠など同時代の京都情報に徹したことが特徴とされている。

こうした指摘は妥当なものであるが、さらに興味深いのは名水・名石などのように、「名弥陀」「名観音」「名薬師」として寺院名が掲載されており、礼拝の対象たる仏・菩薩に対して一種の価値判断がともなっていることである。一七世紀の半ば以降、寺院の本尊もまた、「名水」などと同じように「名所」[4]となっていたのである。

それまでの京都案内記が携帯には不向きな大本であったのに対し、『京羽二重』は小型で携帯に便利な横本であるのも看過できない。こうした出版物を片手に、京都での買い物をする人や寺社を参詣する人びとが現れてきた。また、一七世紀になると、同時代の京都景観を描いていた洛中洛外図屏風の図像は次第に定型化していくようになる。一方で、入れ替わるように名所の情報を詳細に記した地誌や名所案内記が相次いで刊行されるようになる。眺める名所から実際に訪れる名所への変化を象徴する出来事といえよう。

中世末から近世の寺社参詣の連続性を認め、名所化と情報に着目するならば、まさに実用書である『京羽二重』の登場はひとつの画期であるといえよう。そして、正徳元年（一七一一）には、「名所」（名跡・名勝）を網羅するかのような大部な地誌『山州名跡志』二二巻二五冊と『山城名勝志』二一巻三〇冊の刊行を見るのである[5]。両書とも、寺社に関する情報が数多く記されている。

一七世紀後半に、寺院本尊の仏・菩薩が「名所」とされていくような意識の変化をもたらした背景のひとつには、実体験として戦争を知る世代が次第にいなくなったことがあったと思われる。脇田修が元禄という時代を「戦乱のなかをくぐりぬけ、血の匂いを身につけた世代が、現世から全く消え去った」といっている。(6)戦乱の時代の記憶が鮮明な「戦後」の一七世紀と異なり、一八世紀に入ると、戦乱の記憶は遠くなって、娑婆世界をいとう厭離穢土といった認識が現実感を喪失していく。神仏への信仰も切実さが次第に希薄化していくことになるだろう。

そうした社会について、享保四年（一七一九）から京都の朝日神明社を拠点に、京・大坂で盛んに民衆教化をしていた神道学者の増穂残口は次のように記す。

太平の民の心、現世の安穏を欲するゆへ、厭離の情はおこらず。依之何方にも腹帯の地蔵、子安の観音、平産の薬師、或は難産はやめの十念、疱瘡よけの百万遍なんど、三界出離の法躰へ、輪廻妄想の境界を説まぜ、人をいつわり世を誑かす、世人弥道の道たるをしらず。後世やら現世やらうつら〳〵なれば、茶に酔たるごとく、狐穴にまよふに似たり。(7)

人びとは、次第に「厭離の情」よりも「現世の安穏を欲する」ようになっていく。これに先立つ、寛文五、六年（一六六五、六）頃の刊行といわれる『浮世物語』では、「思ふ事叶はねばこそ浮世なれ」という「憂き世」を詠んだ歌などに対して、

なんの絲瓜の皮、思ひ置きは腹の病、当座〳〵にやらして、月・雪・花・紅葉にうち向ひ、歌を歌ひ、酒飲み、浮に浮いて慰み、手前の摺切も苦にならず。沈み入らぬ心立の水に流る丶、瓢箪の如くなる、これを浮世と名づくるなり（下略）(8)

としている。「月・雪・花・紅葉にうち向ひ」、「浮に浮いて慰み」生きることを指向し始めた人びとは、多様な現

世利益をうたって「名所化」していく寺社へ、盛んに「遊山」のために足を運ぶようになっていく。

現世主義と遊山が流行したのは、都市の発展にともなって町人が「余暇と余裕」を手に入れたこともあろう。守屋毅は都市生活について、「都市の手工業や商業は、労働の集中と効率化など、当事者の意志と努力いかんによって、みずからの就業時間をかなりの程度に自由に伸縮しうる性格のものである」とし、気象条件や農業暦に制約される農村生活とは異なっていると指摘する。[9]それ故、町人の経済力が一定の水準に達すると、余裕が時間に振り向けられて余暇が生み出されるという。守屋は、こうした余暇が遊芸の普及や芝居・遊里通いなどの「遊び」を成長させたというが、元禄期には寺社への参詣もまた、一種の「遊び」となっていったといってよい。[10]無論、京都で生活するすべての住人にそのような時間的・経済的余裕があったわけではないだろうが、元禄頃においては、こうした上・中層の町人によって、寺社参詣などの遊楽が支えられ、展開していったと思われる。

とはいえ、人びとは都市生活にともなう不安を完全に払拭できたわけではないだろう。災害や飢饉など、突如として人びとを襲う災厄、そして経営破綻による家の没落もなくなったわけではない。こうした不安の受け皿もまた神や仏であった。京都の流行神について検討した村田典生は、「心象不安の神格化」が流行神であるという。各家の産土神や祖霊・檀那寺といった既存の信仰によって対応しきれない事態が生じると「新たな外来の神」が求められ、流行神として発現するという。都市は異質信仰を持つ人びとが共存したため、「信仰面においても雑多で過密な状態にさらされ」ており、異質な神仏と接する機会も多く、流行神が生まれる素地があったと指摘している。[11]ならば、流行神が発現する以前の日常的な次元では、既存の神仏では対応しきれないような多様な個の不安や願望に応えるために、寺社では次々と多岐にわたるご利益が作り上げられていくだろう。

京都で刊行された地誌に見える寺社のご利益に関する記事を分析した村山弘太郎は、貞享・元禄頃にはご利益が高度に専門化するとともに固定化していると指摘するが、(12)こうした一七世紀後半のご利益の細分化もまた、他の寺社と差別化を図りつつ多様な宗教的需要に応えるための実践がもたらしたものであろう。

また、都市に流入・移住した借家人などは、そもそも産土神や祖霊といった既存の信仰秩序の外側にいる者も多かった。それ故、都市では、常に潜在的な宗教的需要が存在していたはずである。流行神のみならず、名所旧跡として知られ、地誌類で多種多様な霊験・ご利益がうたわれた既存の寺社へも、「定番」の祈願対象として人びとが足を運ぶことになろう。

寺社への参詣が大衆化していくのに呼応するように、寺社の側も一七世紀後半には「名所」化を積極的に進め、ご利益を発信して参詣者を誘致することを盛んに行っていった。とはいえ、まったくのゼロの状態から名所化を進めるのではなく、個々の寺社が持つ既存の由緒や施設などといった「資源」を充実させ、発信することになる。

菅大臣社で曼殊院が、地域社会の意向を無視するかたちで両社の名称や祭神を変えていったのは、元禄期の菅公八〇〇年祭を前にした頃であった。こうした動向は一七世紀後半以降、次第に菅大臣社が菅原道真ゆかりの地として、脚光を浴びるようになっていたことと連動しており、曼殊院が菅大臣社を「観光資源」として活用することを目論んでいた。一八世紀には菅大臣の白梅殿では道真ゆかりの紅梅や産湯の井戸などの整備を進めている。(13)

それに対して紅梅殿門前の「宮寺」常喜院も浄瑠璃・歌舞伎で評判になった『菅原伝授手習鑑』を当て込んだ天神像の祭祀や開帳を積極的に行っていき、当該の町の人びとの支持も得ながら、南側の白梅殿とその背後にあった曼殊院を圧倒していったことは、本論で見てきたとおりである。「資源」としての天神信仰を梃子に、菅大臣社周辺には多様な存在が集い、互いに競合しながら、種々のコンテンツを創出していったことが浮かび上がった。

日向神明社が伊勢神宮を彷彿とさせるような棟持柱や千木・鰹木をともなった萱葺きの社殿を建てていることも、

「伊勢」との関わりという「資源」を活かしきるための行為ということもできるだろう。

寺社の積極的な行動は、寺社内だけで完結するものではなく、寺社と寺社を結びつける多様な「巡礼」を創出していくことになる。京都に関していえば、既に清水寺や六角堂、革堂といった三十三所観音霊場の札所が存在しており、中世から西国巡礼の参詣者が訪れる場所はあった。これに加えて、一七世紀後半には、京都市中に札所を設定した洛陽三十三所観音霊場が整備され、[14]同じ頃に六地蔵めぐりも始まっている。宗教者も創始に関わっていた例があり、享保期に京都で活躍していた木食正禅も、六阿弥陀めぐりを始めている。[15]こうして、信仰は点から面へと広がりを見せていく。

巡礼ルートの設定には、例えば本書第Ⅰ部第一章で紹介したように、元禄一二年（一六九九）に北野社で「洛陽七天神詣之次第」と題した、北野社から菅大臣社までの七社を順に記す絵馬がかけられていた。[16]「北野奥院弐社」と称する北野社にほど近い平野の者が奉納したもので、すぐに撤去されたが、複数の天神社を結びつける動きがあらわれている。

地方巡礼は、既存の巡礼地からはずれた寺社の宗教者が、参詣客を誘引するために自己の宗教施設を含めて設立することも多いといわれている。[17]菅公八〇〇年祭を目前にして人びとの間で天神信仰が高まりを見せるなかで、平野の者が北野社に無断で「奥院」を名乗って七天神を制定していたことも、同様の事例ということができるだろう。その後も北野社には「天神廿五番」と記した「板札」を神前に打ちたいという者や、[18]「京都七福神」「七福天」といった板札を北野社に持参する出家、[19]「天神廿五番」「廿五天神巡礼」の札を打ちたいと言ってくる目代の旦方など[20]が後を絶たなかった。

北野社では、こうした申し出はいずれも却下しているが、巡礼についての「札」を神前に打つことができれば、いわば天神信仰の中心的存在である北野社によって公認されたことになり、北野社を訪れた参詣者に対する宣伝の効果も期待できただろう。

そして、巡礼などが地誌に掲載されると既成事実化していく。京都地誌の画期となったとされる『京羽二重』では、三十三所観音・四十八願寺・六地蔵・神明二一社、弁財天二九所のように、複数の寺社を巡拝することもできるような情報を提供している。本論に関わっていえば、西陣の岩神も『都すゞめ案内者』(21)に「愛染明王廿六ヶ所廻り」の二三番、「弘法大師廿一ヶ所参」に九番として掲載されていた。本書冒頭の「ある岩の歴史」で論じた、慶長七年（一六〇二）という、京都のなかでは比較的新しい創立になる西陣の岩神蓮乗院も、京都の弘法大師信仰や愛染信仰のなかに組み込まれて広く信仰を集めていくことになる。

寺社の側では、参詣客を受け入れるための環境整備も進めていた。本書で述べた例でいえば、菅大臣社常喜院によって交通量の多い往来に向けて新たに開口部を設けて参詣者を誘致したことや、第四章で取り上げた日向神明社による東海道に向けた参道の拡幅や、広告塔としての石灯籠設置などが挙げられよう。

行事の創出も行われた。享保一五年（一七三〇）六月二五日、新玉津島神社では、境内にあった「開運天神」という「小宮」の神事を公儀に願い出ている。許されて、この年から近隣の八ヶ町が神事を始め、「ねり物七つ八つ、夜に入て作り物、燈灯《ママ》、囃子入十四五程」があり、さらに家々でも提灯を出したところ「見物群集」したという。(22)

他にも、例えば享保一二年（一七二七）六月に、麩屋町の白山神社で神事が初めて行われている。もともと、この神社は屋敷の地尻にあったため、表通りからは見えなかった。しかし、榊大学という神道者が屋敷を購入すると、公儀に願い出て「表へ出し玉垣を造作し諸人参詣す」ることとなった。神事もこの時に初めて行われたものである。(23)

このように屋敷地の裏から表通りに宗教施設を出し、アクセスを向上させることで人びとを集める方法もとられた。

境内や周辺環境の整備や集客装置の創出だけではなく、関心を惹くにはイベントなども欠かせない。本尊などの秘仏を参詣者に礼拝できるように開扉する開帳がまず想起されようか。浄土宗では、不断念仏を行っている寺院で一万日目の節目ごとに実施される法要などが、主要なものとして挙げられよう[24]。開帳などは必ずしも純粋な宗教行為というわけではなく、集客を重視していたために、近隣との競合を回避しようとしていた例がある。元文五年（一七四〇）四月には、五条御影堂を会場に、伏見の宝国寺が開帳を計画していたが、同じ時期に五条坂の安祥院が不断念仏の廻向を実施することを知り、宝国寺が開帳の延期を申し入れている[25]。開帳を行う寺院の関心が、主に何であったかを示唆しているといえるだろう。

菅大臣社では八〇〇年、八五〇年祭の節目に天神信仰が高揚していくと、期待される参詣客の増加をあてにして、神社や「宮寺」がそれまで以上に積極的な手を打っていった。年祭の他にも、寺院では開基やゆかりの人物の遠忌が営まれている。遠忌については、別に述べたところであるが[26]、開帳をともなって繰り返し実施されるほか、複数の寺社が共通するゆかりの人物の遠忌法要を同時多発的に実施することで、関心を高めるうえでの相乗効果を期待することもできた。享保期には、ほぼ毎年のようにどこかで五〇年忌から、時には千年以上も前の故人を対象とした遠忌法要が行われており、一八世紀にはブームといわれるような状態になっていた[27]。

遠忌法要の際には、しばしば開帳も同時に行われていたが、当然ながら、それ以外の機会でも開帳は実施されている[28]。比留間尚が指摘するように、恒例の開帳であれば三三年の間隔さえ空いていれば支障はなかった[29]。当該寺社内での開帳（居開帳）だけではなく、北菅大臣社を名乗った常喜院が嘉永二年（一八四九）に、四条道場南涼院で開帳を実施していたように、京都所在の寺社であっても人が集まりやすい場所での出開帳もあった。さらに、京都から江戸などへ出かけての開帳もあったが[30]、遠方から秘仏を京都に運んできての開帳も行われる。

他地域の秘仏を一定期間にわたって公開する出開帳は、会場となった寺社に影響を及ぼすこともあった。例えば、善光寺如来の開帳が、元禄七年（一六九四）に真如堂で行われている。林久美子によれば、開帳翌年に善光寺如来像の写しが寄贈され、後に真如堂境内に善光寺堂が建立されたり、善光寺での「御印文」布教方法にならって、真如堂でも安倍晴明の秘印を捺したものを授けるようになっていくという。[31]つまり、開帳の実施はその場限りではなく、時に会場となった寺院に影響をあたえ、新たな民俗を生み出していくことにもなる。

遠忌や開帳を当て込んで、歌舞伎などが行われていたことも周知のとおりである。前述の真如堂では、元禄一四年（一七〇一）には江戸での出開帳をしているが、それにあわせて真如堂の霊験を盛り込んだ『愛護十二段』が上演されている。この作品の角書きには「都真如堂利益、女人済渡別願」とあるように、真如堂の開帳を当て込んだものであった。[32]開帳の他にも浄土宗寺院が実施する不断念仏の万日廻向なども、結縁を求める多くの参詣客を集めることができた。

開帳や万日廻向の場は大金が集まるため、商人に利用される場合もあったようだ。三条武藤町のある両替商は、「万日・開帳などを取持、建立事の世わやきと成、講中の頭取いたし、仏のためと申て、うわべは殊勝がほに見せかけ、彼参物受込、終にさんやう不合、不埒にいたす」という。[33]とはいえ、こうした「世わやき」によって、事前に少なからぬ資金が集められ、開帳や法会にあたる人員や施設の整備、情報発信などに使われることも多かったと思われる。「世わやき」が、経済的な利益を見込んで資本を投入することで、寺社の宗教行事はさらなる発展をしていく。

より多くの参詣客を誘引するためには、寺社の知名度を向上させ、ご利益・霊験を広く周知させることが欠かせない。歌舞伎などの演劇との連携はその手段のひとつであろうが、出版物によるご利益の発信もある。地誌編纂が始まる一七世紀に、取材に来た相手に住持が口頭で語った話が、偶然に地誌などに記録されて拡散することもあるだろう(34)。後小路薫が着目した近世勧化本も、寺院霊仏の霊験情報を発信する役割を果たし(35)、開帳の場で多くの人が手にする略縁起などにも、そうした機能があった(36)。寺社への参詣者が増加するようになるにしたがって、寺院では次第に縁起譚や高僧伝が、絵画化などをともないながら伝奇性や娯楽性をもりこむようになり、大衆文化として広く受け入れられていく(37)。こうした多様なメディアによって、寺社の霊験・ご利益が広く知られることは、参詣者の増加や裾野の拡大をもたらすことになったに違いあるまい。

江戸周辺の寺社参詣行動について論じた原淳一郎によれば、一八世紀の明和・安永期が画期となり、参詣地の複合化や参詣地間の交流が行われるなどの変化が見られていくという(38)。こうした現象が西国でも起こっていたとすれば、一八世紀後半には京都においても他国からの参詣客が増加し、寺社の積極的なご利益の発信や「名所」の開発を加速させた可能性もあろう。

無論、これらの寺社にとっての財源確保の手段は、信仰を梃子にした宗教的手段による募財しかなかったわけではない。境内での芝居興行や借家経営、茶屋経営など、日常的な収益事業が行われていることも多く、寺社が経済的な基盤を確立するためにどのような手段をとるか、それは個々の寺社の歴史性や由緒といったソフト、さらに境内の広狭や人を呼びうる施設などのハードの問題、さらには秘仏や宝物、投下できる資本や人的資源の多寡、そして権力との距離なども考慮して、試行錯誤がなされたことであろう。その選択肢のひとつとして、縁起や由緒の創出と発信というのは、比較的実行が容易な方法だったのではないだろうか。

とりわけ、本書で論じたような中小規模の寺社においては、多くの制約のなかで如何に行うべきか、さまざまに知恵を絞ったことであろう。

## 二　宗教者と配札

寺社の生存戦略は、行事や境内の名所への参詣客誘致だけではない。寺社の側から人びとのもとへ出かけて行って、勧進のために本尊等の姿を描いた御影札や守札などを配って金銭を得る行為は、中世から行われていた。配札は、近世には寺社による金銭獲得の手段として盛んに行われるようになっていた。例えば、『京都町触集成』を繙けば、夥しい数の御免勧化や相対での勧化・配札に関する触を見出すことができる。試みに一例を挙げれば、次のようなものである。

麩屋町押小路下ル町
白山社
米川左近

右社氏子茂無之ニ付、古来ゟ社伝之雷除守出シ来候処、所（前）々当社之守ニ紛敷申納廻り候由、依之今年より毎年一ヶ度つゝ、洛中洛外幷大津町々江右守収廻り信心之輩江相授ケ、志之初穂を請申度候間、烏乱成義ニ而ハ無之段、雑色町代ゟ噂之儀相願之候

右志有之もの江者相対いたし、札相納候義烏乱成義ニ而ハ無之候、尤押而ハ相勧メ申間敷候旨被仰渡候、此段無急度雑色町代共ゟ寄々洛中洛外町々江噂いたし置候様被仰出候事

辰六月[39]

これは、一八世紀半ばの宝暦一〇年（一七六〇）に出されたものである。配札にあたる寺社と責任者の名前、配

られる札のご利益などが明記され、「烏乱成義ニ而ハ無之」とされている。「紛敷」物が出回っているなかにあって、いわば公儀権力により、その真正性が保証されているということもできるだろう。氏子のないことがこうした配札を正当化する理由とされている点にも注意しておきたい。

町触を見ていると、御影札のみならず、大原社の「鼠除ケ札」[40]、白山社の「雷除守」[41]、西院春日社の「疱瘡之守」[42]など、実に多様な種類の札が、数多くの寺社から出されていたことがわかる。札だけではなく、宝暦一〇年(一七六〇)には、綾小路新町の大原社は「大原社之印」がある物指を「拾弐銅」で授けるというが、「町方在方信仰之者」だけを対象とするというから、これも実用品としての物指というよりも、何らかのご利益が期待されたものであろう[43]。寺社が薬の頒布をする際に町触が出されている場合もある。前近代においては、薬もまた製法が神仏から伝えられた霊薬とされたり、宗教的な製造過程によって効果が保証されるなど、祈禱札同様の呪物だった[44]。

守札のご利益が多様化し、その種類が増加していく背景には、守札をうける人びとの宗教的需要の多様化があったと思われる。宮田登は祈願のあり方について、集団の願望に関わる共同祈願とは別に、個人的心願によって神仏に願かけをする個人祈願があり、人間関係が相対的に希薄な都市では個人祈願が多くなされるようになり、その結果として個々人の多様な欲求に応える神仏が創造されていくとする。こうして生まれた豊富な信仰現象は、人口密度の高い都市に特徴的な現象であると述べる。そして、霊験の機能化を具体的に示す例として、「お札」を挙げる[45]。宮田は江戸を主たるフィールドとして論じているが、ここまで見てきた京都における多種多様な守札の出現も、多様な宗教的需要が存在する都市が生んだものとみても差し支えないであろう。

こうした「お札」は、まずは信仰の対象として受容されていた。和田恭幸は、近世中後期に本尊の姿を摺った御影札などが激増するが、御影札は表具して拝むのが一般的であったと論じている。開帳場では、「お札」を表具するための業者が営業していたという[46]。

礼拝の対象ともなる札に対して出された「志」は、「大原社之印」の物指が「拾弐銅」だったように、それほど高額だったわけではない。例えば、一八世紀半ばの京都冷泉町での記録を見ると、石清水八幡宮・西宮の「御札」で一二文、興福寺南円堂の「御札」に二四文といった具合であった[47]。多様な宗教的需要に、手頃な値段で応えてくれるのが守札であったということになろう。

さらに、京都の町に多種多様な守札が出現するようになると、単なる札では多くの人の関心を惹くことも難しくなったのだろう、安永九年（一七八〇）には、「御影弘福引」と称する「富」に似た札が出現していたという[48]。「富」同然の御影札配りに、寺社が直接関わっていたかどうかはわからないが、次第に守札は神仏の形代とは言いがたいものにもなりつつあった。

それでは、寺社が配札を行う対象地域はどこまでであろうか。近年になって急速に研究が深化している摂津の西宮神社では、幕府の裁許状を得て、関東や東北地方まで願人を支配して御影札を頒布していたことが解明されてきている[49]。とはいえ、西宮願人が広範な配札をすることを可能にしたのは、大黒天とならぶ福の神として信仰された恵美須の絶大な知名度があったからである。本書で見てきたような、西宮神社のように全国的に知られているというわけではない寺社が、同様の戦略をとることは難しかったであろう。全国、あるいは数ヶ国を対象とした御免勧化の例もあるが、本書で見たように空也堂の場合なら、大坂まで乗り出していくのは、天明の大火という非常事態があって行われたことであった。

改めて先ほど見た白山社の配札に関する町触を見ると、「洛中洛外幷大津町々」と記されていた。多数を占めるのは、このような洛中洛外と大津を対象とするものであった。これは、京都町奉行の管轄が享保以降は摂河泉播には及ばないという行政上の理由もあろうが、配札を行う側にとっても負担なく巡回できる範囲であり、対応する町や村にとっても、その寺社の存在を「知っている」あるいは知りうる範囲ということになるだろう[50]。

京都の寺社のような場合であれば、参詣者の出自は、①当該寺社が所在する町や氏子・檀家といったレベルと、②行楽・信仰など多様な理由で日帰りで参詣することができる「洛中洛外幷大津町々」のレベル、そして、③遠方から京参りに訪れる観光客＝旅人のレベルに分けられよう。これに加えて、京都で個別寺社と信仰を介して特別な関係を結んでいる講や、祇園社と鉾町の関係などは、空間的には離れていても①に加えてよいかもしれない。

京都の寺社が開帳にあたって、告知をするために奉行所の許可を得て立札を各所に立てるのだが、多くは京都やその近郊である。例えば、清水寺では居開帳の際に札が掲げられたのは清水寺仁王門・祇園石段下・三条大橋・五条大橋・今出川寺町・三条通大宮・東寺・伏見京橋といった、洛中洛外の往来が多い場所に計八枚、あとは大坂に八枚、堺に二枚、奈良猿沢と大津、伊勢山田に各一枚であった[51]。清水寺が主要な参詣客として見込んでいたのが、洛中洛外と大坂・大津あたりにとどまっていたことがうかがえよう[52]。

従来の寺社参詣研究の多くは、道中記などを書き残した③の遠方からの旅人を分析対象としているのだが[53]、寺社の経営を支えた参詣という意味では、比較的近距離で、日常的に余暇の行楽や個人祈願で寺社に接する①②のレベルを見落としてはなるまい。とりわけ、知名度の高くない小規模の寺社であれば、近在の信者への依存度は増したであろう。

こうした①②のレベルの信仰圏にある人びとと寺社との関係を日常的に繋ぎ、維持していたのが、配札を担っていた宗教者であった。

## 三　一九世紀京都の宗教者

それでは、配札を担ったのは誰だったのか。第Ⅰ部第三章で詳細に論じたように、祇園社では同宿という年寄を中心とした組織が既にあり、本願の養存が入寺した時点では本願独自の活動をする余地はほとんどない状態であった。一七世紀までに祇園社では同宿という専門集団を抱えて、「日勧進」を委託するようになっていたのである。

このような勧進の委託としては、既に別稿で触れたように清凉寺・清水寺・愛宕社などの山伏による「仏餉取」が挙げられよう。[54]清水寺では仏餉取の「棟梁」が下仏餉などと呼ばれる「弟子」を抱えた組織を持ち、元禄期には効率よく、かつ隈無く配札し仏餉米を回収するため、京都の町をいくつかに区分した檀那場を分担して活動していた。

「仏餉取」は、他にも少なからぬ寺社にいたようで、元禄七年（一六九四）頃の編纂とされている『京都役所方覚書』には、「仏餉取」を出している洛中洛外の寺社として、二七の寺社名が挙がっている。[55]ここには、「仏餉取之儀其寺々江上米を出し、旦方を勧進いたし候由」とあるから、一定の「上米」を出すという条件で寺社と契約をしていたのであり、規定「上米」を超える米が入れば、それが仏餉の収入となっていたのであろう。また、「上米」さえ出せば、複数寺社との契約も可能であったと考えられる。寺社の側も確実に収入を確保できる檀那場を持ち、実績のある「仏餉取」と契約を結ぶことを望んだであろう。

「仏餉取」のみならず、元禄期以降の京都には、寺院内や町・村に定着することができなかった少なくない数の民間宗教者が生活の手段として勧進を行っていた。「仏餉取」の棟梁が配下としたのも、こうした民間を活動の場とする宗教者であったと思われる。

元禄期に行われていた最大規模の「勧進」が、公慶による東大寺大仏殿の再建にともなうものである。これには、幕府の支援もあり、社会的な関心も高かった。一方、「仏餉取」のように身過ぎの手段として行われているかに見える勧進に対しては、徐々に社会的な視線も変わってきた。(56)

当時の「勧進」に対する視線をうかがい知ることのできる事例がある。公慶による東大寺大仏殿の再建勧進が進められていた、宝永二年（一七〇五）のことである。京都の七条にあり、説経節の『さんせう大夫』では厨子王丸が丹後から逃れてきた寺とされている「朱雀権現寺」はあちこちが大破しており、六年前に類焼した際に寺門なども失っていた。(57) そこで、「つし《（厨子）》王丸守本尊地蔵尊守」の「京町中勧進」を本山の知恩院に願い出た。(58) それに対し、知恩院は「何とやらん願人之仕方之様」とし、(59)「勧進も見分不宜儀ハ被相慎候而可然」と申し渡している。(60)

ここでは、明らかに「勧進」を「願人」のような民間宗教者が行うみっともないもの（「見分不宜」）とする視線があり、知恩院としては末寺による「京町中勧進」は容認しがたいものであったことがうかがえる。

このように「勧進」を賤しいものとする視線が強くなっていったとしても、寺社としては勧進や配札に依存せざるを得ない場合もあったであろう。そこで、次第に寺社は「勧進」を山伏・仏餉取などの民間を活動の場とする宗教者に委託するようになっていったのである。一方で、一九世紀には日向神明社のように配札にあたって帯刀を認められた神人も創出されている。「勧進」を賤しいものとする視線が一般化するなか、配札の担い手を新しく確保するための神社側の創意であろうか。

北野天満宮では、享保二年（一七一七）に院家のひとつである徳勝院が、奥之坊・中之坊・河内坊という三人の「中衆」と称する「愛宕中衆同前之者」に札を配らせていたことが発覚して問題になっている。(61) 徳勝院は、「中衆」

を弟子と称し、運上を出させて配札をさせていたことが社法に背くと批判されている。この件について、社僧の松梅院は美作や大坂にいる檀家へ、「愛宕之中衆」が配札をする「次手」に北野社の札を届けてもらっただけだと反論している。これに対し、宮仕は「左様之義ハ別条有之間敷候、併云のかれと存候」と答えており、この事件に関しては納得していない宮仕も、愛宕の修験者が配札をする際、ついでに若干の北野社の札を届けることまでは否定していない。

祇園社で配札を行っていた同宿に当山派系の修験者や愛宕、飯道山の修験道を兼ねていた者がいたように、修験者が他の寺社の配札を行うことは珍しいことではなかったのであろう。一八世紀に京都の町では多数の配札の触が出されているが、実際の配札行為は、民間の宗教者が請け負っていた例も少なくなかったと思われる。

ところで、一八世紀に小祠から小社に規模を拡大していった施設が多かったともいわれている。[62]先に見た、麩屋町の白山社は、榊大学という神道者が屋敷を購入したことで知られるようになったものである。神道者とは、しばしば特定の神社に所属せず、市中で祈禱や配札に携わる存在を指していたから、[63]白山社の神主となるまでは自分の神社を持っていなかったのであろう。町人地の裏にあった神社に神職組織があったとも考えられないから、配札にあたっていたのは榊大学自身であったと思われる。町の小規模な神社が増えていたとしたら、そこで活動をしていた宗教者による配札も増えていったであろう。

そうすると、なかには怪しげな配札も現れるようになる。配札を知らせる町触には、寺社が発行するものではない「紛れもの」とか、「当社之守ニ紛敷」ものなどの存在が示唆され、[64]こうした類似品・模倣品の出現が、寺社の経営を圧迫することになっていく。

町触をともなう配札のなかには、宝暦一二年（一七六二）になされた間之町松原上ル稲荷町の花咲社による賎難狸狼除守の配札のように、神社が出している守札と同じようなものを「歩行相勧候」者が出現し、「当社へ請ニ参候者ハ無数」と参詣者減少を理由になされたものもあった。[65]つまり、本来であれば札を配り歩くものではなく、神社へ参詣した者に対して下付されていたものであった。[66]しかし、「紛れもの」が出回ってしまったことで神社に足を運ぶ者が減ってしまい、その対応策として神社側から積極的に配札に出ることになったようだ。

寺社の経営を圧迫するほどの「紛れもの」が一八世紀に出現した背景としては、やはり配札を担っていた宗教者たちを取りまく環境があったと考えられる。すべての宗教者が、仏餉のように勧進をする際に寺社に対して「上米」を納めていたとすれば、契約した寺社の守札・御影札しか取り扱えないだろうが、一八世紀時点で、ここまで見てきたように寺社が出している守札が多様化し、さまざまなご利益をうたっていることを考えれば、種々の宗教的なニーズに応えられるような品揃えが、宗教者に求められてくることになろう。しかし、多数の寺社と契約を結ぶことは宗教者にとって負担が多くなるため、寺社には無断で、同様の守札を発行するようなことも十分あり得たであろう。

神仏の霊がこもる形代であった守札が、宗教者による配札で広く普及すれば、皮肉なことに必ずしも寺社へ参詣する必要がなくなっていく。まして、「洛中洛外幷大津町々」といった市場が限定されたこともあって、「紛れもの」が普及することになると、中小規模の寺社としては大きな打撃である。

宝暦六年（一七五六）には、「燈明其外寄進」と称して「願主之出所も不相知奉加帳」を持ち歩く者がおり、注意を呼びかけられている。[67]こうした状況では、人びとも勧化に応じることにも慎重にならざるを得ない。

多種多様な寺社による配札を伝える町触が、繰り返し出されている背景には、一八世紀後半の京都では、勧化・配札は「紛れもの」と寺社が実際に行う配札などが渾然一体となっていて、一見して真偽の区別がつかない状態にあったことを示唆している。井上智勝がいうように小祠から小社に規模を拡大した施設が増加しているとすれば[68]、京都の人でもあまり知らないような、存在の実否を俄に判断しがたい寺社の配札もあったと思われる。そこで、「胡乱」なものではない、という権力による裏づけをともなう触が出されることには、一定の意義があったといえよう。

こうして幕府の管理を受けつつも「勧進世界が膨張」し、「日常生活のあちらこちらに構造的に現れる」状況を保坂裕興は「近世的な勧進世界の成立」と呼んでいる[69]。一八世紀後半の京都においては、宗教者による活動の競合が進み、「勧進世界」が極限まで膨張していたといえる。

ここで、もう少し「紛れもの」について検討したい。「紛れもの」の注意喚起と、配札者の身元の確かさを保証している町触が宝暦頃に集中している。類似品・模倣品が寺社を困らせる現実はあったのであろうが、一方で何をもって「紛れもの」と認定するのか。

前述の白山社の配札は、紛らわしい守札が出回っているなかで、「烏乱成義」ではないという触が出されての配札であるから、いわば「紛れもの」対策として行われた神社による直接の配札であった。しかし、京都の白山通には、上白山・中白山・下白山の三つがあったという[70]。もし、仮にこれらの神社がすべて「白山社」の名で札を出していたとすれば、いずれが真正でいずれが「紛れもの」かは、容易に判断しがたいであろう。そこで、特定の寺社が権力と結び、「烏乱成義」ではないというお墨付きを与えて触を流せば、それが既成事実となっていき、他ののは「紛れもの」とされてしまうことになる。

林淳は、宗教者が「偽の宗教者を取り締まるポーズをとっ」て、「秩序形成の擁護者を装いはじめ」ることを、近世後期の現象として指摘する[71]。林は、取り締まりを通して本山・本所の権限が強化され、宗教者編成が進行すると見ているが、これに先行して、個々の寺社レベルで競合する宗教者を牽制するために他者を「偽」と規定して、独占的に配札をしようとする動きもあったのではないだろうか。

寺社としては、配札による安定した収入を確保するためには、無断で自らの寺社の名義で配札を行う者や模倣品を配る存在はもちろんのこと、競合するような守札や祈禱札を配る宗教者に対しても目を光らせ、必要に応じて幕府権力や吉田家のような本所に働きかける必要があったのである。

第Ⅰ部第四章で見た日向神明社でも、神主の野呂氏による神社経営が動揺し始めていたのが一八世紀後半であり、「諸事入用等多く、全体不如意」のため社頭の修復が進まなかったのも、そうした事情が背景にあったのであろう。このような混沌とした状態がリセットされたのが、京都においては天明八年（一七八八）に、京都市街の八割が焼失したという天明の大火であったようだ。

日向神明社で、野呂氏がついに神社経営を断念し、神主職を吉田家に返上するに至ったのも、天明の大火から間もない寛政四年（一七九二）のことであった。清水寺では、御影札を配り仏餉米を集めていた壬生山伏による仏餉取が、天明の大火をきっかけに中絶している[72]。顧客となっていた信徒の多くが被災し、配札どころではなくなっていたであろうことは想像に難くあるまい。配札の対象が「洛中洛外幷大津町々」であったが故に、その打撃も大きかったと思われる。

## 四　無縁の死者と寺院

ここまでは、主に現世利益―此岸の話であったが、もうひとつ忘れてはならないのが本書第Ⅱ部で論じた彼岸―

死の問題である。

本章第一節で触れた、苛立たしげな増穂残口の言葉のなかに「後世やら現世やらうつら〱なれば[73]」とあったように、いかに普段は現世主義のなかで暮らしていたとしても、現世だけの問題として割り切ることができず、時に自らの死や死後の問題について意識せざるを得ない。この世が「浮世」であれば、なおさら死後も平安に過ごせることを願ったはずである。

一八世紀の都市では、社会の現世志向を反映し、主たる関心は、死後の埋葬と永続的な供養への期待という、「現世」の人びとによる死者への待遇にあった。寺院の側も中世末期から次第に境内墓地を整備し、檀家に対しては恒常的な追善供養をうけられるような環境整備を進めていき[74]、近世になると次第に死者が現世の一角にとどまると考えられるようになってきたという[75]。

しかしながら、都市生活者のすべてが寺院の檀家として葬られ、継続的な供養が約束されていたわけではあるまい。一七世紀中頃から京都の町では次第に家持層が減少し、初期町人が見られなくなる[76]。一八世紀には、都市の急速な変化により、それまでの個別町を基礎とした構造も混乱しはじめていたという[77]。こうした都市住民をめぐる転変を目の当たりにしていた人びとは、自らが将来にわたって永続的な追善供養をうけられるという確信を抱くことはできなかったであろう。いかに「無縁」とならず、供養をうけ続けられるかに関心が向けられることになる。

人口が集中する都市においては、常に一定数の死者が出る。第一章では、粟田口の良恩寺が管理していた火葬施設が享保元年（一七一六）に拡大をはかっていたことについて論じた。このことは既存の火葬施設だけでは対応できない状態になっていたことを示唆しており、火葬施設の需要が増大していたことを読み取ることができよう。これは、経済基盤の脆弱な寺院にとって、考えようによってはひとつの商機でもあった。

近世の京都には、寺院境内墓地とともに、七墓五三昧[78]といわれる墓地が、京都を取り囲むように存在して埋葬の需要に対応していた。火葬場も一八世紀初頭までは、千本蓮台寺・黒谷中山・妙心寺側相坂・粟田口阿弥陀ヶ峰[79]の四ヶ所が稼働していた。一七世紀には西院（最勝河原・三条河原）と狐塚、金光寺などの火葬場も確認できる。[80]

これらのうちのひとつである阿弥陀ヶ峰と称する火葬施設を洛東の良恩寺が運用していたことは、本書第Ⅱ部第一章で見たとおりである。ここでは近隣の住民以外にも、一八世紀には下層民などの需要にも応えており、定期的な金銭の積み立てで火葬や葬儀を確実に行う制度も用意されていた。

同じ頃、「近来貧窮之者死骸捨候茂折々相見へ候」とあるように、貧困を理由に葬儀や死体の埋葬ができず、死骸を捨てざるをえないような人びとも存在していた。[81]下京中心地にある町屋の裏側などで江戸前期から中期の火葬墓が発見され、御土居の濠からも遺棄された近世初頭の人骨が見つかっているという。[82]

木下光生によれば、一七世紀半ばから、次第に民衆の間で葬送の華美化が進行していたといわれている。[83]その背景には豪華な葬式を出すことが孝行であるという考えが一般化し、葬送行列を多くの人に見せることが重視されるようになっていったという。

それを支える葬具業者の初見は、通説では貞享五年（一六八八）の『日本永代蔵』にある京都の「葬礼のかし色」であるとされている。[84]ここには、あまり知られていない特殊な職業であるかのように書かれてはいたが、木下は同じ一七世紀後半には大坂や伏見でも葬具業者が「ごく普通に存在していた」と指摘する。[85]この指摘は全く正しく、実は『日本永代蔵』刊行に先立つ貞享三年（一六八六）に刊行された京都地誌『雍州府志』の京都における名産品を列記した巻七「土産門」に、次のように書かれている。

葬具幷石塔　凡棺槨幡蓋紗籠一切、葬送之具誓願寺門前通造之、木牌等亦然、石塔自京極二条北至今出川北

所々造之

つまり、この時点で京都の誓願寺門前では棺桶や天蓋、位牌などの葬具一切を製造する専門業者が集まっており、石塔をつくる業者も京極二条から今出川の北までに点在していたことがわかる。寺院が集中する寺町近辺であり、寺院での葬送や境内墓地での需要に対応したものであろう。京都においては木下が指摘するように、一七世紀の時点で一定数の葬具業者が既に存在していたことは疑いないであろう(86)。

このような状況下において、木下が論じたように、葬式は華美化が進んで経済的負担をともなうものになっていた。良恩寺のように、比較的低額の掛け金で、遺族に経済的負担をかけることなく火葬を行ってもらうことができるのは魅力的であったと思われる。経済的な弱者で、葬儀を任せられる檀那寺を持たないような都市への流入者が増えたことで、良恩寺が管理する阿弥陀ヶ峰火屋の利用者は増加し、規模の拡大を必要とすることとなった。

しかしながら、火葬場は都市においては、臭気などの点で忌避されがちな施設でもある。それ故、第Ⅱ部第一章で明らかにしたように、享保の飢饉で頻繁に火葬が行われるようになると、隣接する青蓮院門跡から操業停止を求められることになる。

少なくない需要があったにもかかわらず、権力によって火葬場の操業停止に追い込まれた良恩寺にしてみれば、容易に受け入れ難いものであり、明和七年（一七七〇）には「久々中絶」の荼毘所について「高瀬川筋七条下ル畠中」へ移転しての再興を画策していた(87)。

ほぼ同じ享保四年（一七一九）に、西土居にあった火葬場（西院、最勝河原・三条河原とも称す）でも操業が停止されている(88)。その経緯を記す『月堂見聞集』巻一一によれば、雨天の際には臭気が「西屋敷」（西町奉行所）にまで届いたので、「他所へ移り候様に」命じられたという。

興味深いのは、その時に移転ではなく、「火屋断絶」を決断するに至った理由である。「此の処さへ辺土にて迷惑仕候に、遠方へ参候ては弥気毒に奉存由申上候」という。[89]『遠碧軒記』には、西院（最勝河原）と狐塚は「焼料心やすき」とあり、使用料が比較的安価だったので「下京醒井通辺の者のさびもの」はここで火葬をしたとある。[90]西院（最勝河原）・洛南の狐塚とも市街地からは距離があるため、これらの火葬施設では低廉な価格で利用できるようにして集客をはかっていたのであろう。

享保四年（一七一九）時点で、西院にあった火葬場は利用が減少しており、「遠方」になれば他の施設との競争に勝てず、火葬場の経営が成り立たないという判断があったようだ。同じ頃、粟田口の良恩寺が管理する阿弥陀ヶ峰では、火葬施設の拡大がはかられ、知恩院との衝突が始まっていた。

つまり、享保の時点において、京都の火葬施設は臭気などの問題によって権力が営業を制限すると同時に、その立地条件によって淘汰が行われ始めていたことがわかる。

最勝河原と阿弥陀ヶ峰が操業を停止すると、一八世紀半ば以降に京都近辺で恒常的に操業される火葬場は、千本蓮台寺・黒谷中山・妙心寺側相坂・狐塚・金光寺に限定されることになった。[91]限られた火葬場が独占的に、京都で発生する死者の火葬を行うことになり、火葬場を経営する寺院にとっては、安定した収入源になっていたであろう。

第Ⅱ部第二章で見たように、七条道場金光寺が火葬場経営の「差支」とならないように、隣接する東塩小路村の村墓での火葬場使用は「村方限」とし、外部からの使用は認めないかわりに、米五斗が金光寺から東塩小路村に支払われていた。[92]金光寺の手厚い対応も火葬場の経営が寺院に少なくない利益をもたらしていたとすれば、やむを得ないことであったであろう。

ところで、火葬場で荼毘に付されるのは恵まれたほうであった。一七世紀後半から一八世紀にかけて、京都の町では老人の自殺や行方不明事件が多かった。自殺の理由の多くが貧困・病気であり、特に自殺者は都市下層民が圧倒的に多かった[93]。病気や貧困を苦にして自死を選ばざるを得なかった都市下層民には、多くは身寄りがいないか、いても同じような境遇の人びとで、十分な葬儀は望むべくもなかったであろう。

前述のように、京都の町では、貧困のために葬儀が満足にできない人びとも存在していたのである。『月堂見聞集』によれば、「兼て念仏講を結び」、講中で死者が出ると「連衆来て葬具を調ふ」ような「貧家」による「葬送の営の為」の相互扶助組織もあったようだ[94]。しかし、相互扶助があったとしても、飢饉などが起こればひとたまりもあるまい。

一七世紀の京都では寛永、天和、延宝期に大きな飢饉が発生しているし、一八世紀初頭でも享保に飢饉が起こっている。飢饉のような非常事態下では、行き倒れのような身元不明の死者や埋葬を十分にできないような経済的弱者の死体も必然的に多くなるだろう。

飢饉の際には、物乞いなどで生活せざるを得ない「非人」が大量に現れている。そして飢饉のなかでは「非人」の多くが命を落とすことになる。第Ⅱ部第三章で見た南無地蔵は、「無縁之者・非人行倒」の死体を埋葬するために設定されたものだった。

京都を襲った災害としては、火事も看過できるものではない。一八世紀初頭の大規模な火災としては、御所周辺まで被害が及んだ宝永の大火や、享保の西陣焼けなどが挙げられるであろう。

大火では、復興と防災計画などが都市機能と関わっているために、建物などの被災＝経済的被害に視線が行きがちである。無論、財産を失い、「非人」の境遇とならざるをえなかった者もいたから[95]、火災がとりわけ経済的な弱者に与えた打撃は大きかっただろう。

加えて、忘れてはならないのが火災で出た大量の焼死者である。天明の大火では詳細は不明ながら「人主不知死骸八百余人、総死人千七百人など、云ひ、又は万を以て算へなど」という風説があったという。[96]飢饉と同様に、火災にともなう人的被害も重大な問題であった。天明の大火では「人主不知死骸八百余人」とあるから、身元不明の死者が八〇〇名を超えていたことになる。

大火や飢饉などによって発生した、埋葬する者がいない大量の死体をどのように処理するかは、都市機能の維持にかかる重要な課題であった。第Ⅱ部第二章、第三章で論じた無縁墓地は、「非人」をはじめとした、身寄りのない死体を処理するために公儀によって設定されたものであったし、南無地蔵は天明の大火による焼死体を埋葬するためにも使われていたようである。[97]

しかし、問題は無縁墓地というハードを設けて、大量の死体を迅速に処理するだけでは終わらない。貞享三年（一六八六）刊の仮名草子『古今百物語評判』には「とぶらはるべき子孫もなき亡者の亡念によりて、天地の間に流転せる亡魂」が瘧の鬼や疫の神になるとあり、また「死後にまつらるべきしたしみもなき亡魂」が集まって人を襲うとある。[98]無縁の霊魂――先祖として子孫の供養をうけることを期待できない霊魂[99]――は災厄をもたらすと考えられていたから、飢饉などで大量に発生した死者の供養もまた都市機能を維持するためには重要であった。しかし、ハード面では公儀権力が無縁墓地の設定を行っていたが、その霊魂の供養というソフト面での対応は民間に委ねられていた。

「無縁」の死者を埋葬する墓地が運営されるようになると、それは供養されざる大量死の影を多くの人びとに想起させる装置となる。自分たちは供養されざる無縁の死者にはならない――そんな確信を持てた者はほとんどいなかったであろう。

都市に移住して借家に住んでいたような人の多くは、京都に葬儀や供養を期待できるような檀那寺があったわけではない。柳田國男は、近代の都市における「奇遇生活者」の引き取り手がない遺骨について触れ、「第一の故郷とは既に手を分ち、第二の故郷は未だ選定せられず、余りに現在の居所がよく移る為」の現象であり、「親々の墓処に還り得ない霊魂」の出現を語っている。「人が数多くの位牌を背に負いつゝ、如何にその記念を次の代と結ぶべきかに、苦慮しなければならなくなつた時代は到来して居るのである」[100]と「明治大正」の世相について述べているが、京都や江戸などの近世都市においては、そうした時代は一足先に訪れていたようである。

江戸の例になるが、『東海道中膝栗毛』の「発端」には、「時に寺はどこだ」と尋ねられた弥治郎の「馬鹿アいへ。おいらが内に寺があつてたまるものか」という台詞がある。[101]とすれば、多くの長屋の住人などは檀那寺を持たず、死ねば供養されざる無縁仏になる可能性があったことになる。

たとえ檀那寺があったとしても、子々孫々にわたって家が続き、供養を継続して行われる保証はなかったはずである。引き続き、『東海道中膝栗毛』を見れば、弥治郎が死んだ妻の口寄せを巫女にしてもらう場面で、亡妻に「友だちしうのせはで、石塔はたて、下さつたれど、それなりで墓まいりもせず、寺へ附届もして下されねば、無縁どうぜんとなつて、今では石塔も塀のしたの石がけとなりたれば、折ふし犬が小べんをしかけるばかり」[102]という。遺族による寺への付け届けが滞れば、たとえ石塔を建立したとしても、無縁として処理され、墓標も転用されてしまう恐れがあったのである。文学作品だから、聊か誇張しているように見えるかもしれないが、京都町奉行所の記録『武辺大秘録』に「諸宗之檀那家無縁ニ相成候者之墓破却いたし候儀御法度之事」とあるから、実際には無縁になった家の墓石を破棄したり、石材として再利用する場合も少なくなかったのであろう。[103]同史料に「無縁ニ相成候ハ、猶更回向等も可致遺候」とあるのは、子孫による供養が期待できない無縁だからこそ、寺院による廻向を必要とするという考えが、ある種の理想論としてあったことも示唆している。

寺院においても、開帳の場では戒名場が設けられていて、死者供養が行われていたし、[104]日常的にも施餓鬼や不断念仏といった法要もしばしば行われてはいた。遊楽であった開帳や寺社参詣が単なる楽しみではなく、死者供養をともなうことも少なくなかったことには注意を喚起しておきたい。

また、塚田孝によれば、大坂において、裏借家などで檀那寺に代わり葬儀や年忌の世話をしていたのは、町触による禁止令にもかかわらず道心者と呼ばれる、自らも裏借家に居住していた宗教者であった。[105]おそらくは京都でも同様に、民間を活動の場とする宗教者、道心者などが都市下層社会の宗教的な需要に応えていたであろう。先に見た良恩寺が管理していた阿弥陀ヶ峰の火葬場でも、享保九年（一七二四）の史料に「焼場ニ而働申候道心者」とあったように、[106]実際に火葬場での実務を担っていたのは道心者であった。

安丸良夫が、近世宗教史の特色として、葬祭を掌握した宗派としての仏教の普及に対し、「そのような仏教で満たされることのできない民衆の宗教的願望に対応して、民俗宗教が多様に分化し発展した」とするのも想起されよう。[107]そして、先祖や氏神を中心とした宗教からこぼれ落ちる「浮かばれない死者」を巫者的宗教者が憑依を介した死者との「個別取引」で、安らかな死者へ移行させる役割を担い制度的宗教を補完したと、宗教学者の池上良正は指摘している。[108]とすれば、近世の宗教を理解するうえで、民間を活動の場とする宗教者への注目が不可欠となるのは多言を要しまい。

そこで、寺院に所属する僧侶ではなく、都市下層民と日常的に接していた民間宗教者の間から、都市における供養されざる死者を代わって供養する宗教者が登場し、都市生活者の支持を受けるようになるのも自然なことであった。

本書第Ⅱ部第四章で触れた空也堂を拠点とし、瓢箪を手に和讃などを唱えて歩いていた念仏聖の流れを汲む宗教者である鉢叩きは、春秋の彼岸や一一月一三日から四八日間にわたって夜間に京都にある五つの墓地（五三昧）を巡っていた[109]。寒夜に墓地で不特定多数の死者を、京都の人びとに代わって供養するのが彼らの修行であった。また、高野山で修行をした木食僧の木食正禅も、正徳四年（一七一四）の暮れから、寒夜に京都の七墓五三昧を巡り、鉦を叩いて念仏を唱える修行を始めている。そして、供養のために名号碑の建立も行っている。ここでは、「有縁無縁の霊魂をあまねく化度」するためのもので[110]、有縁の者はもとより、供養されることのない刑死者や無縁の死者の霊魂を供養することが木食正禅の宗教的実践だったのである。第Ⅱ部第三章で見た、寛文九年（一六六九）の飢饉から五〇年目に「石写経」を「六波羅野無縁塚」（南無地蔵）に納めて、その上に「石地蔵」を立てることを発願した淳識の行為もまた同様に、無縁の死者を供養することを意図した実践であったといえよう。

都市で生活する人びとの不安に対して、一七世紀から一八世紀にかけて、民間を活動の場とする宗教者が町の人びとからの喜捨をうけて無縁仏の供養を行うようになっていた。こうした人びとの信仰の受け皿となっていたのは、前の章で見たような配札を行っていた山伏などと同じように、都市で生活する民間を活動の場とする宗教者であった。

都市の発展と人口の絶え間ない流入によって、否応なく生じる「無縁」の霊魂と、その予備軍を如何に救済するか――現代において、この問題は深刻な社会問題になっているが[111]――これが、一八世紀における京都の重要な宗教的課題のひとつになっていたのである。

# おわりに

第Ⅰ部では、一八世紀の名所化が進む寺社と都市について論じ、第Ⅱ部では都市化によって生じる無縁の死者と向き合う宗教者や寺院について光を当ててきた。寺社と民間宗教者は、勧進・配札などで手を携える場面もあれば、利害の対立や競合関係のなかで厳しい緊張を孕む場合もあった。また、寺社が対象化しえないような非檀家などの宗教的な受け皿として、宗教者が重要な役割を果たす場面もあった。一八世紀の京都における宗教的環境とは、都市が生んだ此岸・彼岸の多様な宗教的需要に対し、寺社や民間の宗教者が、それぞれの立場からどう応えていくかという実践のなかで展開してきたものであったといえるだろう。そして、そこには経済的な基盤を十分に持たない寺社や宗教者による生存戦略もあった。

京都の寺社は、祈禱札や境内の聖地整備などを通して、多様な現世利益の欲求に応え、無縁の死者への供養や異常死に対する宗教的対応をして死後の平安も提供したことは間違いない。こうしたあり方は、全般的には既成秩序の安定につながり、権力による支配を補完した側面もあろう。少なくとも、ここから社会変革や既成秩序の否定に向くことはなかったと思われる。

しかしながら、限界と制限を持ちつつも、元和偃武から一世紀を経て、中世社会が希求していた「現世安穏（と「後世善処」）」[112]が一定程度は実現し、本居宣長が『古事記伝』で記したような「ほど〳〵にあるべきかぎりのわざをして、穏しく楽く世をわたらふ」[113]ことも、京都のような都市では必ずしも不可能ではなくなった。そうした意味で、一八世紀は「戦後」世代[114]による安穏の時代であったということもできるかもしれない[115]。

そして、一八世紀末になると、前述のとおり大小の寺社が、競うかのように多様な御利益をうたって配札を行い、真偽すら定かでないようなものが溢れるようになる。その結果、次第に供給過剰となっていくことで、社会の意識も変わっていき、寺社や宗教者による配札などの宗教行為も変化が求められるようになる。[116]

明らかにすることのできた成果は余りにも少なく、残された課題は大きいといわざるをえない。とりわけ、近代を見据えて一九世紀の京都をどう見るか、これが論じ残した大きな課題であろう。

京都に関していえば、第Ⅰ部で見たような寺社と町の関係が、天明の大火で断絶を余儀なくされている。この大火は寺社景観にも影響を与えており、天明大火以降は寺社境内の貸地化が進み、町場化していくことも指摘されている。[117]一方で、大火は第Ⅱ部で見たような無縁の死者を大量に生み出すものであるから、ここで宗教者が活躍することになるはずなのだが、彼らの活動を下支えする都市社会そのものが危機のなかにあった。

菅大臣社ではしばらく南北の対立が鎮静化するが、その後の常喜院による再攻勢で曼殊院が守勢にまわることになる。日向神明社では、野呂家が神主職を退き、新たな神主とともに、勧進組織も再編が行われていたし、空也堂では六斎念仏集団の組織化を始めるとともに、新たな活動の場として大坂への進出を図っていた。おそらく、一九世紀を迎えて寺社内や宗教者との関係も変化を余儀なくされていくものと思われるが、全体像についての見通しは今後の課題とせざるを得ない。

無縁の死者の宗教的な受け皿であったのは民間宗教者であったが、文化九年（一八一二）には、国学者の平田篤胤が『霊の真柱』を脱稿して黄泉の世界を語り始める。ここでは、「その霊の行方の安定を、知ることなも先なりける」とし、その目的は「大倭心を堅む」ことにあるとする。[118]仏教的な言説に代わる国学的な霊魂観の登場である。[119]『霊の真柱』で語られたのは、「此国土の人の死にて、その魂の行方は、何処ぞと云ふに、常磐にこの国土に居る」

というもので、ある面では死の現世主義を徹底したものということもできよう。

また、一九世紀の名古屋では「三界万霊」の救済を重要な課題とする如来教が誕生している。[120]また、同じ頃に京都・大坂では民衆宗教として発展することなく弾圧されたが、大橋幸泰が「未完の創唱宗教」と呼んだ「切支丹」事件が起きている。[121]一九世紀には、既存の宗教とは異なる新たな宗教的な救済も模索され始めた。

京都という都市と信仰に関わっていえば、第Ⅰ部第二章で見たように菅原道真が藤原時平の謀反を阻止しようとした天皇に忠義を尽くす存在として、幕末期にクローズアップされていくように、神社や信仰を取りまく政治や思想状況の変化も看過できない。藤田覚が注目した天明の飢饉にともなって京都御所で千度詣りが行われたように[122]、都市住民による救済願望が、寺社参詣[123]ではなく天皇にも向けられていくようになる。こうした京都における人びとの行動が近代天皇制にどのように接続していくかも大きな問題であろう。京都の寺社がとった「名所」化や宗教的な発信が、近代以降の京都に関する言説形成にも関わっていく可能性もあろう。こうした予測が成り立つとすれば、近代以降に「雅」「町衆」に収斂していく[124]、京都イメージの萌芽を見出すこともできるかもしれない。積み残した点は多いが、いずれも今後の課題としていきたい。

**註**

（1）前田金五郎・森田武校注『日本古典文学大系　九〇　仮名草子集』（岩波書店、一九六五年）。

（2）野地秀俊「中世後期京都における参詣の場と人」（『新しい歴史学のために』二八二号、二〇一三年五月）。

（3）川嶋將生「京都案内記の成立」（同『「洛中洛外」の社会史』思文閣出版、一九九九年）。

（4）中世の歌枕としてのナドコロから、近世の見て楽しむものとしての名所への変化については、水江漣子「初期江戸の案内記」（西山松之助編『江戸町人の研究』第三巻、吉川弘文館、一九七四年）。また、名所観については、上杉和央「一七世紀の名所案内記にみえる大坂の名所観」（『地理学評論』七七巻九号、二〇〇四年八月）、「名所化」と地域社会については、青柳周一「近世における寺社の名所化と存立構造――地域の交流関係の展開と維持――」（『日本史研究』五四七号、二〇〇八年三月）、同「近世の「観光地」における利益配分と旅行者管理体制――近江国下坂本村を事例に――」（『ヒストリア』第二四一号、二〇一三年一二月）。

（5）　安永九年（一七八〇）に刊行されてベストセラーとなっていく京都の名所を絵入りで紹介した『都名所図会』の登場は、名所形成のひとつの到達点ということができるかもしれない。また、地誌と連動するように、一七世紀後期から一八世紀中葉にかけて、洛外の寺社など観光情報を豊富に掲載する林吉永版の「京大絵図」が改訂をくり返しながら刊行されていくようになる（山近博義「林吉永版京大絵図の特徴とその変化」〈金田章裕編『平安京―京都――都市図と都市構造――』京都大学出版会、二〇〇七年〉）

（6）　脇田修『元禄の社会』（塙選書、一九八〇年）。

（7）　『濃科死出乃田分言』（神道大系編纂会編『神道大系　論説編二二　増穂残口』神道大系編纂会、一九八〇年、三八二頁）。本史料は享保四年（一七一九）頃をあまり遡らない頃の作品とされている。

（8）　『浮世草子』（前掲前田・森田校注書所収）。

（9）　守屋毅『元禄文化――遊芸・悪所・芝居――』（講談社学術文庫、二〇一一年）。

（10）　こうした都市町人の参詣や行楽などに積極的に参加する行動を、西山松之助は「行動文化」と呼んだ（西山松之助「江戸の町名主斎藤月岑」〈同編『江戸町人の研究』第四巻、吉川弘文館、一九七五年〉）。旅行史などの視点とは異なる、都市住民による参詣行動への着目として重要な指摘であるといえる。ただし、西山は江戸を対象にしているために、彼が言う「行動文化」が顕著に見えてくるのは化政期以降であると捉えている。そのため、被支配身分の生活向上にともなう矛盾を行動による「自己解放」で「自己に回帰する」行為として、近世後期の社会がもたらした現象と評価している。しかしながら、京都においては一七世紀後半には同様の行為が見え始めており、封建社会の矛盾を説明原理とする西山の議論は本質を捉えきれていないと思われる。

（11）　村田典生「流行りだす神仏――その構造と思想――」（『京都民俗学』第二七号、二〇一〇年三月）。

(12) 村山弘太郎「近世京都の利益信仰――「名所地誌本」によるその社会的位置付け――」(『史泉』九八号、二〇〇三年七月)。
(13) 観光地域史・旅行文化史の視点から寺社の名所化に着目して精力的に研究を推進している青柳周一も、菅大臣社の動向を「名所化」の事例として捉えている(青柳周一「寺社参詣と「寺社の名所化」――中世後期から近世へ――」〈島薗進ほか編『シリーズ日本人と宗教 近世から近代へ4 勧進・参詣・祝祭』春秋社、二〇一五年〉)。
(14) 黒板勝美編『新訂増補国史大系 一五 続史愚抄 後編』(吉川弘文館、一九六六年)寛文五年今年条、細川武稔「洛陽三十三所観音の歴史」(平成洛陽三十三所観音霊場会他監修・長村祥知編『京都観音めぐり 洛陽三十三所の寺宝』勉誠出版、二〇一九年)。
(15) 拙稿「近世京都の宗教者と社会――木食正禅から見る――」(拙著『近世勧進の研究――京都の民間宗教者――』法藏館、二〇一一年)。
(16) 北野天満宮史料刊行会編『北野天満宮史料 宮仕日記 続二』(北野天満宮、一九九七年)元禄一二年一二月。
(17) 田中智彦『聖地を巡る人と道』(岩田書院、二〇〇四年)。
(18) 北野天満宮史料刊行会編『北野天満宮史料 宮仕日記 続三』(北野天満宮、一九九九年)宝永三年正月一八日条。
(19) 北野天満宮史料刊行会編『北野天満宮史料 宮仕日記 続六』(北野天満宮、二〇一四年)享保三年閏一〇月二一日条。
(20) 北野天満宮史料刊行会編『北野天満宮史料 宮仕日記 続七』(北野天満宮、二〇一七年)享保一一年四月二一日条、同五月一七日条。
(21) 新修京都叢書刊行会編『新修京都叢書』第三巻(臨川書店、一九七六年)。
(22) 『月堂見聞集』(『近世風俗見聞集』第二、国書刊行会、一九一三年)巻二二、享保一五年六月二五日条。
(23) 『月堂見聞集』(『近世風俗見聞集』第二、国書刊行会、一九一三年)巻一九、享保一二年六月一八日条、井上智勝「都市の小祠・小社をめぐる諸問題――宗教政策との関わりを中心に――」(『年報都市史研究 六 宗教と都市』山川出版社、一九九八年）。

(24) 万日法要も必ずしも厳密に日数を数えて実施していたわけではないようで、総本山知恩院史料編纂所編『知恩院史料集　日鑑篇二二』（総本山知恩院史料編纂所、二〇〇七年）によれば、寛保二年（一七四二）六月二〇日に洛北古知谷の阿弥陀寺が開山の木食弾誓が始めた念仏が「来年五万日ニ満候ニ付」廻向の実施を願い出たところ、六月二八日に京都町奉行から「四百日程不足」が指摘され、近年は「一日不足ニ而も不相叶」と差し戻されている。これに対して、阿弥陀寺側は七月朔日に「日数不足ニ付、四万日成共、四万五千日ニ成共、願可申旨」と訴え、「四万日回向」として再度申請している。寺院側の正確さを欠く申請に対し、一八世紀半ばには次第に厳格に審査をするようになり、「一日不足」も認めない方針となっていたことがうかがえる。

(25) 総本山知恩院史料編纂所編『知恩院史料集　日鑑・書翰篇一九』（総本山知恩院史料編纂所、二〇〇四年、三二六頁）。この宝国寺の延期願いは二度目であり、既に一〇日の開帳延期を行っていたので今回の延期は認められなかった。

(26) 拙稿「遠忌」（大谷栄一ほか編『日本宗教史のキーワード――近代主義を超えて――』慶應義塾大学出版会、二〇一八年）。

(27) 京都市編『京都の歴史　第六巻　伝統の定着』（學藝書林、一九七三年）。

(28)『武辺大秘録』によると、「関東寺社奉行所」の承認を得たものだけを「開帳」と称し、京都町奉行所への届けのみで寺社奉行の承認を得ていないものは開帳ではなく「為拝」と書くことになっていた（京都町触研究会編『京都町触集成』別巻三、岩波書店、二〇一七年、一三四頁）。

(29) 比留間尚『江戸の開帳』（吉川弘文館、一九八〇年）。

(30) 中村直勝「寺社の出開帳――嵯峨釈迦堂の場合――」（『中村直勝著作集』第一二巻「歴史の発見」下、淡交社、一九七九年）、川嶋將生「寺院と開帳」（前掲川嶋書所収）、前掲比留間書など。

(31) 林久美子「元禄七年洛東真如堂における善光寺開帳をめぐって――真如堂日並記の紹介を中心に――」（『京都橘大学大学院研究論集　文学研究科』第一二号、二〇一四年三月）。

（32）前掲林論文。一八世紀には菅大臣社境内で芝居がおこなわれていたように、寺社境内が興行地化していく。寺町における興行については、山近博義「近世後期の京都における寺社境内の興行地化」（『人文地理』第四三巻第五号、一九九一年）。

（33）『町人考見録』上（中村幸彦校注『日本思想大系　五九　近世町人思想』岩波書店、一九七五年、一八四～五頁）。前掲比留間書によると、江戸では後に寺院から一定の金銭で契約して開帳を取り仕切る「開帳師」なども現れている。

（34）拙稿「仲源寺を再建した僧のはなし」（『鴨東通信』八五号、二〇一二年四月）。

（35）後小路薫『勧化本の研究』（和泉書院、二〇一〇年）。

（36）石橋義秀・菊池政和編『近世略縁起論考』（和泉書院、二〇〇七年）、中野猛・山﨑裕人・久野俊彦編『略縁起集の世界――論考と全目録――』（森話社、二〇一二年）。

（37）堤邦彦『絵伝と縁起の近世僧坊文芸――聖なる俗伝――』（森話社、二〇一七年）。

（38）原淳一郎『近世寺社参詣の研究』（思文閣出版、二〇〇七年）。

（39）京都町触研究会編『京都町触集成』第四巻三二六号、岩波書店、一九八四年。以下、『京都町触集成』については、『京都町触集成』巻四―三二六などと略記する）。

（40）『京都町触集成』巻四―一五七。

（41）『京都町触集成』巻四―三二六。

（42）『京都町触集成』巻四―四三六。

（43）『京都町触集成』巻四―三六九。

（44）加藤基樹「享保期薬種政策と幕府権力の宗教性」（大桑斉編『論集仏教土着』法藏館、二〇〇三年）、同「病気と近世仏教説話――薬師説話にみる病気平癒のプロセス――」（『国文学　解釈と教材の研究』第四九巻五号、二〇〇四年四月）、拙稿「近世における西大寺の製薬と民衆意識――豊心丹をめぐって――」（『奈良大学紀要』第四五号、二〇一七年三月）。

(45)　宮田登『江戸のはやり神』（ちくま学芸文庫、一九九三年）。
(46)　和田恭幸「略縁起と掛軸」（堤邦彦・徳田和夫編『遊楽と信仰の文化学』森話社、二〇一〇年）。和田は「御影をはじめとする紙表具の宗教的な掛軸の類が、近世の庶民にとって極めて身近なものであり、広く流布していた」と指摘するが、簡易な紙表具の御影はしばしば地方文書の調査などの際にも目にするものである。都市文化としての「お札」には、配札によって広められるだけでなく、地方から訪れた参詣客によって寺社や開帳場で土産として買い求められ、信仰の対象として広まったものもあろう。
(47)　宝暦三～一二年「金銀入幷諸払帳」（京都冷泉町文書研究会編『京都冷泉町文書』第二巻、思文閣出版、一九九一年、一二五号）。
(48)　『京都町触集成』巻六―一二一八号。なお、京都ではないが、大津の『町方御用留』によると、天明五年（一七八五）に守札弘会所で番号札を販売し、「写富」と称する「富突ニ紛敷儀」を興行した者が処罰されている（渡邊忠司編著『大津代官所同心記録』清文堂出版、二〇一六年）。
(49)　鈴木良明「近世西宮戎信仰の地域的展開」（同『近世仏教と勧化――募縁活動と地域社会の研究――』岩田書院、一九九六年）、西田かほる「近世の身分集団」（高埜利彦編『日本の時代史　一五　元禄の社会と文化』吉川弘文館、二〇〇三年）、中野洋平「「えびす」にまつわる人々」（日次紀事研究会編『年中行事論叢――『日次紀事』からの出発――』岩田書院、二〇一〇年）、松本和明「近世西宮神社における願人」（西宮神社文化研究所編『近世諸国えびす御神影札頒布関係史料集』西宮神社、二〇一一年）など。
(50)　かつて宮田登は「岩木山信仰と信仰圏」（同『山と里の信仰史』吉川弘文館、一九九三年）で、山岳信仰について同心円的な信仰圏を設定できるとした。山麓周辺で山が眺望の範囲内にあり日帰りで登拝が可能な第一次信仰圏、山容を望むことが不可能であり登拝にも宿泊を要する第二次信仰圏、そして地域が拡大されて山岳との直接的な繋がりが希薄となった空間を第三次信仰圏とした。地方霊山の信仰圏モデルを本書で論じた都市京都の中小規模の寺社の事象に直結させることには慎重でなければならないが、質的違いのある信仰圏が重層しているという指摘は検討に値すると思われる。

(51) 前掲川嶋論文「寺院と開帳」。
(52) 近江国の石山寺が元文三年(一七三八)に開帳を行った際は、開帳札を「京四枚、伏見弐枚、大坂三枚、堺壱枚、南都壱枚、大津札辻壱枚、草津壱枚、関伊勢道口壱枚、鳥居川石橋壱枚、大門壱枚」となっている(「三十三年開帳記元文三年」〈『石山寺資料叢書　近世文書集成』法藏館、二〇〇一年〉)。近江国に所在する寺院のため、近江国の草津・美濃国の関など交通の要衝に重点を置いている点が注目されるが、やはり、京・伏見・大坂などの近隣が中心である。
(53) 新城常三『新稿　社寺参詣の社会経済史的研究』(塙書房、一九八二年)が「遠隔社寺参詣の変遷」を論じた研究として今なお大きな影響を与えている。近年では、原淳一郎『近世社寺参詣の研究』(思文閣出版、二〇〇七年)、社寺参詣をふくめた旅行者と地域社会を論じたものとして、青柳周一『富岳旅百景──観光地域史の試み──』(角川書店、二〇〇二年)、高橋陽一『近世旅行史の研究──信仰・観光の旅と旅先地域・温泉──』(清文堂出版、二〇一六年)などがある。新城常三以来の交通史・旅行史が遠方からの旅行のみを対象にしている偏向の問題については、前掲野地論文で既に指摘されている。
(54) 清水寺史編纂委員会編『清水寺史』第二巻(音羽山清水寺、一九九七年)第二章第四節「御影札配りと仏餉米」(下坂守執筆)、拙稿「中近世の一山寺院と本願──嵯峨釈迦堂清凉寺をめぐって──」、同「近世寺社と「勧進」に関する覚書──仏餉取を中心に──」(いずれも前掲拙著所収)。
(55)『京都役所方覚書』上(京都町触研究会編『京都町触集成』別巻一、岩波書店、一九八八年、九八頁)。
(56) 杣田善雄「元禄の東大寺大仏殿再興と綱吉政権」(同『幕藩権力と寺院・門跡』思文閣出版、二〇〇三年)、前掲拙著「終章」。
(57)『日鑑』宝永二年三月一八日条(総本山知恩院史料編纂所編『知恩院史料集　日鑑・書翰篇三』総本山知恩院史料編纂所、一九七八年、一三六頁)。
(58)『同右』宝永二年三月一六日条(二〇二頁)。
(59)『同右』宝永二年三月一八日条(二〇三頁)。

(60)『同右』宝永二年三月二二日条（二〇四頁）。
(61)北野天満宮史料刊行会編『北野天満宮史料　宮仕日記　続五』（北野天満宮、二〇一〇年）享保二年六月「神楽所之記」。以下、本件については同史料による。
(62)前掲井上論文。
(63)井上智勝「神道者」（高埜利彦編『シリーズ近世の身分的周縁　一　民間に生きる宗教者』吉川弘文館、二〇〇〇年）。
(64)一例を挙げれば、宝暦九年（一七五九）の大原神主による鼠除札（『京都町触集成』巻四―一五七）。宝暦一〇年（一七六〇）の白山社による雷除札（『京都町触集成』巻四―三二六）。
(65)『京都町触集成』巻四―六〇七。
(66)真偽を見極めがたい宗教的なものの例として、宝暦一〇年の賀茂祭頃に出された町触に「賀茂ゟ出候葵葛」を市中で売買している者がいたことが見えている（『京都町触集成』別巻二―補七二二）。これは「賀茂社中」から「売買止させ」るように訴えられていることから、正規な売買ではないようだが、「賀茂」から出されていることも事実のようで、賀茂祭で使用された「葵」を縁起物として転売していたとみられる。
(67)『京都町触集成』巻三―一八四一。
(68)前掲井上論文「都市の小祠・小社をめぐる諸問題」。
(69)保坂裕興「一八世紀における虚無僧の身分形成」（『部落問題研究』第一〇五輯、一九九〇年）。
(70)『拾遺都名所図会』巻之一（新修京都叢書刊行会編『新修京都叢書』第七巻、臨川書店、一九六七年）。白山の大衆が強訴に来た際に神輿を三基捨て置いたため、上中下の三つの白山社になったと伝えている。
(71)林　淳「幕府寺社奉行と勧進の宗教者」（末木文美士ほか編『東アジア仏教史一三　日本Ⅲ　民衆仏教の定着』佼成出版社、二〇一〇年）。
(72)清水寺史編纂委員会編『清水寺史』第二巻「通史（下）」（音羽山清水寺、一九九七年、一九三頁）。
(73)『濃科死出乃田分言』（前掲『神道大系　論説編二二　増穂残口』三八二頁）。

(74)高田陽介「境内墓地の経営と触穢思想――中世末期の京都に見る――」(『日本歴史』第四五六号、一九八六年五月)、佐藤弘夫『死者のゆくえ』(岩田書院、二〇〇八年)。
(75)前掲佐藤書。
(76)吉田伸之『近世都市社会の身分構造』(東京大学出版会、一九九八年)。
(77)塚本明「近世中期京都の都市構造の転換」(『史林』第七〇巻第五号、一九八七年九月)。
(78)土居浩「「京師五三昧」再考」(『桃山歴史・地理』第三四号、一九九九年一一月)、東京都公文書館編・西木浩一全文執筆『都史紀要 三七 江戸の葬送墓制』(東京都政策報道室都民の声情報公開室、一九九九年)、勝田至「「京師五三昧」考」(『日本中世の墓と葬送』吉川弘文館、二〇〇六年)など。主に蓮台野(千本)・最勝河原(西院)・中山・鳥辺野・狐塚などが挙げられるが、史料によって必ずしも一定はしていない。西木がいうように「公的に設定された五ヶ所の墓地というわけではなく、巷間に認識された主要な墓地=火葬場の所在地」という理解(一一三頁)が妥当であろう。
(79)『京都町触集成』巻三―四六一。
(80)岸妙子「近世京都における常設火屋の様相」(村井康彦・大山喬平編『長楽寺蔵七条道場金光寺文書の研究』法藏館、二〇一二年)。
(81)『京都町触集成』巻二―五九四。
(82)山田邦和「考古学からみた近世京都の墓地」(同『京都都市史の研究』吉川弘文館、二〇〇九年)。
(83)木下光生「畿内近国民衆の葬送文化と死生観」(同『近世三昧聖と葬送文化』塙書房、二〇一〇年)。
(84)井上章一『霊柩車の誕生』(朝日新聞社、一九八四年、のち増補して『増補新版 霊柩車の誕生』朝日文庫、二〇一三年)、木下光生「葬具業者の基礎的研究」(前掲木下書所収)。
(85)前掲木下論文「畿内近国民衆の葬送文化と死生観」。
(86)『日本永代蔵』では損料を取っての貸出であり、こうした営業形態はいくらか珍しかったかもしれないが、『雍州府志』に見るように一七世紀後半において、葬具の製造販売そのものは決して珍しいものではなかったといえる。

また、後年の編纂物ながら延宝から貞享までの巷談を記す『久夢随筆』(『続日本随筆大成』別巻「近世風俗見聞集5」吉川弘文館、一九八二年)によれば、延宝七年(一六七五)にいた京都の男伊達として「そとば庄兵衛」の名を挙げ、「寺町どふり二条の辺に、代々そとばをきざみ渡世として住居」していた者としている。一七世紀後半には、寺町二条周辺に「代々」で葬具などを製造する職人が生まれていた可能性もあろう。

(87)『華頂要略』巻五六(京都府立京都学・歴彩館蔵)。高瀬川筋七条下ルが選ばれたのは、金光寺や東塩小路村の火葬施設に近く、許可が得られる可能性があると見てのことであろう。その後の顚末は不明だが、文化一三年(一八一六)にも「荼毘所再興之儀」を願っているので認められることはなかったのであろう。

(88)「金光寺文書」一六九号(前掲村井・大山編著所収)。

(89)『月堂見聞集』(『近世風俗見聞集』第二、国書刊行会、一九一三年、一一頁)。

(90)『遠碧軒記』(日本随筆大成編輯部編『日本随筆大成』第一期第一〇巻、吉川弘文館、一九七五年、一一頁)。

(91)天明四～七年(一七八四～八七)頃の京都町奉行所の執務に関する手控え『いろは帳』(京都町触研究会編『京都町触集成』別巻三、岩波書店、二〇一七年、七三頁)に記す「京都火葬場数之事」には次のようにある。

七条東洞院東江入南側　金光寺領之内焼場壱ヶ所
東山黒谷持中山　焼場壱ヶ所
下立売西木辻村領　方坂　同壱ヶ所
右続ケ二壱ヶ所有之
唐橋村領之内　狐塚　焼場一ヶ所
千本之北　蓮台寺境内　焼場壱ヶ所
粟田領内　阿弥陀峰　焼場壱ヶ所
但、近年者火葬不致候

一八世紀後半時点で稼働していたのは金光寺・黒谷中山・方坂(妙心寺側相坂?)・狐塚・千本蓮台寺の五つであり、阿弥陀ヶ峰は火葬を実施していなかった。

(92) 若山庄蔵・用助銀子拝借願書(「金光寺文書」一九四号、前掲村井・大山編著所収)。
(93) 菅原憲二「老人と子供」(『岩波講座日本通史　第一三巻　近世3』岩波書店、一九九四年)。
(94) 『月堂見聞集』(『近世風俗見聞集』第二、国書刊行会、一九一三年)巻一四、享保七年九月中旬条。
(95) 『京都坊目誌』「上京区第一〇学区之部」(新修京都叢書刊行会編『新修京都叢書』第一八巻、臨川書店、一九六八年)によれば、仁和寺街道七本松東の白竹町は、聚楽第が存在していた頃には厩舎があったが、その後は荒廃して畑地となっていた。宝永の大火後、施行舎(「御救ひ小屋」)を設けると窮民が集まり、次第に「乞食非人」が集まって来たという。施行を求めて集まった大火による被災者を核として「非人小屋」が形成されており、大火が特に都市下層民の「非人」化をもたらしたことは間違いないようである。
(96) 『翁草』巻之百三十八「洛陽大火の続」(日本随筆大成編輯部編『日本随筆大成』第三期第二三巻「翁草〈5〉」吉川弘文館、一九七八年、一〇七頁)。なお『翁草』の別の箇所には、「都合千有余人死しとやらん噂のみにて、是も実否を不聞」(『翁草』巻一三七「洛陽大火」九五頁)。
(97) 都市においては、平常時でも常に一定数の死者が出るが、飢饉や災害発生時には大量の死体を円滑に処理する必要がある。その際には衛生や臭気といった問題も発生するために火葬施設や死体埋葬場所の管理は、都市行政とも関わっており、権力の介在が不可避となる。統一権力による支配が行われている近世都市においては、土葬・火葬の選択などは民俗学が想定するような段階的移行では必ずしもなく、権力が大きく関与していることも念頭に置いておく必要があるだろう。
(98) 『叢書江戸文庫　一七　続百物語怪談集成』(国書刊行会、一九九三年)。
(99) 岩田重則「先祖・浄土・成仏」(島薗進ほか編『シリーズ日本人と宗教　近世から近代へ3　生と死』春秋社、二〇一五年)では、こうした存在を「非先祖」と呼んで対象化している。
(100) 柳田國男『明治大正史世相篇』(『定本柳田國男集』第二四巻、筑摩書房、一九七〇年、三一二頁)。
(101) 麻生磯次校注『日本古典文学大系　六二　東海道中膝栗毛』(岩波書店、一九五八年、四一一頁)。
(102) 『同右』一五二頁。

(103)『武辺大秘録』(『京都町触集成』別巻三、岩波書店、二〇一七年、一〇一頁)。なお、大阪の事例であるが、七墓のひとつ梅田墓所では、二〇一七年の発掘調査で北の石垣に貞享五年(一六八八)~文政八年(一八二五)の墓石約四〇個が転用されていたというから、墓地における墓標の再利用は珍しいことではなかったのであろう(大阪市博物館協会大阪文化財研究所編『大阪市北区大深町遺跡発掘調査報告――梅田墓の調査――』公益財団法人大阪市博物館協会大阪文化財研究所、二〇一八年)。奈良県では、奈良市内のいわゆる奈良町でも、近世墓標としての機能を失った墓標が、二次加工を施して石材として再利用されていた事例が知られている(角南聡一郎・安楽可奈子「京終・肘塚地区石造物の伝承形態――二次加工痕に留意して――」〈『元興寺文化財研究所研究報告二〇一六』公益財団法人元興寺文化財研究所、二〇一七年〉)。近世においては、祭祀対象となっていない墓石の石材としての再利用については、現代人が想像するよりも抵抗感は少なかったと考えられる。

(104)前掲川嶋論文「寺院と開帳」。また、かつて拙稿「御室八十八ヶ所と恵信」(前掲拙著所収)で指摘したように、京都郊外に創出された御室八十八ヶ所では、風光明媚で比較的手軽に参詣できる霊場として多くの人を集めたが、「両親夫妻子等」の精霊供養のための施設をともなっていた。行楽と供養・信仰は表裏一体であり、二者択一を迫られるようなものではなかったといえよう。こうした宗教的環境にあって、多くの人びとは呪術的世界に常時没入していたわけではなく、理性的に宗教的サービスを消費していた側面もあったであろう。

(105)塚田孝「勧進宗教者の併存と身分」(同『近世大坂の非人と身分的周縁』部落問題研究所、二〇〇七年)。

(106)『華頂要略』巻五六。

(107)安丸良夫「仏教史における伝統と近代」(『安丸良夫集　第三巻　宗教とコスモロジー』岩波書店、二〇一三年)。

(108)池上良正『増補　死者の救済史――供養と憑依の宗教学――』(ちくま学芸文庫、二〇一九年)。

(109)拙著『まちかどの芸能史』(解放出版社、二〇一三年)。

(110)「木食養阿上人絵伝」(柴田実『安祥院と木食養阿上人』日限安祥院、一九五五年)、前掲拙稿「近世京都の宗教者と社会」。

(111)NHK「無縁社会プロジェクト」取材班編著『無縁社会――〝無縁死〟三万二千人の衝撃――』(文藝春秋、二〇一〇年）など。現代における問題として、墓地・葬送を取り扱った近年の研究には、鈴木岩弓・森謙二編『現代日本の葬送と墓制――イエ亡き時代の死者のゆくえ――』（吉川弘文館、二〇一八年）がある。

(112) 黒田俊雄「中世における武勇と安穏」（『黒田俊雄著作集』第三巻「顕密仏教と寺社勢力」法藏館、一九九五年）。

(113) 『古事記伝一之巻　直毘霊』（『本居宣長全集』九巻、筑摩書房、一九六八年、六二頁）。

(114) 前掲脇田書。

(115) むろん、「安穏」の実現には、多くの犠牲がはらわれていたし、現実には災害や飢饉などの危機も常に存在していた。こうした事象は、まず経済的弱者への大きな打撃となっていたであろう。近世の都市社会を理想化して賛美することではなく、「現世安穏・後世善処」を望む人びとの宗教的需要に対して、応答した寺社・宗教者によるひとつの達成として、限界も含めて評価する必要がある。

(116) 一八世紀後期の大坂でも、都市氏神社などが経営困難になっていき、由緒の装飾やメディアによる発信などを行いはじめていたことを、井上智勝「都市氏神社における祭神改替」（同『近世の神社と朝廷権威』吉川弘文館、二〇〇七年）が指摘している。

(117) 前掲山近論文。

(118) 田原嗣郎ほか校注『日本思想大系　五〇　平田篤胤・伴信友・大国隆正』（岩波書店、一九七三年）。

(119) 前田勉「平田篤胤における日本人「神胤」観念」（同『近世神道と国学』ぺりかん社、二〇〇二年）において、平田篤胤が「「神胤」である「我々」日本人のすべての家々」が天皇と神話を介して結びつくとして祖先祭祀を重視した点に次のように述べている。秋田の生家から出奔して江戸で「根無し草的な生活を送ったこともある」篤胤が、「彼自身の家も含めた不安定な家に記紀神話を結びつけることによって、確かな根拠をあたえるという意図があったのではないか」、そして「江戸の庶民に家を拠点として生きる意味を付与しようとしたのではないか」（三七九頁）。こうした指摘が妥当だとすれば、近世には無縁社会の「縁」を家族国家観を介して国家と結びなおそうというナショナリズムが出現していたことになる。現代の「無縁社会」問題においても、一見すると解決策に見えるものであっても、安易に飛びつくことなく慎重に見極めなければ、思わぬ陥穽が潜んでいるのかもしれない。

(120)　浅野美和子『女教祖の誕生――「如来教」の祖・媹姾喜之――』（藤原書店、二〇〇一年）、神田秀雄『如来教の成立・展開と史的基盤――江戸後期の社会と宗教――』（吉川弘文館、二〇一七年）。この時期の仏神を祈らざるをえない「渇仰の貴賤」に対して如来教がどう応答していたかという視点で書かれたものに、石原和「「渇仰の貴賤」の信仰としての如来教――一八〇〇年前後宗教社会から救済言説を読み直す――」（『宗教研究』八九巻三輯、二〇一五年一二月）がある。

(121)　大橋幸泰「文政期京坂「切支丹」考――異端研究序説――」（『日本歴史』第六六四号、二〇〇三年九月）。

(122)　藤田覚『近世政治史と天皇』（吉川弘文館、一九九九年）。

(123)　藤田覚は触れていないが、近世の京都には正・五・九月に町構成員が全員で特定の神社に参詣する行事があった（野地秀俊「京都「御千度」考――寺社参詣とコミュニティ――」〈『京都市政史編さん通信』第二六号、二〇〇六年〉）。

(124)　高木博志『近代天皇制と古都』（岩波書店、二〇〇六年）。

# 初出一覧

ある岩の歴史――序にかえて――（新稿）

第Ｉ部　都市の信仰と神社

第一章　京都の町と神社――一六・一七世紀における菅大臣社の動向から――
「京都の町と神社――一六・一七世紀における菅大臣社の動向から――」
（『新しい歴史学のために』第二八二号、二〇一三年五月）

第二章　一八・一九世紀の菅大臣社と門跡・「宮寺」・町
「一九世紀の菅大臣社――京都の〝小社〟をめぐる人びと――」（『芸能史研究』二〇五号、二〇一四年四月）

第三章　近世中期における祇園社本願と「同宿」
「近世中期における祇園社本願と「同宿」」（『京都民俗』第三二号、二〇一四年一一月）

第四章　一九世紀京都近郊の神社と神人――日向神明社にみる――
「一九世紀京都近郊の神社と神人――日向神明社にみる――」（『奈良史学』第三三号、二〇一六年一月）

補　論　消えた「迷子社」とその信仰史（新稿）

第Ⅱ部　寺院と葬送・墓地

第一章　近世阿弥陀ヶ峰の火屋と良恩寺――火葬施設・寺・町――
「近世京都の火屋・寺・町――阿弥陀ヶ峰の火葬施設をめぐって――」（『日本民俗学』第二八七号、二〇一六年八月）

第二章　近世京都における無縁墓地と村落・寺院
「近世京都における無縁寺院――白蓮寺をめぐって――」（細川涼一編『三昧聖の研究』碩文社、二〇〇一年）

**第三章　無縁墓地「南無地蔵」考**
「近世墓地「南無地蔵」考」(『世界人権問題研究センター研究紀要』第五号、二〇〇〇年三月)

**第四章　空也堂・鉢叩きの大坂**
「空也堂・鉢叩の大坂」(世界人権問題研究センター編『人権問題研究叢書一二　職能民へのまなざし』公益財団法人世界人権問題研究センター、二〇一五年)

**補　論　清水坂の「坂の者」と愛宕念仏寺**
「清水寺の「坂の者」と葬送・寺社」(『京都部落問題研究資料センター通信』第三三号、二〇一三年一〇月)

**終章　一八世紀京都の都市と宗教**(新稿)

※いずれも既発表論文については、加筆・修正をおこなっている

# 図版出典一覧

ある岩の歴史

図1　絵葉書「岩神祠」（田中緑紅撰『京のおもかげ』より）
図2　杉若無心関係系図（筆者作成）

## 第I部

第一章

図1　京都の氏子区域（『京都の歴史　2　中世の明暗』學藝書林、一九七一年より引用）
図2　菅大臣社付近略地図（筆者作成）
図3右　明暦三年（一六五七）「新改洛陽幷洛外之図」（神戸市立博物館蔵）
図3左　寛保元年（一七四一）「増補再板京大絵図」（神戸市立博物館蔵）
図4　菅大臣社（『都名所図会』〈筆者蔵〉）

第二章

図1　菅大臣社周辺概念図（筆者作成）
図2　豊蔵坊寄進の石灯籠（二〇一二年、筆者撮影）
図3　「洛中洛外町々小名大成京細見絵図」（筆者蔵）
図4　菅大臣社例大祭で、剣鉾に氏子三町から奉納された御供（二〇一五年、筆者撮影）
図5　菅大臣社（一九三一年撮影、田中緑紅撰『京のおもかげ』より）

第三章

図1　祇園社（『都名所図会』〈筆者蔵〉）
図2　『祇園会細記』の本願（京都府立京都学・歴彩館京の記憶アーカイブより）

第四章

図1　蹴上周辺の景観（『花洛名勝図会』東山之部二〈国際日本文化研究センター蔵〉）
図2　中津河氏系図（筆者作成）
図3　日向神明社神人関係分布図（「東嬰子筆京都図」〈筆者蔵〉に加筆）
図4　日向神明社境内の景観（『都名所図会』〈筆者蔵〉）

補　論

図1　応仁の乱後の京都（高橋康夫『洛中洛外』〈平凡社、一九八八年〉所収図に加筆）
図2　西京新聞社『京都新聞』第六一号（京都府立京都

学・歴彩館 京の記憶アーカイブより）

**第Ⅱ部**

第一章

図1 良恩寺周辺の景観（『花洛名勝図会』東山之部二〈国際日本文化研究センター蔵〉）

図2 「東嬰子筆京都図」（筆者蔵）に見える「あミたかミね」と「火ヤ」

第三章

図1 「東嬰子筆京都図」（筆者蔵）に見える「なむぢそう」と「むゑんつか」

図2 五条坂の南無地蔵（一九三一年撮影、田中緑紅撰『京のおもかげ』より）

図3 大雲院高誉顕彰碑（二〇一七年、筆者撮影）

図4 元禄一二年（一六九九）の清水寺境内無縁塚絵図（「清水寺文書」〈清水寺蔵〉）

第四章

図1 空也堂（二〇一一年、筆者撮影）

図2 空也堂踊念仏（『拾遺都名所図会』〈筆者蔵〉）

補　論

図1 祇園会の弓矢町年寄（『祇園会細記』京都府立京都

学・歴彩館　京の記憶アーカイブより）

図2 『京羽二重大全』巻三下（筆者蔵）

図3 愛宕寺（『都名所図会』〈筆者蔵〉）

## あとがき

愛媛県で暮らしていた高校生の頃まで、都会といえば「松山」だった。

松山市内には祖母も親戚もいて、路面電車があって、デパートも商店街もレストラン（洋食屋？）も、ずっと大きく華やかだった。だから、「松山に行く」というのは、非日常の世界に足を踏み入れることであり、何日も前から楽しみで仕方がなかった。祖母と行ったデパートや親戚と食事に行ったお店での幸福な時間は、いまでもふとしたときに思い出すことがある。

その後、大学進学のために故郷を離れ、修学旅行で行ったきりの京都に引っ越した。京都には、地下鉄もあり、改札は自動だし、ＪＲだけでなく私鉄がいくつも乗り入れている。博物館も映画館も本屋さんも、松山とは比較にならないスケールの都会だった。

それだけではなく、歴史が好きだったので、史跡や神社仏閣の多い京都で生活をするのは嬉しくてたまらなかった。休みのたびにバスや自転車であちらこちらに出かけていた。当時はまだ知る人ぞ知るという風情の晴明神社をはじめ、狸谷不動尊、そして知恩院の風景は今も印象に残っている。神泉苑は二条城に行っていた時に見つけたが、思いがけず町中に現れた池をたたえた庭園に驚いたものであった。

ここで論じたような京都のあまり大きくない神社や寺院に関心を持つようになったのも、六畳一間の風呂なしアパートを拠点に、あちこちへ出かけた町歩きがもたらした偶然のたまものである。その後も、京都の町を歩くなかで見つけた寺社や、史料を眺めている時に気になった事象について、脈絡なくあれこれと調べ考えてきた。次第に京都の魅力に取り憑かれ、細々と研究を続けてきた結果が、本書の拙い論文である。

魅力を感じる一方で、祖母や親戚が大勢いた松山とは異なり、親戚がいるわけでもなく、言葉さえも違っていた京都は、私にとって「異郷」であった。都会の持つ便利さや華やかさには魅せられながらも、その暮らしや生活環境には戸惑うことも多く、場違いなところに自分がいるのではないかと感じることもあった。現在は滋賀県に居を移しているが、博物館や寺社めぐり、そして研究会・史料調査などで、相変わらず京都には頻繁に足を運んでいる。だが、いまだに京都は「異郷」のままである。

本書で論じた近世京都の民衆文化像というのは、結局のところは京都の華やかさに惹かれながらも都市民と同化することができず、非定住民の不安感を払拭できずにいる地方出身者の自画像に過ぎないのかもしれない。とすれば、内容の浅さは自身の未熟さのあらわれにほかならない。

本書に収録した論文は、二〇〇〇年から二〇一六年までに発表したものからなっている。最初から明確な課題設定があったわけでもなく、首尾一貫したものではなかったが、大きな社寺や観光寺院のほかにも豊かな歴史があり、そこから垣間見える人びとの信仰を少しでも鮮明に浮かび上がらせたいという思いから、これまでの論文を整理することにした。

できるかぎり重複を整理し、加筆訂正を加え、論旨もできるかぎり一貫したものになるように手を加えた。とりわけ、初出論文が二〇世紀の執筆になる第Ⅱ部二・三章については、論旨も含めて全面的に改稿をした。

結果的に、前著の『近世勧進の研究』が一七世紀の宗教者に焦点を据えたものだったのに対し、本書は一八世紀の寺社と都市――宗教者が活動した場――を主に論じたものになった。一九世紀京都の宗教環境については、今後の課題としておきたい。

あらためて全体を見ると、本当に些細なことにばかりこだわって、研究をしてきたものだと思う。大学院生のころに投げかけられた「思想がない」という批判が、いまも聞こえてきそうだ。もしかしたら、学生の頃から、全く成長していないのかもしれない。ただ、こうした些末に見える話題を掘り下げていく際には、何度も生物学者による次の言葉を思い出していた。

石組みの一つを愛でずして、その構造の蔭で流された血、労苦、汗、涙を理解せずして、城塞の価値を評価することができるだろうか。

（スティーヴン・ジェイ・グールド『ぼくは上陸している――進化をめぐる旅の始まりの終わり――』上巻、早川書房、二〇一一年、八八頁）

京都の片隅で歴史をつくってきた「石組み」のひとつひとつの声を聞き、理解しようとすることからしか見えてこないこともきっとあるだろう。抽象的な思考や理論化は得意ではないので、恐らく歴史観を一新するような仕事をすることはできないだろうが、今後も京都の町を徘徊して、新しい課題を見つけ、自分なりの視線で京都という都市について考えていきたいと思う。

本書は、一昨年に刊行した『京都地蔵盆の歴史』と同じく、法藏館の丸山貴久さんに編集をしていただいた。不注意による誤りや不統一の多い拙稿が、いくらか読みやすいものになっているとすれば、丸山貴久さんのお力によるものである。

そして、私事で恐縮だが、調査と称した京都散歩につきあってくれ、いつも拙著の校正にも協力してくれている妻に感謝したい。愛媛の両親にも謝意を伝えたい。三〇年前、京都へ送り出してくれていなければ、今の私は決して存在しないはずだから。

二〇一九年八月二三日

村上紀夫

付記　本刊行物は、「独立行政法人日本学術振興会令和元年度科学研究費助成事業（科学研究費補助金）（研究成果公開促進費）」（課題番号19HP5077）の助成を受けたものである。

# 索　引

## あ行——

## か行——

## さ行——

## た行——

## な行——



## は行——

## ま行――

## や行――



## ら行・わ行――

村上　紀夫（むらかみ　のりお）

1970年愛媛県生まれ。大谷大学大学院文学研究科博士後期課程中退。博士（文学）（奈良大学）。現在、奈良大学文学部教授。著著に『近世勧進の研究――京都の民間宗教者――』（法藏館、2011年）、『まちかどの芸能史』（解放出版社、2013年）、『京都地蔵盆の歴史』（法藏館、2017年）、『歴史学で卒業論文を書くために』（創元社、2019年）がある。

近世京都寺社の文化史

二〇一九年一〇月七日　初版第一刷発行

著　者　村上紀夫
発行者　西村明高
発行所　株式会社　法藏館
　京都市下京区正面通烏丸東入
　郵便番号　六〇〇-八一五三
　電話　〇七五-三四三-〇〇三〇（編集）
　　　　〇七五-三四三-五六五六（営業）

装幀者　野田和浩
印刷　立生株式会社／製本　新日本製本株式会社


ISBN 978-4-8318-6253-2 C3021

| | | |
|---|---|---|
| 京都地蔵盆の歴史 | 村上紀夫著 | 二、〇〇〇円 |
| 近世勧進の研究　京都の民間宗教者 | 村上紀夫著 | 八、〇〇〇円 |
| カミとホトケの幕末維新　交錯する宗教世界 | 岩田真美・桐原健真編 | 二、〇〇〇円 |
| 近世民衆宗教と旅 | 幡鎌一弘編 | 五、〇〇〇円 |
| 近代火葬の民俗学 | 林　英一著 | 七、五〇〇円 |
| 戦国仏教と京都　法華宗・日蓮宗を中心に | 河内将芳著 | 七、五〇〇円 |
| 描かれた日本の中世　絵図分析論 | 下坂　守著 | 九、六〇〇円 |
| 改訂　補陀落渡海史 | 根井　浄著 | 一六、〇〇〇円 |
| 長楽寺蔵七条道場金光寺文書の研究 | 村井康彦・大山喬平編 | 一六、〇〇〇円 |

法　藏　館　　価格は税別